＊詳（つばら）

薩長連合その先駆者の生涯

月形洗蔵

力武豊隆

Rikitake Toyotaka

のぶ工房

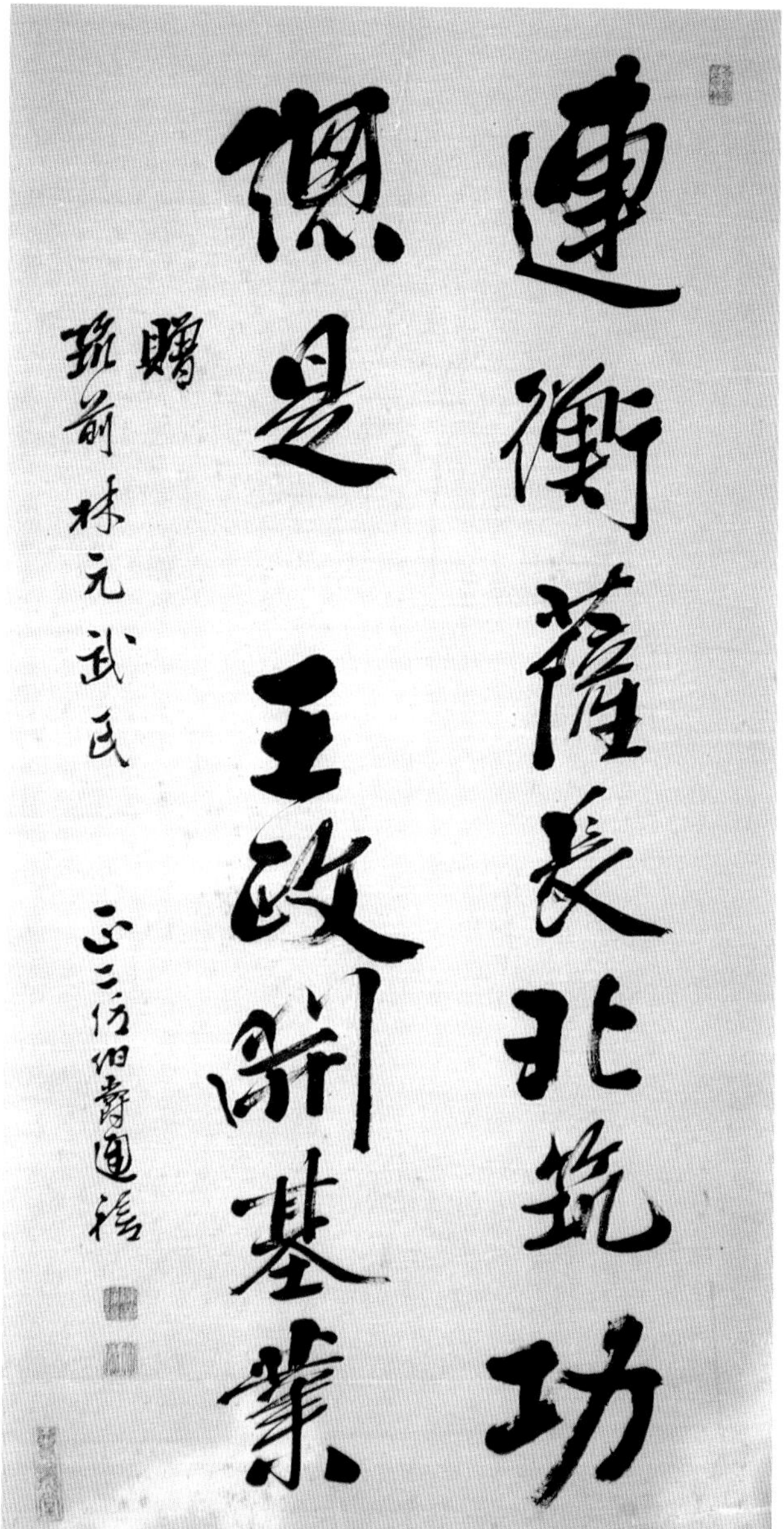

東久世通禧の書　「薩長」「連衡」（連合）は「北筑」（福岡藩）の功績であり、それが「王政」への道を開いたとある。維新後、月形洗蔵の同志だった林元武に贈られたもの。［下関市立歴史博物館蔵］

「月形洗蔵幽閉の地」の碑　福岡県筑紫野市古賀に建つ。［撮影：力武豊隆／1995.3.21］

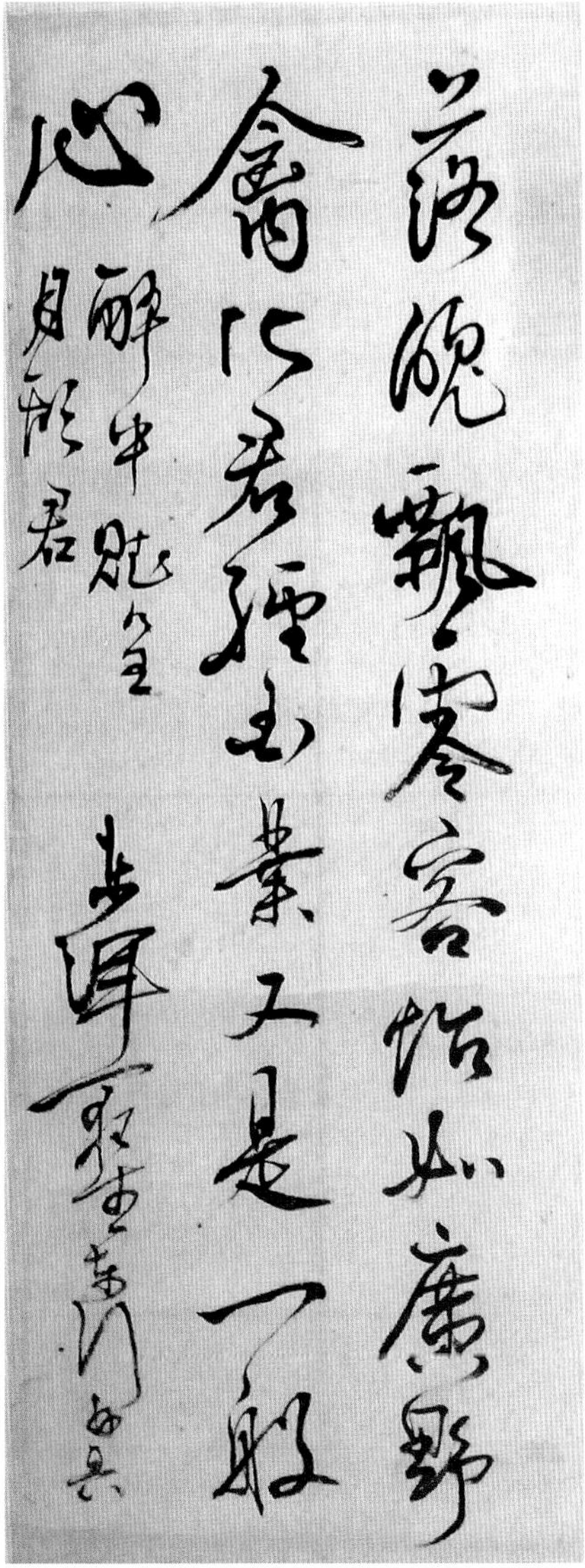

高杉晋作の漢詩（個人蔵）

落魄飄零客恰如廣野
禽此君經国業又是一般
心　酔中賦呈
月形君　東洋一狂生東行拝具

西郷隆盛の漢詩（個人蔵）

奉呈　四山含笑起春風値此芳時意未通
月形先生　思短熊羆夢難結偏塞正気泣豪雄

七卿西下図　文久政変で京を離れ、長州へ向かう七卿と長州勢。この一行にいなかった平野国臣も描かれている。［下関市立歴史博物館蔵］

三田尻港　文久3年（1863）8月、京を離れた七卿は、兵庫から船でこの港（山口県防府市）に着き、長州藩の別邸・三田尻御茶屋内にある招賢閣に落ち着いた。しかし沢宣嘉が藩の意向に逆らい、「生野の変」に走ったことから、10月下旬、残る六卿は監視の利く藩庁所在地の山口へ移された。［撮影：2006.5.3］

功山寺五卿潜居の間　元治元年（1864）11月、萩藩庁と対立を深める奇兵隊ほか諸隊は、軍事対決を想定し、防戦に不利な山口を捨て、長府へ移動する。すでに錦小路頼徳を病で亡くしていた三条実美ら「五卿」は、諸隊と行動を共にし、山口を去り長府功山寺に入った。［撮影：2009.1.25］

関門海峡　左手が小倉側、右手が下関側。元治元年（1864）12月２日、月形は長州工作のため、この海峡を渡り、長州入りする。長府功山寺での月形と五卿との会見を受けて、４日、中岡慎太郎が小倉へ渡り、西郷隆盛と会見する。さらに11日、月形の要請で、今度は西郷が密かに下関へ渡り、中岡ら五卿随従志士と会談し、五卿九州移転の合意が成立する。この一連の動きは、人知れず始まった薩長連合の序幕をなしている。［撮影：2008.1.2］

功山寺　元治元年（1864）12月15日夜、五卿は月形の説得を受け入れ、10日以内に筑前へ移ると書面で回答した。これを知るや，高杉晋作は，約80人の同志を率い，功山寺を訪れ、「これより長州男児の手並みを御覧に入れます」と五卿へ決別を告げるとともに、萩藩政府打倒に決起する。[撮影：2017.11.23]

五卿西遷の碑　唐津街道赤間宿の法然寺前の辻に建つ。慶応元年（1865）1月18日に五卿は黒崎宿を発って木屋瀬宿から赤間宿に向かった。赤間宿では25日間滞在して、大宰府に向かったのは2月12日であった。［撮影：2009.3.21］

薩摩の定宿「松屋」　太宰府天満宮の参道の右手に建つ。月形は慶応元年2月23日に西郷隆盛と山中成太郎を連れて入った。また、主人の松屋孫兵衛（栗原順平）は勤王僧月照を匿ったことで知られ、庭園に月照の歌碑が建つ。［撮影：2009.3.21］

延寿王院　大宰府には、三条実美ら五卿および随従志士ら約70名が、慶応元年２月13日から同３年12月19日まで３年近く滞在した。その間、西郷隆盛、木戸孝允、中岡慎太郎、江藤新平、渡辺昇など、諸藩からの来訪者が絶えず、各地の情報が集積され、また発信される特別の土地となった。［撮影：2020.3.3］

犬鳴御別館跡　福岡県宮若市の犬鳴ダムの奥地に立派な石垣を残す。画面右上に加藤司書を讃える碑が建っている。［撮影：2020.4.5］

福岡城　上の橋大手門。［撮影：2009.8.10］

枡木屋獄跡に残る石碑　左の石塔には「従是南西入枡木屋抱」、右は「従是西■枡木屋抱地■■■■」の文字が刻まれている。［撮影：2020.2.18］

月形洗蔵

薩長連合その先駆者の生涯

月形洗蔵

[監修：月形 宏]

まえがき

本書は、薩長連合に先駆的役割を果たした月形洗蔵《つきがたせんぞう》（号・格庵）の小伝である。

今日、月形の名がわずかでも知られているとすれば、それは幕末を題材にした戯曲「月形半平太」（行友李風作）のおかげであろう。「春雨じゃ、濡れてまいろう」の名台詞で知られ、戦前から戦後にかけ幾度も映画化され大ヒットした。もっともこれは架空の物語である。巷間、この主人公の名は、月形と武市半平太《たけちはんぺいた》（土佐勤王党の首領）の名を合体させたものだといわれている。

月形は、筑前福岡藩（以下筑前藩と呼ぶ）の藩士で、いわゆる筑前勤王党の中心人物であった。筑前藩は明治維新に主導的役割を果たした藩でもなければ、幕末の政局に大きな影響をあたえた藩でもない。にもかかわらず、文久三年（一八六三）から慶応元年（一八六五）に至るその国事周旋は一光彩を放っている。「長州同気」にして「薩筑一致」、これが当時の筑前藩に対する世評であった。反目している双方と親密であるというこの奇妙な事実こそ、月形が何をめざして奮闘していたのかを最もよく暗示している。

薩長対立は文久三年（一八六三）八月の「文久政変」で顕在化した。薩摩藩主導になるこの政変によって、長州藩は京都政界から追放された。当然長州人の間に反薩感情が高まった。この事実が伝わるや、月形はすかさず薩長和解の必要を唱えた。

月形の薩長和解工作は、元治《げんじ》元年（一八六四）十二月、筑前藩国事周旋の最終段階である第一次征長中止運動の過程で進められた。その時長州人の反薩感情は極点に達していた。いっぽう薩摩藩は、幕府改革運動の挫折と長州藩の開国論への転換を背景に対長州政策を改めつつあった。月形は長州へ乗り込み、薩摩藩の長州接近の動きを伝え、対薩敵視を止め、むしろ提携すべきだと訴えた。

この説得に即座に応じたのが中岡慎太郎である。慶応元年（一八六五）二月京都薩摩藩邸に潜伏した中岡が目の当たりにしたものは、幕府から離反し、長州擁護に奮闘する薩摩藩士の姿であった。これは木戸孝允ら長州藩有力者に伝えられ、彼らの対薩認識を一変させた。慶応元年（一八六五）六月の時点で、長州藩指導部の薩摩藩への信頼はすでに確固たるものであった。それは、同二年正月の薩長盟約となり、さらに同三年九月の京都連合出兵協定へと発展し、ついに幕府権力を瓦解に追い込んだ。

いわゆる「薩長連合」とは、このような両藩関係の深化の過程にほかならない。これが理解されるならば、月形が薩長連合の先駆者であることもまた理解されるであろう。渋沢栄一は的確にこう指摘している。「薩長二藩の和解は既に前役（第一次征長）の終期に萌《きざ》し、其事に顕《あらわ》れたるは、筑前藩士の斡旋によりて、長藩の激徒が五卿を西郷吉之助（隆盛）等に託することを甘諾《かんだく》せるにあり」（『徳川慶喜公伝』、傍点は力武）

断交状態の薩長両藩の間に立ち、双方の意思疎通を図り、とりわけ長州人に対し、薩摩藩の新たな動きを伝え、提携の必要を訴えたのは月形であった。当時長州にあって、月形と折衝した土方久元《ひじかたひさもと》（土佐藩士、維新後、宮内大臣等歴任）は、後年こう回顧している。

「秘密に薩長連合の端を開いたのは、長府に三条さん（三条実美）が御在《おい》でになって居る所へ、筑前の月形洗蔵が来て、言い出したが初めだ」（「史談会速記録」第百五十五輯）

しかし幕府と長州藩の軍事対決（第二次征長）が不可避となったとき、筑前藩論は分裂する。月形は同志と共に投獄され、不幸にも死罪に処せられた。西郷隆盛に「志気英果なる、筑前においては無双といふべし」と称された月形の死は、薩長双方から期待された筑前藩が、幕末政治史の表舞台から退場した瞬間でもあった。

私は、本書で月形の政治活動の軌跡をたどると共に、幕末筑前藩国事周旋の推移をも跡づけたつもりである。読者のみなさんの忌憚のない御批判を切望するものである。

二〇二〇年（令和二）四月

力武豊隆

目次

凡例

一、改元された年は、新しい元号を年初から用いた。

一、引用史料は、読みやすいように原文を適宜変形し、場合によっては現代語に訳した。

一、年齢の表記は数え年齢を使用した。

一、「太宰府」「大宰府」の表記は、本書では本文中「大宰府」で統一し、「太宰府天満宮」については当時から固有名詞として通用しているので「太宰府天満宮」と表記した。

第一章　生い立ち

出生

月形洗蔵は、文政十一年（一八二八）五月五日、筑前国福岡城下、追廻新屋敷《おいまわししんやしき》（現福岡市中央区六本松一丁目）の外祖父の家で生まれた。西郷隆盛は一歳上、高杉晋作は十一歳下、坂本龍馬は七歳下である。同藩の平野国臣とは同い年（三月二十九日生）である。追廻新屋敷は、福岡城南堀のそばにあり、隣接する追廻を含め五十戸ほどの藩士の家が集まっていた地区である。現在その一帯は、広大な福岡縣護国神社に姿を変えている。外祖父宅は境内西端の一画にあたる。残念ながら、月形生誕の地を示すものは建てられていない。

父は筑前藩士（馬廻組百石）月形深蔵（号・漪嵐《きらん》）で、当時宗像郡の赤間茶屋奉行であった。洗蔵はその第二子である。前年生まれた第一子は、生後間もなく亡くなっているようだ。性別は分からない。

筑前藩は、外様大名黒田家五十二万石で、九州北部に位置する大藩である。その家臣団（士分）は、中老・筋目・大組・馬廻組・無足組・城代組の六階層に分かれる。馬廻組の月形家は中級武士であった。

洗蔵が生まれた頃、月形一家は赤間茶屋奉行の役宅に住んでいた。家族は両親と祖父母、それに父の末弟と妹、つまり叔父と叔母がいた。他に二人の叔父がいるが、すでに他家の養子となっていた。赤間は福岡から小倉へ向かう唐津街道沿いの宿場町で、福岡城下から四十キロほど離れた所である。茶屋というのは藩主の別邸であるが、参勤で往復する諸大名や勅使の休泊施設ともなった。

福岡縣護国神社（福岡市）

　父深蔵は赤間茶屋奉行になる前は、藩校修猷館の教官（学問所指南加勢）だった。転任を命ぜられたのは、文政五年（一八二二）六月、二十五歳の時である。洗蔵が生まれる六年前のことである。転任を機に、一家は城下濁池（現福岡市中央区赤坂）の自宅を離れ、赤間へ移住していたのである。

　深蔵の転任と一家の移住は、後述するとおり文政期の財政改革をめぐる藩内政争に巻き込まれた結果だった。このことから想像されるように、月形家には平凡な藩士の家とは異なる、改革派的雰囲気が漂っていた。少年洗蔵は父や祖父が折にふれ話題にしたであろう藩政のことや、赤間移住の経緯などを耳にしながら育ったことであろう。祖父も父も熱烈な「勤王家」として知られていた。洗蔵が政治問題に鋭敏な少年として育ち、やがて筑前藩尊王攘夷派の中心人物へ成長する土壌は、このような家庭環境にあったのである。

　少年時代の月形に最も深い感化をおよぼしたのは、祖父質《すなお》（号・鶉窠《しょうか》）である。古賀《こが》精里《せいり》や頼山陽《らいさんよう》らと親交があり、京都・江戸にまでその名を知られた著名な学者で、十代藩主斉清《なりきよ》の侍講をつとめた人物である。月形が藩政に特別の使命感を抱くようになったのは、この祖父の影響が大きい。尊敬する祖父が亡くなるのは、月形十五歳のときであった。

　このように月形の人格と思想形成に大きな影響をあたえたのは祖父であった。したがって月形の生涯を述べるに先立ち、やや遠回りとなるが、祖父の生い立ちから始めたい。

祖父質

長野遐《はるか》『月形家一門』（昭和十二年）によると、月形家の初代は藤右衛門といい、本姓は塩形であった。塩形家は肥後加藤家の家臣であったが、いつの頃からか、浪人となっていた。藤右衛門はしばらく京都に住んだ後、福岡に移住し、それを機に月形姓を名乗ったという。在京時代に身につけたのか、菓子製法に巧みだったのを買われて、天和元年（一六八一）頃、三代藩主黒田光之《みつゆき》の代に、「御台所方」（八石三人扶持）として筑前藩に仕えた。その後、光之の隠宅付などを勤め、二石加増され、勤功により直礼（藩主に拝謁する資格）の栄誉を許され、頭取となったという。享保十年（一七二五）一月二十九日、八十歳（または八十一歳）で亡くなっている。その後、二代市作、三代六右衛門も料理方を勤めている。

月形家が料理方から儒者方へ替わったのは、四代質の時である。すなわち洗蔵の祖父である。

月形 質（長野遐『月形家一門』より）

質は宝暦七年（一七五七）九月十六日、六右衛門の長男として生まれ、下級武士が居住する地行四番町で育った。明和元年（一七六四）八歳の時、母が亡くなり、父も江戸詰めとなった。祖父市作はすでに亡くなっている。そのため幼い質は、亡母の実家である徳安家へ預けられた。ここで伯父（または叔父）の徳安直行に就いて、大学・論語の素読、および習字・礼法・抜刀術・柔術を学んだという。

十二三歳の頃、貝原益軒《かいばらえきけん》の『大和俗訓』を読み、「人と生まれて学ばざれば生まれざるに同じ、学びて行はざれば学ばざるに等し」の言葉に感じ入り、奮然学問の道を志したという。この一文に感奮したあたり、後年学者として大成する資質の片鱗がみえる。学問を好んだという父六右衛門の気質を受け継いでいたのであろう。十四歳で真藤峨眉《しんどうがび》に就いて学んだ。真藤は後に開設される藩校修猷館の教官となる人物である。幼くして母を亡くし、頼るべき父とも遠く離れた境遇で、質は学問へ傾倒していったようである。父六右衛門が江戸詰めを終えて、帰国したとき、十六歳となっていた。

二十一歳で竹田定良《たけださだよし》に入門した。定良は筑前藩切っての学者で、七年後開設される藩校修猷館の総責任者となる人物である。天明元年（一七八一）八月、父六右衛門が六十三歳で亡くなる。質は二十五歳、家督を相続し料理方を継いだ。

ところが天明四年（一七八四）、転機がおとずれる。二月の藩校開設にともない、定良の推薦により藩校教官（指南役加勢）に抜擢されたのである。時に二十八歳だった。定良は質の学識を認め、以前から家老浦上正昭に質の家業を儒者方に改め、家禄も然るべく加増するよう進言していた。天明六年（一七八六）、三十歳で料理方から儒者方へ転じ、城代組となった。その後勤功により加増され、三十六歳で濁池に屋敷を下されている。学問一筋の生活を送っていたためか、結婚したのは三十九歳の時であった。その年、京都へ遊学、若槻幾斎《わかつききさい》・鈴木尋思斎《すずきじんしさい》・西依成斎《にしよりせいさい》・中島棕隠《なかじまそういん》らと交遊した。

四十六歳で、藩主斉清（八歳）の侍講を命ぜられ、江戸詰めとなった。質の学識がいかに群を抜いていたかを物語っている。江戸在勤中は、「寛政の三博士」と称された柴野栗山《しばのりつざん》・尾藤二洲《びとうにしゅう》・古賀精里《こがせいり》や菅茶山《かんちゃざん》・頼山陽とも親交を結んだという。質の名は、京江戸の学者の間に知られるまでになった。

質の熱烈な勤王家ぶりを伝えるエピソードがある。斉清が十四五歳になった頃、思うところあって、「御前（斉清）の御主人は、どなたとお思いですか」と質問した。当然のように斉清は「江戸におられる将軍様だ」と答えた。すると質は膝を乗りだし、「それは大間違いです。御前の御主人は、京都におられる禁裏様（天皇）で、江戸の将軍は支配頭とでもいうべきものです」と諭したという。すると斉清は「左様な道理になるか」と応じたという。

こうして、小身の料理方としてその生涯を終わるはずの人物が、刻苦勉励のすえ、その優れた学識によって藩主侍講を命ぜられるまでになったのである。五十九歳で、十石加増され、知行百石となった。一代で十石三人扶持の身から馬廻組百石へと、異例の立身出世を遂げたことになる。天保十三年（一八四二）十二月、八十六歳で天寿を全うした。

文政の政変

父深蔵もわずか六歳にして、まるで成人のように本を読んで聞かせていたという。旧藩士・高橋達の回想録によると、通常、藩士の子供は七歳くらいになると、父親など親族に就いて孝経等を少しずつ暗誦させられたという。漢籍を音読できるようになると、朝飯前に近くの藩校教師らの家で、大学論語などの素読を習い、しばらくすると文意の講義をうけた。帰宅して朝飯を済ますと、近くの能書家の家で、昼まで習字を習い、十歳くらいで、藩校に入学したという。

深蔵が五歳から十四歳までの間、父質は藩主侍講として江戸詰めのため不在であった。しかし強烈な自負があったのか、別に師に就かず独学したという。十七歳で父に従い、江戸へ行き、古賀精里（昌平黌の儒官）のもとで学んだ。博覧強記、その人となりは、「直諒朴実」（誠実、実直）で、談論を好んだという。媚びへつらいを嫌い、権勢家へ近づくことがなかった。怠惰な行為を見れば、これを厳しくとがめて許さなかったという。父同様、熱烈な勤王家だった。

文化十四年（一八一七）十二月、弱冠二十歳で藩校修猷館の教官（指南加勢見習）を命ぜられている。二十三歳で指南加勢助役、二十四歳で指南加勢と昇進している。このスピードは他の教官と比べて非常に早く、前途を嘱

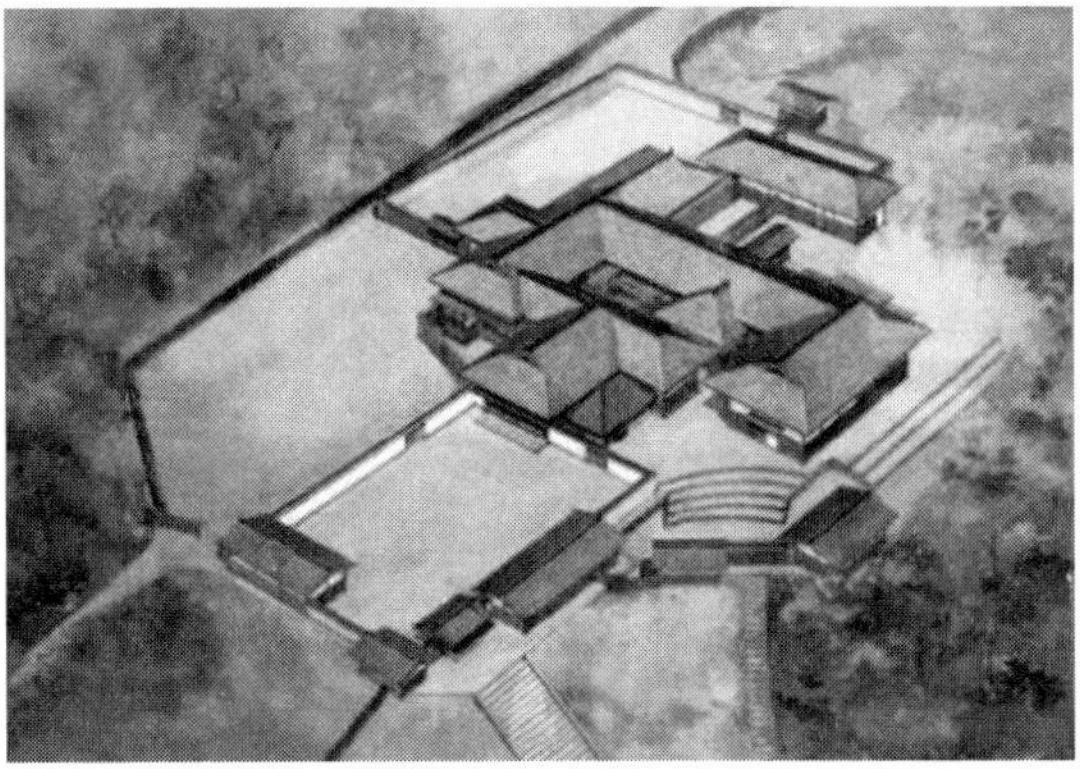

赤間茶屋推定図（吉田建築工房）

望されていたことがわかる。もっとも深蔵自身は、藩校教官の生活に安住していたわけではなかった。十代の頃から、一般の儒者を「詩文訓詁の学」に終始する「俗儒」と呼んで軽蔑していた。十七歳の時と思われるが、質が讒言《ざんげん》により儒者方を免ぜられたとき、これで自分も「俗儒」（藩校教官）となるのを免れるとかえって喜んだくらいであった。

一般の目からすれば、深蔵は新進気鋭の藩校教官であり、その将来は順風満帆と見られていたであろう。しかしまもなくその境遇は一変する。

文政初期、藩財政改革をめぐる家中対立が生じていた。藩主斉清は大坂商人からの借金に依存するのを嫌い、藩財政の悪化を年貢増徴によって切り抜けようとしていた。これに反対の立場だったのが、「同気合体の面々」と呼ばれた勢力であった。家老の一部から中級家臣までを含む少なくとも数十人の勢力で、深蔵は父質とともに、この「同気合体派」と目されていた。

文政三年（一八二〇）八月頃から「同気合体派」の発言力が増大する。家老の藩財政運営の無能を指摘する声が強まるなか、同四年九月、「同気合体派」の矢野安太夫（中老）が黒田市兵衛（筋目）とともに家老に就任、「財用方本〆・郡町浦御請持」を命ぜられ、藩財政を主導する地位に就く。この後、家老は「同気合体派」の矢野・毛利内記（元善）・隅田主膳と、反対派の野村新右衛門・久野外記・黒田市兵衛・林五左衛門に分かれ対立する。しかし、早くも翌五年閏正月頃から「同気合体派」に対する巻き返しが強まり、四月には矢野・毛利が家老辞職に追い込まれ、「同気合体派」は藩政中枢から排除された。これが文政の政変である。この政変の背景や経緯については、高山英朗「文政期福岡藩の政治動向と天保改革」（『七隈史学』第四号）に詳しい。

深蔵が赤間茶屋奉行へ転役を命ぜられたのは、文政五年（一八二二）六月二十日である。藩校指南加勢に昇進してまだ一年も経っていなかった。「同気合体派」として藩校を追われたとみてよいであろう。しかし「俗儒」の巣くう藩校を去るに未練などなく、内心清々していたと思われる。これを機に深蔵は家族とともに城下を離れることになった。二十五歳だった。赤間近辺の人々は、思いもかけず名高い月形父子が移住してきたことを大いに喜び、争って子弟の教育を託したという。

赤間に移った翌年、文政六年（一八二三）十二月、深蔵は二十六歳で、無足組杉山幸吉の長女初（十九歳）と結婚する。しかし翌々年三月、初は子どものないまま亡くなっている。文政九年（一八二六）四月、同族で料理方（十石三人扶持）を勤めていた月形富七郎の長女正《まさ》（二十一歳）と再婚する。この人が洗蔵の母である。富七郎の家は、二代市作の代には分家していたようである。もっとも富七郎は他家から養子に入った人で、妻も伊佐氏だという。

新藩主の登場

天保五年（一八三四）九月、洗蔵七歳の時、月形家にひと筋の光が差した。月形家が赤間に移ってすでに十二年の歳月が流れていた。世子（藩主の世継ぎ）長溥《ながひろ》が、参府の途上、赤間茶屋で、初めて質に拝謁を許したのである。長溥はこれ以前にも、参府往返の際、五度赤間に立ち寄っているはずだが、質を面前に呼んだのはこの時が最初だったようである。長溥二十四歳、質七十八歳だった。この時、質は自作の漢詩集『山園雑興』（天保三年九月、筑前と江戸で出版）を献上し、褒美に金百疋を賜っている。この拝謁には、次にみるように長溥のある意志が働いていたものと思われる。

これより前、斉清と長溥との間に天保改革をめぐる不和が生じていた。斉清の指示による筑前藩の天保改革は唐突だった。天保四年（一八三三）十二月、江戸にいた斉清は、国元の長溥や家老に事前の相談もなく、突然手紙で改革実施を指示している。それは城代組の眼医で、すでに隠居していた白水養禎《しろうずようてい》の改革案を採用したものだった。

改革は「御家中并郡町浦御救仕組」と呼ばれ、大量の銀札を発行し、生活に困窮する家臣および領民にこれを貸し付け、借銀を返済させるというものだった。貸付けにあたっては、銀一貫目につき一ヵ年に七俵を返済米として徴収し、五年前後で皆納とする見込みだった。藩に集まった返済米は、入札で払い下げるが、その際銀札払いとして銀札を回収する。落札された返済米は、落札者が領外に販売することで、自ずと領内に正金銀が流入する仕組だったという。

斉清はかねて家臣や領民に犠牲を強いることも辞さず、大坂商人への依存体質から脱却したいと考えており、「同気合体派」と対立していた。この改革によって家臣と領民を困窮から救うとともに、大坂商人への依存体質も改め、そうすることで「同気合体派」の影響力を排除できると期待した。しかし、この改革案については当初から、長溥はじめ藩首脳部の多くがその成功を危ぶんでいた。有力町人の間でも、「何分馬鹿〳〵敷く」と酷評されていた。

斉清は、本草学者として知られ、蘭医シーボルトとも親交があり、「本草啓蒙遺」「脚気予防説」を著した人物であるが、一歳で藩主となった人で、藩政は事実上家老ら重臣に任されていた。藩政に関する手腕はなかったであろう。あやしげな改革案を安易に採用し、強行した点からもそのことはうなづける。

改革は、天保五年（一八三四）四月本格スタートするが、案の定、改革反対の声がわき起こり、それが長溥へも報告されるようになる。しかし実権のない長溥は、しぶしぶ斉清に従うほかなかった。

長溥が質へ拝謁を許したのは、そういう時期にあたる。後年長溥は、「大名の借金は、軍陣での恥辱に比べれば大したことではない」と述べていたという。これからすると、「同気合体派」への嫌悪はなかったであろう。むしろ彼らも藩政に参加させるべきだと考えていた。江戸へ着いた長溥は十一月襲封し、第十一代藩主の座に就く。

明けて天保六年（一八三五）四月、帰国の途上、赤間茶屋で、再び質に拝謁を許している。質は長溥に襲封の祝辞を述べたことであろう。

天保七年（一八三六）六月、質は城中へ呼ばれ、長溥の面前で「千乗の国章」を講じ、賞せられている。斉清時代に「同気合体派」として城下から遠ざけられていた質に、大国を治める者の心構えについて講義させたということは、長溥の新藩主としての意欲のあらわれであるとともに、「同気合体派」への接近を暗示している。それは、新時代の到来を予感させるものであった。質も斉清の侍講だった頃を思い起こしたにちがいない。青年藩主への期待はいよいよ高まったであろう。事実、その後長溥は斉清の影響力を抑え、藩政改革に取り組み、藩士大衆の好感を得ている。後年、洗蔵は「我が君は英明の主なり」とよく口にしたというが、その思いはこの頃から生まれたものと思われる。

その翌月（七月）、深蔵は病気を理由に、十四年間勤めた赤間茶屋奉行を辞職している。病気とは、「疝邪」（下腹部や腰がひきつって痛む）と「腫物」であったというが、重度のものだったとは思われない。むしろ新藩主誕生を機に、俗務から解放され、城下へ戻るための口実としたのではないだろうか。この時洗蔵は九歳だった。藩校に入学する年頃である。このことも城下に戻る理由のひとつだったのかもしれない。

十一月に城下鍛冶小屋（現福岡市中央区赤坂）に新築中の自宅が完成する。この土地は質が文化十三年（一八一六）七月に購求していたものであった。漢詩集『山園雑興』によれば、城南山麓の濁池にあった旧宅から二百歩余り上ったところで、眺望すこぶるひらけた所であった。北方に福岡城、遠く博多湾には、能古島や志賀島が望まれたであろう。十二月一日、一家あげて新宅に引っ越した。現在、「月形洗蔵居宅跡」の石碑が建てられている。藩主から拝領したという大樹が近年まで残っていたが、今は処分されている。

修猷館でのエピソード

少年洗蔵は、新築間もない自宅から藩校修猷館へ通学した。興味深いエピソードがある。長溥はしばしば藩校を視察しているが、ある年の正月、孟子の井田の章の輪講を聴くことがあった。洗蔵も優等生の一人として輪講に臨んだ。それを終えた洗蔵は、突然教頭に対し、馬鹿げた質問をする。「そもそも孟子は善人でしょうか、悪人でしょうか。井田の制は善制でしょうか、悪制でしょうか」。教頭は不機嫌な顔色で「場所もあろうに、このような御席で、そのようなことを申し出る者があるか。孟子は孔子に次ぐ聖人で、井田の制は万世の法である」と叱りつけるように答えた。すると洗蔵は威儀を正して、「いかにもそうであると、私も深く信じております」と述べた後、こう発言を続けた。「今日、わが藩の百姓の状態をみるに、少数の者が多くの田地を兼併し、多数の者は水呑百姓に落ちて、哀れな境遇にある。これは聖人の政ではない。そこでいったん、土地を藩に引き上げ、井田の制にならって、均等に再分配して、民を安堵されたい。幸い今日は藩公がお見えなので、裁可を得れば明日からでも着手できるはずである。今ここでこれを進言し、裁可を仰いでもらいたい」

意表をつく発言に驚いた教頭は、時代も違えば国風も違うので、そういうわけにはゆかないと諭すが、洗蔵は頑として引き下がらない。「君（藩主）を堯舜《ぎょうしゅん》（古代中国の理想的帝王）にするのは人臣の務めである。聖人の教えを知り、万世の法とみとめながら、それを実行しないことがあっていいのか」と迫った。月形少年の脳裏には、かつて侍講だった尊敬する祖父の姿があったであろう。この押し問答をみた長溥は中座して帰城したという。教頭の態度に怒った洗蔵は、「書を読み、学を講ずるのは何のためぞ。腐儒の輩、師とするに足らず」と罵倒して、その日を限り退学したという。父同様、藩学など眼中になかった。

このエピソードは、月形が世俗的権威などものともせず、自己の信念に忠実な行動の人であったことをよく伝

芭蕉布に書かれた月形書
（個人蔵）

えている。同時に、月形家など旧「同気合体派」の間で、農村の疲弊を救うべきだという議論がなされていたことをも想像させる。このような民政に対する関心の高さは、月形を貫く特徴のひとつである。それは後年、麦作に年貢を課すことに反対したことや、長州征伐の中止は「万民の苦しみ」を救うことでもあると主張していることにもあらわれている。この日、目の前で均田制の断行を訴えた月形少年の姿は、長溥の脳裏に深く刻まれたにちがいない。

叔父長野誠（深蔵の実弟）は、月形のことを「人に接するに直言面折し、その過失を容ること能はず」と評している。これは父親譲りの性格といえるようだ。芭蕉布に「云々《うんぬん》物は念《おも》はず、斐太人《（飛驒人）》の打つ墨縄のただ一道に」と大書し、座右の銘としていた。同志の高原謙次郎は、晩年「筑紫史談会」の例会で、大宰府松屋の主人栗原順平（松屋孫兵衛）の回顧談を伝えて、次のように述べている。「月形氏は思ふことを直ちに云ふ人でありました。中々大ひなる話が多ひ故、自分は大言《たいげん》云ふ人と思ふて居ました。然るに御維新になりまして、追々世間の模様が移り変りましたが、月形氏の申された通りになりました。よって初めて其学識のあることを感心し、自分の不肖を思ひあったとの言でありました」（「勤王志士片言」、大正四年二月「筑紫史談」第四集）。

洗蔵の剛直不撓ぶりには、父深蔵も手を焼いたようで、一時、長野のもとに預け、教導を託したこともあるという。長野は温厚な人物だったようで、刻苦勉励のすえ藩校教官（学問所本役）となり、維新後、「筑前志士伝」のほか多くの著作を残している。

洗蔵の文武勉励の様子は自ら記した「日課」にうかがうことができる。

日　課

一掃除の事
一経書の事
　○四子五葉　五経五葉
一歴史の事　二十葉
一手習の事　百字
一兵学の事　三葉
一写本の事　三葉
一木刀揮の事　百返
一槍つき出の事　二百返
一鉄砲寸ための事　三十返
一和書雑書詩文の事
一算用の事
一朔日十五日は一族師友の方へ可尋事
一六月廿日参寺の事
一諸家の定日出方すへき事
一一六日兵学、三八の日経書、他出すへからす候事
　右之条々懈惰《かいだ》ある間敷者也。

青年期に入る頃から、月形の関心は対外問題へと注がれるようになる。

弘化元年（一八四四）、十七歳の洗蔵を驚かす事件が起きた。七月二日、オランダ国王の派遣する軍艦が長崎に来航する。開国を勧告するためであった。三代将軍徳川家光による鎖国令により、筑前藩は寛永十八年（一六四二）以降、佐賀藩と隔年交代で長崎警備を命ぜられていた。当番年には約千人が長崎へ派遣されたという。この年、筑前藩は非番年であったが、海陸両道から約千二百人を長崎へ急派した。動員された船数二百五十艘、水夫約千九百人、多くの町人が動員され、兵粮米や武器を船着場まで運ぶため、三日間夜昼の区別なく、街路はごった返し、市中は騒然となったという。また水夫として青壮年を徴用された浦々は、動員解除までの四ヵ月余、働き手を奪われ、生活に困窮する。藩は浦々から歎願される「拝借金」に応じなければならなかった。

翌年七月にはイギリス軍艦一艘が、翌々年六月にはフランス軍艦三艘が来航している。その度に、藩は多数の藩士・領民を緊急動員しなければならなかった。このように福岡の人々は、ペリー来航以前から否応なく、外圧を意識しなければならなかった。

月形は仲間と共に海防を論じ、まるで「干戈の間」（戦場）にあるかのようであったという。早川勇の回顧談によると、月形は二十歳になるかならぬ頃から、頻りに「外夷」を憂い、福岡の蘭学者阿部良平を訪ね、外国の事情を聞き、東洋もこのままでは済まないだろうと危機感を高めていたという。早川が江戸へ遊学する際には、大橋訥庵《とつあん》や藤森弘庵《こうあん》ら、当時著名な学者への質問を託したという。

嘉永三年（一八五〇）三月四日、二十三歳で家督を相続し、馬廻組百石に列した。嘉永四年九月砲術目録、同五年十一月剣道印状を与えられている。

家督を譲った深蔵は、以後門弟の教育に専念する。月形父子の私塾には多くの青年が集まり、月形派ともいうべき一派をなして藩学に対抗した観があったという。藩学の子弟はこれを「異学の徒」とそしり、あるいは「勤王家」と嘲笑したが、むろん彼らの意に介するところではなかった。これが後年のいわゆる筑前勤王党の母体である。

黒田長溥

月形がその「英明」に期待した藩主長溥とはどのような人物だったのか。幕末筑前藩の政治行動は、当然のことながら藩主長溥の存在を抜きにしては語れない。月形の生涯を語る上でも同様である。

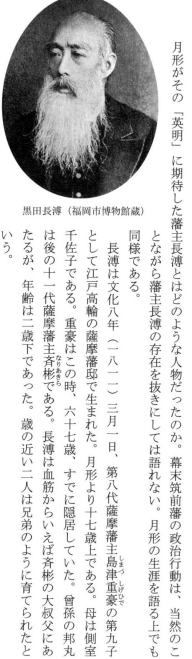

長溥は文化八年（一八一一）三月一日、第八代薩摩藩主島津《しまづ》重豪《しげひで》の第九子として江戸高輪の薩摩藩邸で生まれた。月形より十七歳上である。母は側室千佐子である。重豪はこの時、六十七歳、すでに隠居していた。曾孫の邦丸は後の十一代薩摩藩主斉彬《なりあきら》である。長溥は血筋からいえば斉彬の大叔父にあたるが、年齢は二歳下であった。歳の近い二人は兄弟のように育てられたという。

黒田長溥（福岡市博物館蔵）

島津斉彬（個人蔵）

文政五年（一八二二）十二月、十二歳で斉清の養嗣子となり、同十年（一八二七）八月、十七歳で初入国した。翌年五月、斉清に従い、長崎警備を巡視、はじめて蘭医シーボルトと面談したという。筑前藩は長崎警備を命ぜられていたことから、警備に必要との名目で、比較的自由にオランダから西洋文物を入手することを許されていたようである。たとえば薩摩藩が洋式銃五百挺の購入を長崎奉行に願い出ていながら、三年経ってもまだ入手できずにいた安政五年（一八五八）四月、筑前藩は、すでに新式ゲベール銃千五百挺を購入し、藩士に配備し、洋式調練をくり返していた。このような有利な条件のもとで、長溥は幅広く西洋の知識を摂取し、群を抜く蘭癖大名へと成長する。

また重豪の娘茂姫《しげひめ》（広大院）は、第十一代将軍家斉《いえなり》の正室であった。長溥の姉である。将軍の正室は第三代家光以降、皇族か摂関家から迎えられていた。それが大名、しかも外様大名家から迎えられたことは異例のことであった。将軍の舅となった重豪の権威は高まり、「高輪下馬将軍」の異名で呼ばれていた。こうして幕末薩摩藩は諸藩の中でも特別な位置を獲得していた。

このような将軍家との特別な姻戚関係は、若い長溥の自意識形成に大きく影響したであろう。さらに海外情勢によく通じていたことから、長溥の政治意識は一大名の水準を超え、開明的で全国的視野を備えたものへ成長していったものと思われる。

この長溥の政治的見解を最もよく示すものが、嘉永六年（一八五三）七月、幕府の諮問に応えて提出した長文の建白書である。前月アメリカ合衆国ペリー艦隊が浦賀に来航して開国を求めていた。建白書はこれにいかに対処すべきかを論じたものである。長溥は満腔の思いで積極的開国通商路線への転換を訴えている。

曰く、「異国への商売、一統御免仰せ付けられ候はば、日本国中繁昌疑いなく、武備も厳重に相成り申すべく候」、つまり海外貿易を自由化すれば、日本の富国強兵の達成は疑いないというのである。攘夷については「これ無謀の軍《いくさ》、彼を知らず、己を知らざるものなり」と厳しく批判している。アメリカの開国要求は「天運の然らしむるものであり、これを機に今こそ大胆に開国通商へ転換すべきであり、そのためには、「非常の御決断に相成りたく、俗に申し候小田原評定」では済まされないと、強い言葉で幕府に英断を促している。長溥は当時日本のおかれていた厳しい国際環境を正しく認識しており、民族の独立を維持し、万国に対峙するには、開国通商による富国強兵を達成する以外に採るべき道のないことを明確に認識していた。徳富蘇峰《とくとみそほう》はこれを評して「当時に於ては、異常の卓見と云ふを妨げざるべし」と述べている。代表的な開国通商論として、日本思想体系第五十六巻『幕末政治論集』（岩波書店）に収められているゆえんである。

この卓見は、豊かな西洋の知識と正確な国際情勢認識からきていた。安政五年（一八五八）六月、日米通商条約の調印が問題となったとき、「神国」日本を唱え、条約調印に反対する公卿を、長溥は「万国情態も存ぜざる雲上人」と馬鹿にしていた。

しかしこの建白書には重大な盲点があった。それは国内政治体制の変革について言及のないことである。長溥のいう開国通商・富国強兵論は確かに正しい選択である。しかしそれを現実化するには、その前提として国内政治体制の根本的変革が必要であった。幕藩体制は、徳川家が諸大名を従属させることを政治的本質としており、所詮幕府は民族的利益の代表者たりえなかった。それは開港後、幕府が貿易を独占し、諸藩の貿易参加をたえず監視制限した事実がこれをよく教えている。幕府の統治原理は諸藩の富強化とは相容れないのである。

さらにいえば、かりに諸藩に自由な海外貿易が許されたとしても、三百諸侯に国内の政治支配が半ば分割されているような国が、その利益を国家的規模で富国強兵へ結集することは不可能である。

したがって問題は、「開国か鎖国か」という単なる対外政策上の問題ではなく、どのような国内政治体制のもとで開国通商に転換するのかという問題であった。現存の幕藩体制に手をつけない「開国通商による富国強兵」なるものは幻にすぎなかった。長溥はこの最も重大な点にほとんど気付いていない。長溥の「先見性」の限界である。後年（慶応年間）、攘夷論から開国論に転じた中岡慎太郎は、開国論一般を評して、「海外諸国の情実を知る」とはいえ、「いわゆる座上の空論」であると厳しく批判し、まずなすべきは「天下を一新」（政治的変革）することであると主張している。長溥の開国通商論も、この中岡の批判を免れないであろう。

それはともかく、高度の対外危機意識は、その後の長溥を積極的な国事周旋へと駆り立てずにはおかなかった。しかし政体変革志向の欠如は、その国事周旋の性格と限界とを早くも暗示している。

月形が長溥の開国通商論をどうみていたか。これは興味ある問題であるが、残念ながらそれをうかがうに足る史料を見いだし得ない。というより、そもそも長溥がその開国通商論を、幕府に建白したような内容で、家臣に明かすことはなかったようである。したがって月形は、長溥が熱烈な開国主義であることも知らなかったというべきであろう。ただ筑前藩士は長崎警備に従事していたことから、西洋文物に接する機会が多く、その優秀さに対する認識は、他藩士に比べて高かった。安政四年（一八五七）五月、長溥は「蘭法導入」(軍制洋式化）に着手するが、家老ら重臣は黒田家伝来の軍法に執着し、これに反対する。しかし月形は「蘭法習術（洋式軍事調練）など誠に結構」とこれを支持しており、長溥に反対する家老らを「文盲」と批判している。父深蔵は洋書にも通じていたようであるし、また月形も地元の蘭学者を訪ね、真剣に西洋の事情を尋ねている。これらのことは、月形が攘夷論者ではあっても、偏狭頑迷な排外主義でなかったことを教えている。

第二章　政治活動の開始

立花弾正批判

月形の政治活動は、家老立花弾正に対する批判として開始される。立花は嘉永五年（一八五二）三月に家老となって以来、元治元年（一八六四）九月に解任されるまで、長溥の信頼の最も厚かった重臣である。年齢も長溥の四歳上であった。

嘉永五年（一八五二）十月二十五日、参勤で江戸入りした長溥は、老中阿部正弘から、近々アメリカが日本との通商を求めて軍艦を派遣するというオランダ情報を伝えられた。長溥はこれを好機に、開国通商路線への転換を幕府に働きかけようとした。そのため、年が明け、通例ならば帰国すべき三月になっても「病気」と称して帰国しなかった。六月ペリー来航、七月長溥は幕府へ長文の建白書を提出、アメリカの要求を受け入れ、開国通商による富国強兵の道を大胆に進むべきことを訴えた。その後も引き続き、来春予定のペリー再渡来に備えて幕府へ働きかけを強めようと考えていた。

ところがそこに緊急事態が発生した。ロシアのプチャーチン艦隊の長崎来航である。七月十八日、ロシアもまた、同じく開国通商を求めてきたのである。あたかもこの年、筑前藩は長崎警備の当番年にあたっていた。長溥はやむなく九月帰国した。その後、プチャーチン艦隊への対応に忙殺された。プチャーチンが長崎を退去したのは、翌年正月八日である。

安政元年（一八五四）五月、長溥は立花に「財用方本〆・郡町浦用向請持」を命じ、藩政の中心にすえた。財政難の中、武備充実を図るため、前例にとらわれず、慣例を打破し、諸事藩政の簡素化・経費節減の方法を検討するよう命じた。安政改革である。

立花弾正（福岡県立図書館蔵）

長溥は武備充実のためには、たんに軍艦・大砲類を整えるだけでなく、藩士を生活の窮乏から救わねばならないと考えていた。家中の救済こそ「武備の根本」であると主張している。そのため家臣の俸禄の全額支給（「丸所務」）をめざした。当時どの藩も財政窮乏のため、藩士の俸禄の一部を借り上げていた。借り上げといっても返済されることはなく、事実上の減俸であった。その割合は実に本禄の半ば以上に及ぶこともあったという。これでは日々の生活に汲々として志気の高揚など望むべくもない。しかし、立花が藩の財政状況を調べてみると、ひどい有様で、大坂商人からの借財だけで百万両に及び、その他の借財を合わせれば莫大な額となることがわかった。何から手を付けたらよいか分からないと当惑している。

閏七月、立花は借銀交渉のため大坂へ向かった。首尾よく交渉に成功し、十一月帰国する。長溥はじめ家老らはその手腕に感歎したという。こうして、いったん、「丸所務」実施が達せられたが、早くも翌年には中止されたようである。

財源を創出する積極的な経済施策が講じられた形跡はない。もっとも翌年四月、立花は長崎警備の費用に充てるという名目で、長崎での「国外交易」を特別に許可してもらうよう幕府に働きかけてはどうかと長溥へ進言している。まだ日米通商条約の締結交渉も始まっていないことを思えば、注目すべき提案というべきであろう。長溥も一応同意はしているものの、積極的に動いた形跡はみられない。結局、大坂商人からの借銀に頼らざるをえなかったようだ。

立花は長溥の改革の意欲に応えようと奮闘していたが、他の家老らの反応は鈍かった。十月（安政元年）、長溥は加藤又左衛門（後の司書、中老二八五九石余）を用人に登用しようとしている。用人とは「御右筆所詰」とも呼ばれ、家老に次ぐ要職である。加藤は二十六歳と若かったが、「発才」「切者」として知られていた。プチャーチン来航の際は、家老・用人と共に藩士らを率いて長崎行に従事している。改革を推進するため気鋭の加藤を抜擢しようとしたものと思われる。しかし家老たちは加藤の「我がまま」と「大酒飲み」を理由に、将来はともかく、今は見合わすべきだと反対した。そのため長溥もやむなく断念している。

当時、筑前藩の大坂登せ米は、一俵三斗三升入の規定だったが、俵作りがずさんだったため、大坂へ着いた時は、二斗八九升にも満たず、きわめて評判が悪かった。立花は登坂した際、その実態を見聞し、帰国後、年貢米の俵作りを大縄を使って厳重にするよう農村に命じ、その検査を厳格化させた。これによって大坂市場での筑前米の価格はたちまち改善された。しかし、俵作りに手間がかかるようになった農民は、末端役人の態度が威丈高だったこともあり、この措置を立花の名をとって「弾正縄」と呼び、反発した。

月形は同志と共に、立花批判を開始する。それは立花を失脚させ、矢野六太夫《ろくだゆう》（後の相模、中老三二〇〇石）を家老に就けることで藩庁への進出を図ろうとするものであった。この動きには用人の大音六左衛門《おおおとろくざえもん》（後の因幡）や加藤らも同調していたようである。矢野は立花に批判的な人物で、月形らが最も期待した中老であった。矢野の父安太夫は、旧「同気合体派」で、文政の政変で家老を解任された人物である。こうしたことから、同じく「同気合体派」の流れをくむ月形とはかねて親しい間柄だったと思われる。

いっぽう、長溥も別の思いから、矢野を家老に登用しようとしていた。矢野は蘭学にも通じていたことから、長溥も好感を持っていたようである。長溥に藩財政を好転させる妙案はない。あらゆる可能性を試し、改革を推進しようとしていた。矢野の改革意見書に対しても、「まず試みてみよ」と答えており、藩庁に新風を吹き込もうとしていたと思われる。矢野の家老登用について諮問をうけた立花は、「我意が強い」と消極的だった。しかし大老（筆頭家老）の黒田播磨は、「人望あり」として支持している。播磨は家禄一万六千石、家臣団のトップに位置し、代々筆頭家老を務める家柄である。

安政二年（一八五五）二月九日、矢野は家老に就任する。しかしたちまち立花ら他の家老と対立する。矢野は長溥へ意見書を提出し、立花と浦上正春の家老解任を進言する。これを知った立花は、矢野の背後で大音、月形、海津幸一らが動いているものと警戒心を高める。改革をめぐる対立の具体的内容は明らかにできないが、矢野は立花のやり方を「聚斂《しゅうれん》」（重税を課すこと）であり、「仁義の道」を踏み外すものと批判していた。これに対し、立花はいまは非常事態であり、やむなく「権道《けんどう》」（臨機応変の処置）も取り混ぜているのだと反論していた。

やがて「皮座」の改革をめぐり、矢野は立花と鋭く対立、家老間でも孤立し、長溥の支持も得られなかったため、四月二十八日、ついに家老を辞職する。在職期間は三か月にも満たなかった。しかし、その後も、月形派は立花批判を継続し、矢野の家老復職の機会をうかがった。

十二月二十三日、月形は馬廻組で奥頭取の小堀作太夫利貞の娘繁（二十四歳）と結婚した。翌三年十月十七日、宗像郡大島の定番を命ぜられている。これは要注意人物の月形を城下から遠ざける措置だったと思われる。この時長溥へ意見書を提出したというが、残念ながらその内容は伝わっていない。

この頃、立花は日記に「月形等一派」が激しく藩政を誹謗し、自分を糾弾し、矢野を復職させようと企んでいると書いている。月形派は立花攻撃の急先鋒として現れていた。立花批判の声は、「其身には驕奢淫逸《きょうしゃいんいつ》をきわめながら、しばしば節倹の令を出し、尤も聚斂を事とし、四民怨望せざるはなく、道路の児子も相共に諷歌するに至りぬ」（中村円太「自笑録」）とあるように、藩内に広がっていた。事実、長溥のもとへ、立花に対する不満が高ま

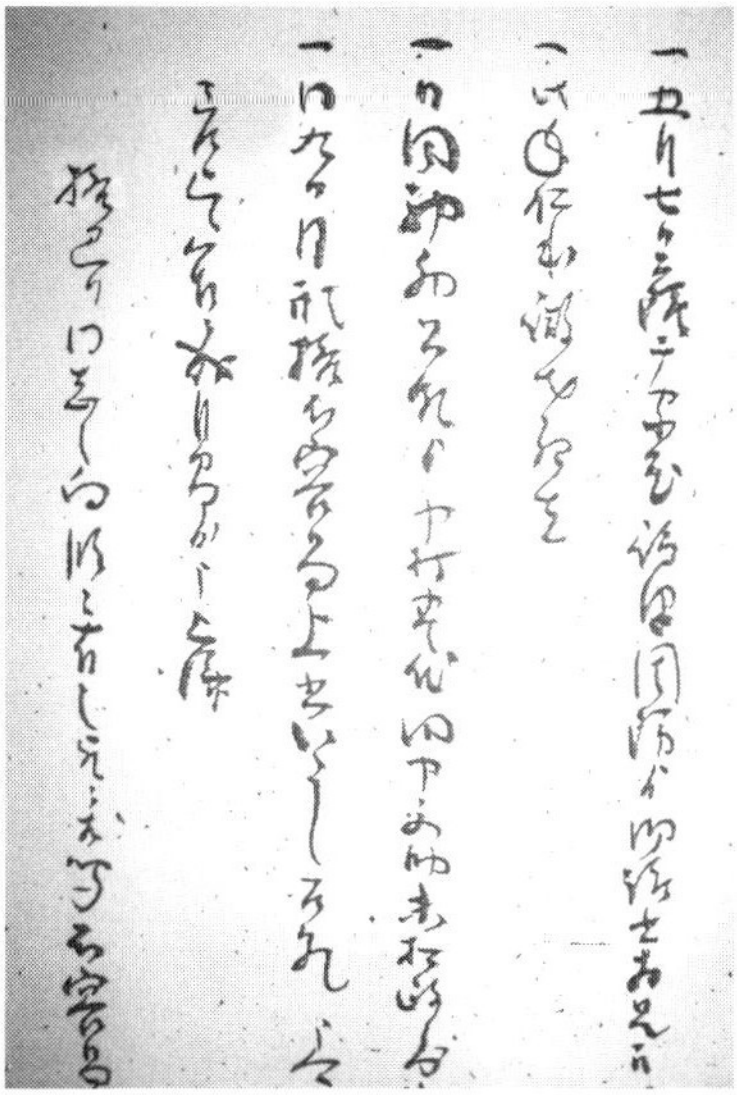
立花日記（福岡県立図書館蔵）

っているとの報告が上がっていた。月形も江戸遊学中の戸原《とはら》卯橘《きつ》（支藩秋月藩士）へ、最近は「下々《しもじも》」の間で立花の評判は散々だと知らせている。

改革にともなう藩内の様々な不満は、総責任者である立花への批判となり、彼を追い詰めていた。その批判をかわすため、立花は長溥へ「直宰」（親裁）を宣言してほしいと進言する。

これをうけて安政四年（一八五七）五月十七日、長溥は「直宰」を宣言すると同時に、「蘭法調練」（軍制洋式化）を進める意向を明らかにした。それは、軍制洋式化をめぐる長溥と播磨ら家老との長い対立のはじまりだった。

五月二十一日、月形は立花と会見している。上役の浦奉行・安永延左衛門を通じて要望していたものである。この会見は立花の屋敷で行われた。会見の詳細は分からないが、月形は領内海防に関する意見も述べたようである。立花の日記に「存念落ち合わず、取合い甚だ六ヶ敷、一円腹に入らず」とある。激しいやりとりだったようで、話は平行線のまま終わっている。

その三日後（二十四日）、平野国臣が長溥へ直訴している。「犬追物」の復興を訴える内容だったと伝わっている。中世に廃れて久しい、古風な騎射訓練の復興を主張したあたり、いかにも軍制洋式化に不服だった国臣らしい。暗に「蘭法調練」に異を唱える趣旨だったと思われる。足軽の国臣には藩主へ正式に建白する資格がなかった。直訴は秩序をみだす行為である。しかし「その身を顧みず、志意を告ぐる事、殊勝なり」として不敬の罪を許されている。改革に対する藩士の意欲を削がないためにも、敢えて寛大な措置に出たものと思われる。月形が長溥へ提出していた意見書が長溥の手に達したのもこの頃（閏五月）である。提出した時は、長溥が参勤のため福岡不在だったからであろう。

安政五年（一八五八）五月十三日、月形は「病気」を理由に、大島常番の辞職願いを出した。すでに日米通商条約の調印をめぐり朝幕の対立が生まれており、藩内の政情も動き出している。このような時期に、遠く城下を離れ、安閑と島の定番など続ける気にはなれなかったのであろう。国臣も八月、単身脱藩上洛する。

桜田門外の変の衝撃

安政五年（一八五八）四月幕府大老に就任した井伊《いい》直弼《なおすけ》は、六月に日米通商条約のいわゆる無勅許調印を断行、ついで紀州藩主徳川慶福《よしとみ》（後の家茂《いえもち》）を将軍継嗣に決定する。そのうえで、それまで一橋《ひとつばし》慶喜《よしのぶ》を将軍継嗣に推して対抗していた「一橋派」勢力、および条約の無勅許調印を非難する攘夷派に対する大弾圧を開始した。いわゆる安政大獄である。長州藩の吉田《よしだ》松陰《しょういん》、越前藩の橋本左《はしもとさ》内《ない》らが死刑に処せられたのはこの時である。

井伊直弼（国立国会図書館蔵）

ここで通商条約調印前後の長溥の動きを斉彬と対比してみておきたい。斉彬は「一橋派」大名の有力者であった。長溥も「一橋派」と目されていた。二人は兄弟同然の仲であり、共に蘭癖大名として知られていた。しかし、この時期の二人の政治姿勢には大きな落差がみられる。それは幕末日本が直面する政治課題についての自覚の有無から生じている。したがってそれは、その後の国事周旋（政治行動）において、両藩が異なる道を進むことになる理由をも明らかにする。

アメリカは安政三年七月、通商条約締結交渉に当たらせるため、タウンゼント・ハリスを駐日総領事として日本に派遣した。幕府は、安政四年（一八五七）十一月、世界の大勢を説き、通商条約締結は不可避であるばかりか、日本にとって必要でもあることを懇々と説いたハリスの意見書を諸大名へ示し、意見を求めた。これに応え、翌月長溥は意見書を提出した。熱烈な開国通商論者である長溥は当然のことながら、「万事、亜人（ハリス）」の言うとおり、その要求をすべて受け容れるべきだと述べている。要求の柱は、幕府役人が介入しない、日本人との自由貿易である。長溥はこの海外貿易の成果をもって「皇国一統御武備」が整った暁には、諸外国に対するどのような対処も可能となるであろうと述べている。斉彬もまた、長溥同様、ハリスの要求を「速やかに差し許す」のが「良策」であり、『商道（海外貿易）十分に御開き」となれば、「五大州を御随意に御制御」することが可能となると述べている。二人の主張に共通するのは、万国対峙のための開国通商による富国強兵の実現であった。

しかし斉彬の主張はこれで終わりではない。斉彬は意見書の前段で、通商の開始により外国人が国内に入り込むようになれば、「人心を固結」させることが「専要」であると論点を転じ、そのためには何よりもまず将軍継嗣を定めることが必要であると述べている。将軍家定《いえさだ》は特異体質で、子もなく、大平の世ならともかく、未曾有の国難に臨む将軍としては能力に欠けるとみられていた。そこで継嗣には「御血筋御近き御方」（家定の従弟で紀州藩主の徳川慶福を指す）が当然ではあるが、この非常時においては、器量、年齢、人望の点からみて、一橋慶喜が適任であるとしている。この時（安政四年）慶福は十二歳の少年、慶喜は二十一歳の青年だった。そのうえ慶喜は早くから英明をもって知られていた。慶喜が将軍継嗣となれば、天皇を安心させることができ、諸侯以下万民の心を固めることもできるとしている。斉彬の意見書の過半は、実にこの主張にあてられている。

外様大名の身分で、将軍家の後継問題を公然と口にし、しかも特定の人物を推すということは、斉彬自身「幾重にも恐れ入り存じ奉り候」と述べているように、大それたことであった。大平の世では考えられない大胆な主張であった。しかし慶喜擁立は斉彬の目的ではなかった。いわば手段であった。彼がめざしたことははるかに重大なことであった。それはさすがの斉彬も幕威をはばかり、言葉にしていない。それを、斉彬の最も親密な同志で、家門大名である越前藩主松平慶永《よしなが》が、同じく家門の鳥取藩主池田慶徳《よしのり》にこのように洩らしている。

老中の上に薩摩・肥前・宇和島・鳥取・越前の五人の藩主を「五大老」として置き、その上に「総督」を置き、これに御三家の徳川斉昭《なりあき》をあてる。そうして「御政務大革正」(幕政の大改革)を図るべきである。

これは、従来、五、六万石の譜代大名によって独占されている幕閣を、有力な外様大名(薩摩・肥前・宇和島)と家門大名(越前・鳥取)を主要な構成員とするものへ改組するということである。つまり「徳川家の幕府」を「外様有力大名も含めた幕府」へ再編するということである。それは徳川家をはじめ全国諸大名の力を国家的に結集しようとする試みであり、十九世紀半ばの新たな世界情勢に対処すべく、斉彬ら開明的大名が案出した、彼らにすれば最善の幕府改革案であった。近代的国内統合への一歩接近とみなすこともできるであろう。慶喜擁立論はこのような政体変革の突破口として提起されていたのである。

斉彬らはこの政体変革なくして、通商開始を日本の富国強兵へのテコとすることはできないことを鋭く見抜いていた。しかし長溥はこの点を理解できないでいた。二人の重大な相違点はまさにここにある。

明けて正月、斉彬は朝廷の近衛忠熙《このえただひろ》(左大臣)および三条実万《さんじょうさねつむ》(内大臣)へ、幕府への意見書の写を添えて書翰を送り、朝廷においても幕府に対し、早急に将軍継嗣を決定するよう勅命をもって働きかけてほしいと依頼している。

このような動きは、幕府への悪意に出たものではなく国を思う善意に出たものであった。しかし井伊大老にすれば、それは諸大名に対する徳川覇権の否定であり、したがって幕府権力に対する重大な挑戦であった。一橋派運動は、斉彬らがそれをどんなに善意の幕府改革運動と思い込んでいたとしても、その論理的本質において倒幕運動であった。なぜならそれは幕府が幕府でなくなることを意味していたからである。幕府権力の擁護者たる井伊大老が凶暴な牙をむいて、一橋派に襲いかかったのは当然のことだったのである。

このことを早くも察知した斉彬は、弁論による政治工作の限界を悟り、井伊大老の専断行為を阻止すべく一大決意を固めた。多数の藩兵を率いて上洛し、朝廷を動かし、勅命と武力を背景に一気に幕府改革を実現しようというのである。六月上旬のことである。この率兵上洛計画を打ち明けられた長溥は非常に驚き、「時節少し早くは無いか」と消極的な返答をしている。これに対し斉彬は「早くはなし、その機会に臨めり」と応じている。この一大計画が決行されたならば、事態は井伊大老の思い通りにはならなかったであろう。しかしその直前、不幸にも斉彬は急病によりあっけなくこの世を去った（七月十六日）。計画は未発に終わった。

長溥は朝廷が通商条約の調印に反対していることを危惧しながらも、国際情勢に無知な朝廷の主張に幕府が左右されるはずはなく無事済むであろうと楽観していた。将軍継嗣問題については、慶喜が適任とは思っていたが、それが最重要課題だとはみていなかった。それが斉彬の率兵上洛計画への消極的態度となって現れていた。

井伊大老は、慶喜が「才略は乏しいが、決断には富める人」と評したとおり、反対派に対する容赦ない弾圧を開始した。条約調印と将軍継嗣の問題に決着をつけ、七月五日、越前の松平慶永（春嶽）と尾張の徳川慶勝《よしかつ》に隠居・謹慎、水戸の徳川斉昭《なりあき》に謹慎、慶喜には登城禁止の処分を下した。長溥とも親しい伊達宗城《だてむねなり》（宇和島藩主）は土佐の山内豊信《とよしげ》（容堂）とともに江戸にあって、井伊大老に対抗していた。劣勢に立たされた宗城は長溥にも江戸へ来るよう再三要請した。幸いこの年は筑前藩の定例参勤の年にあたっており、通例ならば十月に参府するはずであった。しかし、長溥は「病気」と称して参勤を中止し、宗城の呼びかけに応じなかった。その後宗城も豊信（容堂）も、相次いで藩主退隠に追い込まれた。こうして、「一橋派」大名はことごとく政界から姿を消した。

目立った動きをしなかった長溥は処分を免れた。井伊大老の強権政治には眉をひそめていたであろうが、日米通商条約の調印を無邪気に喜び、開国通商による富国強兵への道が開かれるものと楽観していたように思われる。ここに政体変革に無関心に近かった長溥の限界があらわれていた。これ以後も、長溥は薩摩・越前・宇和島・土佐などの雄藩諸侯と政治行動を共にすることはなかった。それまで親密だった宗城との関係もこれ以後疎遠になったようである。

月形は長溥が参勤を中止したことを、井伊大老への反発の結果とみなして好感を抱いていた。十月、京都清水寺の僧月照《げっしょう》が安政大獄の追求を避け、薩摩へ亡命の途中、福岡に立ち寄った際、鷹取養巴《たかとりようは》と共にその保護に協力したという。

しかし井伊大老の圧政は長くは続かなかった。万延元年（一八六〇）三月三日、井伊大老は江戸城桜田門外で水戸・薩摩の浪士によって暗殺された。幕府の大老ともあろう人物が、白昼わずか十七名の浪士の手で首を取られたのである。

この前代未聞の大事件が福岡に伝わったのは三月十七日であった。大老暗殺の報に接した月形は、その時の感激を「烈士忠勇を奮い、桜田浜に斬戮《ざんりく》す」と詠んでいる。前年四月脱藩していた中村円太《えんた》は、当時江戸の旗本竹垣竜太郎の家に寄宿していたが、事件当日、竹垣に誘われ、季節はずれの雪景色を、隅田川堤防まで見物に出かけ、夜帰宿したところで、事件を知る。半自叙伝にこう記している。「桜田の義挙を聞き、終夜喜びて寝ず。早旦諸友に会し、相賀して曰く、天下の事、是より始めて観るべけん哉」（「自笑録」）。同じく脱藩中の国臣も潜伏先の下関の豪商白石正一郎宅で祝杯を上げ、「神風をなに疑はん桜田の、花咲くころの雪をみるにも」と詠んでいる。

庶民も大老暗殺に歓喜した。筑前宮浦の商人・津上悦五郎は、「鉄石の如き忠士、この度公武の御衰え、主家の浮沈切迫したる時に臨み、誠忠を顕わし、古今に類なき大功を上げぬ」と日記に書き、浪士の斬奸状を「まことに感に絶へたる事にて、人たるもの丶鑑《かがみ》とすへき忠士の書」として全文書き写している。通商条約にもとづき貿易が開始され、そのため諸物価が騰貴しはじめていた。これに苦しむ庶民の目に、水戸浪士等の行動は英雄的なものに映ったのである。

参勤のため筑後松崎まで来ていた薩摩藩主島津忠義《ただよし》（斉彬の甥）は、薩摩浪士有村次左衛門が暗殺に加わっていたことを知り、「病気」と称して、鹿児島へ引き返している。このまま江戸へ行けば、幕府に難詰され窮地に立たされる危険があるからである。また当時江戸で帰国準備中だった佐賀藩主鍋島直正《なべしまなおまさ》は、幕府からしばらく江戸へ留まるよう要請されたが、ごたごたに巻き込まれるのを避けるため、今回の事件は水戸藩と彦根藩（井伊家）の争いだとして、これを拒絶している。「世論は之《これ》を桜田の義挙と称し、嘖々《さくさく》四方に伝え、率《おおむ》ね井伊氏の専横を悪《にく》み、而して大老がその遭難を悲嘆せしものは絶えてなかりしなり」といった状況であった。

「桜田門外の変」は極めて大きな衝撃をあたえた。いまや朝廷の意向に公然と背けば、どういう事態をまねくか、幕府は身を以て思い知らされた。朝廷の背後には、熱烈偏狭な攘夷論者のみならず、通商開始にともなう物価高に苦しむ士庶民の有言無言の広範な支持が集まっていたのである。朝威は幕威を凌駕した。開国通商論に耳を傾ける者はなく、以後、幕府は朝廷への譲歩を余儀なくされる。

この事件は、井伊大老の圧政に息をひそめていた勢力の再進出に道を開いた。月形もまた、この事件を機に公然たる政治活動を開始するのである。

建白書

大老暗殺事件後、最初に動いたのは、野田勘之丞《かんのじょう》（馬廻組）だったようである。野田は鉱山についての知識があり、大島の諸坑を試掘し、採鉱について建議したことがある。嘉永六年（一八五三）二月には、金鉱山試掘の責任者を命ぜられている。精錬所は長溥が力を入れた事業で、その総裁は長溥の側近、格式奥頭取の吉永源八郎であったが、野田はその部下で、長溥が推進しようとしていた殖産興業の担い手の一人であった。

閏三月四日、野田は、おそらく吉永へと思われるが、江戸へ早急に藩士多数を派遣する時だと申し出た。また大組の久野一角へも同様のことをかなり熱心に説いたらしい。さらに矢野へも中老クラスの者を隊長とし、これに次男三男の藩士をつけて江戸へ派遣すべしと説いている。徐々に同志も増えているような口振りであった。

これを聞いて驚いた立花は長溥の同意を得たうえで、野田を呼びつけ、「いま事々しく藩兵を江戸へ派遣すれば、幕府の疑惑を招く。藩は大老暗殺事件とは何の関係もないのだから、平常の通りしておくべし」と説諭にあたった。野田はしぶしぶ承服した。

野田の江戸出兵論に藩首脳部が驚いたのは、長溥が大老暗殺計画を事前に承知していたという噂が流れていたからである。噂は事実である。長溥に大老暗殺計画の存在を密かに報せていたのは脱藩中の国臣である。

国臣は当時下関の豪商白石正一郎宅に潜伏していた。二月十七日、薩摩藩尊攘派の田中謙助が江戸より帰藩の途中、白石宅へ立ち寄り、井伊暗殺計画が整ったことを報せた。ついで二十六日、薩摩藩士堀仲左衛門《ほりちゅうざえもん》（伊地知貞馨《いじちさだか》）が鹿児島より江戸へ向かう途中、同じく白石宅へ立ち寄り、国臣に長溥あての建白書を託した。それは井伊暗殺に呼応して薩筑連合して江戸へ出兵するよう求めるものであった。これをうけて密かに福岡入りした国臣は、堀の建白書に自分の意見書を添えて、吉永を通じて長溥に提出していたのである。井伊暗殺の報せを受けたとき、長溥は「意外に遅かったな」と側近にもらしたという。

このことを北条右門から聞いていたのが野田であり、噂は彼の口から広まっていたのである。北条は実名木村仲之丞《なかのじょう》といい、薩摩藩の「お由良騒動」で、工藤左門（藤井良節）らと共に筑前へ亡命していた薩摩藩士である。当時姫島で保護されていた。北条と工藤は、福岡に潜行した国臣と会っており、この時大老暗殺計画と堀の建白書のことも聞いていた。野田が北条と親しかったのは、北条が亡命後大島へかくまわれたとき、大島の定番として接していた関係からである。国臣も以前、神社営繕の仕事で大島に駐在したとき、北条と知り合っていた。

こうして長溥が大老暗殺計画と何か関係があるかのような噂が広まっていたのである。野田の江戸出兵論は、堀の建白書に同調したものと思われる。それまで北条や工藤は比較的自由な行動を許されており、福岡城下へ出ることもできていたが、この後、島外の人間との接触を禁ぜられている。下関へ戻った国臣も、福岡から派遣された捕吏の追求が厳しくなったため、やむなく白石宅を脱し、その後九州各地を転々とすることとなる。

野田の進言に月形が関わっていたのかどうか、これを明らかにできる史料を知らない。ただ月形が野田と一定の付き合いがあったことは事実である。しかし江戸出兵論について相談をうけたとしても、月形が同意したとは考えにくい。第一、出兵論は薩藩尊攘派の考えにすぎず、薩摩藩が行動を起こすかどうかはっきりしていない。藩主島津忠義は参勤途上、大老暗殺を聞いて、鹿児島へ引き返しているくらいである。仮に薩摩藩が動くとしても、長溥が行動を共にするとは到底考えられない。薩筑連合出兵なるものは、血気にはやる薩藩尊攘派のたんなる夢想にすぎなかった。野田は月形よりもずっと年長で、それなりに学問才能もある人物だったというが、この時の言動はいかにも軽率というほかない。しかしまた、それほどに大老暗殺の衝撃は大きかったと言えるのかもしれない。

もっとも立花は、大老暗殺で勢いづいた「過激之徒」（月形派）が、野田を使って江戸出兵を藩庁へ働きかけたものとにらんでいた。しかし月形は、まったく別のことを考えていた。

五月六日付で、月形は長溥へ建白書を認めている。「勤王忠義」の藩是確立と藩庁の人事刷新、および参勤中止を求めるものであった。以下その内容を見ておきたい。

冒頭、井伊大老の斬奸状を一覧して、朝廷へ忠義を尽くす長溥の考えを確認できたと述べている。これは、井伊斬奸状に、将来を期待する大名として薩摩、仙台、佐賀、長州等とともに福岡の名があげられていたことを指している。「斬奸状は急速に広まるであろうから、御英名が皇国中に知られるものと感涙している」と、英明な主君を戴く家臣としての喜びと期待を表明している。

しかし藩情はどうか。「奢靡《しゃび》遊惰《ゆうだ》の風習が甚だしく、その一方で四民の生活は極々困窮に及んでいる。そのため藩内の人心は万人万心、思々離々の有様である」と、憂うべき現状を指摘する。長溥に対しては、「この数十年来の旧弊を一洗し、藩政を改革する意志がありながら、急激な改革によって、家中騒動となることを懸念し、これまで万事見合わせているのではないか」と述べ、長溥の苦衷を察している。これは安政四年（一八五七）以来、長溥が進めようとしている軍制の洋式化に、家老らが反対していることをはじめ、長溥の新施策がことごとく消極的抵抗をうけていることを念頭においたものである。

しかし「天下の形勢が変わったいま、そのような事に構わず、御奮発してほしい。改革は剛直忠士の者が懇願していることであり、柔弱遊惰の者に何ほどのことができましょうか」と、激励する。つまり月形は、「剛直忠士の者」すなわち自分たちこそが、長溥の味方なのだと主張している。

さらに「財政・軍事などの改革は、その人を得、その道を得れば、万事思召のとおりになる」と述べ、そのためには「御仁政の大基本を確立するのが先務である」と主張する。その「大基本」とは何か。「勤王御忠義の確固たる立場を藩中に示し、善人を登用し、天下に叛逆者が現れたならば、直に御出陣も辞さず、乱世に臨む態勢をとることである」。何よりもまず、勤王の立場を藩内に徹底化することが必要だと訴えている。

そうすれば、「おのずから、令せずして藩内は上下一致し、藩外からも御英明を慕って、賢材富家の者が集まってくるであろう。そうすればこれまで配慮されてきたことも速やかに実現するだろう」と、改革の実現を楽観する。

つぎに、この年予定されている参勤の中止を訴えている。筑前藩の参勤は、子・寅・辰・午・申・戌の年の十月に参府し、明けて丑・卯・巳・未・酉・亥の年の四月に帰国するのが通例であった。万延元年（一八六〇）は申年である。すでに閏三月に、長溥は十月参勤発駕の予定で準備するよう命じていた。

月形は参勤を中止すべき理由として、「前回（安政五年）の参勤も中止しており、今回は、井伊斬奸状が天下に知られているので、江戸へ行けば、長溥を疑う幕府の姦人共（井伊派の残党）が姦謀によって如何なる所業に及ぶやもしれない」と述べている。つまり他の一橋派大名同様、隠居処分などに処せられる危険があるというのである。「もし天下の混乱を鎮撫する考えで参府するのであれば、数千の藩兵を引き連れ、大国の威勢を示し、姦人共を畏服せしめるべきである。天下の形勢は一変した。形式的な参勤など無益である」と、江戸行きの危険を指摘すると共に、もはや徳川家への臣従の証である参勤など続ける時ではないと断言している。

論調は次第に激越となり、「勤王御忠義の御為」には、たとえ「皇国中の賊敵」を相手に決戦し、藩の存亡に拘わろうともかまわないとまで言い切っている。曰く、将来、「勤王御忠義の御軍勢」を天下にさきがければ、「御家」（黒田家）の「御旗」は国内はむろん「五大州万国」までも輝くであろう。

以上のとおり、「勤王忠義」の旗幟《きし》を鮮明にし、人事刷新・藩政改革を断行すること、参勤は中止し、将来勤王の軍勢を天下にさきがけよと訴えたのである。攘夷について一言もふれていないのは、蘭癖として知られた長溥を刺激するのを慎重に避けたものかと思われる。しかし改革の見通しは具体性に乏しく、観念的な印象は否めない。

五月九日、月形は藩庁へ建白書を提出し、長溥への謁見を要望した。これに対し立花は同僚と協議し、謁見は許さぬことにし、建白書は月形の上司（馬廻頭）にあたる大組の槇《まき》長左衛門を介して、長溥へ提出させることにした。五月十一日、建白書は長溥から播磨へ下げ渡され、家老全員に回覧された。立花は、月形が同志と組んで自分の排斥を企んでいると警戒した。事実、建白書では名指しこそ避けてはいるものの、月形の打倒対象は立花であった。立花は、長溥と播磨ら家老の同意を得たうえで、竹田簡吉と浜兵太夫に命じて、月形を説諭させることにした。三日後、兵太夫が辞退を申し出たため、神屋宅之丞と交代した。

十八日、竹田、神屋の両人から説諭された月形は、意外とおとなしく承服した様子であったという。長溥との直接対話を期待する月形にとって、立花の一類である竹田らを相手に論じたところで時間の無駄である。まともに論争する気など初めからなかったであろう。

この間、中村権次郎も大目付を介して長溥へ建白書を提出した。この建白書は実は権次郎の弟円太が起草したものであった。

円太は、天保六年（一八三五）生まれで、月形の七歳年下、修猷館の教官だったが、前年四月二十二日、単身脱藩上洛、青蓮院宮《しょうれんいんのみや》（孝明天皇の義兄、朝彦親王）と接触を図ろうとするが、安政大獄で幽閉中のため謝絶される。

その後、藤本鉄石の忠告に従い、江戸に向かい、幕府の儒者小林栄太郎の「学僕」となり、井伊大老の暗殺を図ろうとしたが同志を得られず断念したという。ついで杉原平助の塾に移り、開港間もない横浜を見物し、益々尊攘の志を固めた。その後、「桜田門外の変」に勇気を得て、長溥の参勤中止と尊攘への決起を促すため帰藩していた。江戸を去る時、大橋訥庵は、筑前藩は「蘭説」に惑わされているとし、餞別に自著『元寇紀略』を贈り、筑前が元寇撃退の地である故事を思い起こし、勇を奮って藩主を諫争するよう激励したという。しかし次男の円太には藩主へ建白する資格がない。代わりに兄の名で提出した。この円太の建白書も長溥から家老に下げ渡され回覧された。

円太の主張は、参勤を中止し、薩摩・肥後その他の諸藩と連合し、尊攘の大義を唱え、武備充実を図り、全国協同、義気奮励して「外夷」(列強)を撃つ決心が必要であるというものである。月形が敢えて明言しなかったと思われる攘夷遂行を、ストレートに訴えている点、いかにも円太らしい。円太は帰藩後、初めて月形や鷹取らと面識を得たという。

鷹取も意見書を播磨へ出している。鷹取は外科の藩医(三百七十石)で、月形とは対照的に温厚な人柄ながら、内に気概を秘め、知謀に長けており、月形も一目おいていた人物である。播磨からそれを見せられた立花は、鷹取もやはり月形と同派の者で、彼らは矢野の家老復職を図り、自分を失脚させようとしているといよいよ危機感を募らせている。

六月十六日、事態を憂慮した立花は播磨とともに長溥に会い、鷹取の意見書を見せ、月形らの動きを鎮静化させるため、野田に十分に言い含めれば、彼を通じて月形らを説諭する道もあるだろうと進言する。しかし長溥は、野田は表裏の人物だと難色を示した。それでは息子の又一郎ではどうかと尋ねると、彼は月形と極懇意であるとしてこれも斥け、先ずは静観すべしと応えている。

六月二十四日、参勤出発は、十月一日と発表された。

薩摩藩へ助力要請

ところが七月二十四日、幕府老中安藤信正から、通例より早く、九月中に着府するよう、早期参府を求める達が届いた。これには薩摩問題がからんでいた。

薩摩藩主は、参勤途上、鹿児島へ引き返したままであった。井伊暗殺の一味に薩摩藩士が加わっていたからには、江戸へ行けば何と難詰されるかわからない。困惑した薩摩藩は、参勤延期の正式許可が出るよう、長溥へ対幕工作を依頼していた。斉彬亡き後、薩摩藩は、長溥を何かと頼りにしていた。いっぽう幕府も、島津家出身で薩摩藩と関係の深い長溥から、同藩の内情をさぐりたいと考えていたのである。

幕府の要請に応えて、長溥は七月二十六日、出発を八月二十二日に繰り上げると発表した。月形は期待した長溥との直接対話もないまま、参勤時期が早まったことに焦った。そこで非常手段に訴えることにした。それが鹿児島への密使派遣であった。薩摩藩主へ歎願し、その助力を得て長溥の参勤中止を実現しようというのである。

この頃のエピソードがある。月形が那珂川で馬を水浴びさせていたところ、円太が来て、このままでは「勤王の志」が立たないので「一姦臣」(立花)を斬ると言う。これに対し月形は、「言は壮なれども」、それは「臣下の為すべきことではない」、死を決するならば、「君公」(長溥)の父母の国薩摩へ行き、有志に藩情を告げ、その援助を乞えと言ったという。この話は、次に述べる円太の半自叙伝「自笑録」の記述とはやや異なる。しかし、月形が、ともすれば不法過激な行動に走りかねない円太のような激情型とは異なるタイプだったことを物語っている。

鹿児島への密使には、当初江上栄之進ひとりを立てる予定であった。江上の祖父苓州《れいしゅう》は藩儒亀井南冥《なんめい》の高弟で、父六右衛門は藩主の弓術指南役だった。栄之進はその次男で、やはり弓術に優れていたという。この計画を鷹取から告げられた円太は、即座に賛同し、重大な使命に江上一人では軽々しいので、自分も同行したいと言い出し

長野 誠

た。兄権次郎がこれを思い止まらせようとする。密行は脱藩であり、帰藩後には厳科が待っている。すでに脱藩の前歴のある身で、罪を重ねるのはまずいというのである。しかしそれを聞き入れるような円太ではない。結局二人を派遣することにした。

ところが、円太がこのことを病臥中の浅香市作に話した。浅香は二人とも次男で無禄であるから、薩摩側が信用しないかもしれないと主張し、自分も同行すると言いだした。浅香は馬廻組百石浅香家の当主だった。円太はこの任務は成否に拘わらず処分が待っている、家禄没収となれば、母や妻子をどうするのだ、よく考えろと忠告する。しかし浅香はいま一身一家を顧みる時ではないといってきかない。円太がその身体で鹿児島行きは無理だと言うと、浅香はたちまち起き上がり、もう病気は治ったと言ったという。浅香の決意は固く、このことを皆へ伝えるよう頼まれた円太が急いで鷹取の家に行くと、月形・森勤作・権次郎・伊熊茂次郎らが会集していた。浅香の決意を聞いて、一座声を上げて歎称したという。なかでも月形は威儀を正し、涙をふるいながら自分も同行したいと述べたという。しかし、藩庁から最も注視されている月形が動けば、鹿児島に達する前に計画が発覚するとの理由で制止されている。ついに、円太・江上・浅香の三名を密使とすることに決定した。

円太の家（福岡市中央区春吉）で、「福岡有志中」の名で薩摩藩主あて歎願書が作られた。月形の叔父長野誠が文章作成の指導にあたった。長野は当時、修猷館の教官（学問所指南本役助役）で、五十三歳だった。歎願書は大略つぎのとおりである。

「美濃守様」（長溥）は、故「薩摩守様」（斉彬）の同志で、「勤王攘夷」の「御忠憤」により朝廷幕府のため謀られたため、かえって幕府の「奸徒小人の輩」から嫌われており、家中有志の者は密かに心痛している。「松平土佐守様」（土佐藩主山内豊信）は隠居慎みを命ぜられた。もし長溥が参府すれば、「姦人」の「謀計」に陥り、帰国もむつかしくなり、江戸で閉塞される危険がある。これでは長溥の「忠心」も斉彬の「遺志」も空しくなる。そこで有志の者が申し合わせ、「御安全之道」（参勤中止）を謀ったが、「小臣」「孤見不才」のためうまくゆかない。有志協議の結果、「修理大夫様」（薩摩藩主島津忠義）は、斉彬の遺志を受け継ぐ英明な人物と承知しているので、「御明慮」をもって長溥が危急から免れるよう周旋をお願いしたい。

八月二日夜、円太ら三名は変装して福岡を出発した。病中の浅香は常に駕籠に臥し、馬上でも眠り、しばしば落馬しかかった。円太がこれを大声で励ますので、怒りのあまりにらみつける。見かねた江上が一宿して浅香を休ませようというが、円太は遅れるわけにはゆかない、いま気力で病に勝っている、一度気がゆるめばかえって疲れが増すと言い、昼夜兼行で鹿児島をめざした。九日、「筑前飛脚」と称して鹿児島入りを果たした。飛脚定宿で応接に出た阿多甚五左衛門に、実は藩の一大事につき懇願のために来たこと、詳しくは家老島津左衛門に面会して述べたいと告げた。しかし、他藩人と家老の面会は藩法で難しいと拒否されたため、やむなく歎願書を託した。

翌日、宿舎があらたまり、急に待遇が良くなった。やがて左衛門の意を含んだ裁許掛の柳瀬源之進から返答があった。長溥の早期参府は「南部公」（八戸藩主南部信順《のぶより》、長溥の実弟）の周旋によるもので懸念する必要はないというものだった。円太らはその点については安心したと答えたものの、さらに「容易ならざる事」を申し立てた。それは藩の重役や「政事向」のことであった。彼らは立花に対する批判を述べ立て、いま長溥が藩を留守にすれば、「混雑之儀」（藩内の政治的混乱）が起きることが予想されるので、薩摩藩から使者を立て、このことを伝えてほしいというものであった。薩摩側はそれは「軽からざる事柄」なので、長溥の耳に入れる必要があると同意するそぶりをみせつつ、初対面の者を派遣するのは不都合だとして、長溥と親しい山田壮右衛門が在江戸なので、長溥が参府の上、山田を通じて申し上げるので、安心して帰藩せよと説得にあたった。円太らもしぶしぶ承服して帰藩した。薩摩側は円太一行の歎願をうまくかわしたのである。

山田壮右衛門は、長溥の二歳年下で同じく江戸高輪の薩摩藩邸に生まれ、幼少時、長溥の遊び相手を務めた人である。長溥が黒田家へ養子に出るとき、筑前藩への移籍を願われたほどの仲であった。また故斉彬の側近でもあり、この頃は御小納戸頭取の要職にあり、長溥と薩摩藩とを結ぶ最大のパイプ役であった。

当初、島津久光（藩主忠義の実父）は、幕府が長溥を使って薩摩藩の内情をさぐろうとしているのではないかと勘ぐっていたが、円太らが藩政のことについて述べ立てたことで、そうではないことを悟り、「何分イツ方（どの藩）も有志中と申す者、困りたる者」と感想を洩らしている。久光は前年十一月、暴発しそうになった大久保利通ら藩内有志「精忠組」を何とか統制下におくことに成功したばかりであった。

当時、薩摩藩は参勤延期について幕府の正式許可が出るよう、在江戸の信順や、長溥へ対幕工作にあたってほしいと依頼していた。その長溥に参府中止を働きかけることなどできぬ相談であり、円太一行の歎願は迷惑なことであった。

円太らは薩摩藩の対応をどう思ったであろうか。建白書の提出くらいでは参府を中止させられないと判断し、長溥の出身藩である薩摩藩の協力に最後の望みをかけていただけに、その落胆は大きかったであろう。円太一行が福岡に戻ったのは意外に遅く、九月三日である。浅香が快復するまで、しばらく鹿児島に滞在したのかもしれない。

西郷隆盛はこの時、奄美大島に流罪の身で、円太一行と接触することができなかった。薩摩人は常々「筑前に人無し」（有志の者がいない）と酷評していたという。しかし西郷は、この筑前三士の行動を知らされた後、「筑前を決して無人と侮るべからず」と同志をたしなめたという。安政年間、薩摩藩士に知られていた筑前藩有志は、脱藩した国臣くらいであった。月形らの活動は専ら藩内の活動に限られていたからである。

長溥に謁見

既述のとおり、長溥は、参勤に反対する月形らの建白をほとんど黙殺する態度のまま、六月二十四日に、十月一日発駕と発表し、さらに幕府の早期参府要請に応え、七月二十六日、発駕を八月二十二日に繰り上げると発表した。

このような中、登場するのが二人の長老、海津《かいつ》幸一《こういち》と城武平《じょうぶへい》である。精魂込めた建白書の効果もなく、三か月が経過し、発駕の時期は目前に迫っている。月形らは薩摩へ密使を派遣するいっぽうで、海津と城を運動の前面に立て、筆頭家老の播磨を動かし目的を達成しようとしたもののようである。二人の長老は、月形らとは距離を置いている風を装いつつ、老練な方法で参勤中止と立花罷免を藩庁に働きかけた。

城は以前からしばしば播磨宅を訪れ、立花批判をくりかえしていたが、八月初め、播磨の息子で家老の黒田大和（長門）へ立花批判と参勤延期を内容とする意見書を提出した。この時立花は実母死去（七月二十七日）のため忌中であった。立花の藩庁不在のチャンスを狙ったのかもしれない。家老等は城の意見書の取り扱いを協議する。その結果、城を長溥の面前に呼び出し、直接説諭してもらうことに評決し、長溥の同意を得た。八月四日早朝、この決定を伝えるため、牧市内が立花宅を訪れた。立花は、長溥が城を面前に親しく召すことに反対した。糾弾の的となっている立花にすれば、城を長溥に会わせたくはなかった。先ず何を根拠に色々「容易ならざる儀」（立花批判など）を申し立てるのか、これを質すのが先ではないかと、不満をぶちまけた。

同僚家老らの評決に怒った立花は、忌明け当日の八月六日になっても、病気と称して、登庁しなかった。無言の抗議である。心配した長溥は播磨を立花のもとへ遣り、立花を批判しているのは一部の者であるから、気にすることはないと慰撫、激励した。

八日、十日余ぶりに登庁した立花に対し、長溥は批判を気にせず、一層踏み込んで精励するよう懇切に激励した。城への対応も、立花の意向どおり、長溥の面前に呼ぶのは止め、支配頭を通じて、参勤についての心配は無用であることを説諭したうえで、藩政批判や家老間に不和が生じているかのような主張の根拠を質し、その結果を報告させることに変更された。立花は日記に「近来は御参勤よりして、人気穏やかならず」、「天討（暗殺）を加へ候など、おどし候て申し触れ、いづれに心配の事」と、自分の暗殺が噂されていることを書き留めている。その不安はやがて現実味を帯びてくる。

十日、月形派の安田喜八郎が大和へ会い、参勤反対を叫ぶ激派の中には、参勤の実力阻止や立花暗殺の動きもあることを告げたようである。

これに危機感を強めた立花は播磨と相談し、このような状態のまま、長溥が参勤に出発すれば留守を預かれないという認識で一致、対応策を協議する。その結果、まず長溥が直書（親書）をもって説諭を加えることとし、それでも背けば厳罰に処することとし、長溥の同意も得た。立花は直書起草を命ぜられている。内容は、参勤中止論に対する反論である。

十三日、諸役人および月形ら建白書提出の面々が城中に招集された。長溥の直書を示される形で説諭された。直書の大略は次のとおりである。

此節参府について、家中をはじめ末々の者まで心配いたし、中には参府すればどのような災難にあうかもしれず、延期然るべしとの考えから、実力で阻止しようとするなど不穏な動きもあると聞いている。わが身上をそれほどまでに心配するのは殊勝の至りであるが、それは実情を知らないからである。江戸の事情を詳しく調べた結果、何の心配もないことが明白となったので、近々出発する。それでも血気に任せ、参府途中に立ちはだかり、押し留めるような勝手な動きをする者は、不忠至極であるから厳重に処罰する。妄説に迷わず、各々その職分に精勤せよ。これでも疑念を抱き、承服できない者は遠慮なく意見を提出せよ。

月形らはこの諭達を立花の画策の結果だとみて承服せず、翌日藩主謁見を断固要求した。このままでは事態収拾は困難とみた立花は、やむなく長溥へ参勤出発を延期するよう進言する。また反対論の中心人物である月形には、藩主謁見を許すことを決め、月形に登城を命じた。しかし月形がなかなか登城しないため、明後日に延期することになった。

遅れて登城した月形に、大目付が謁見は明後日に延期となったと伝えたところ、月形は、謁見の際は大目付や馬廻頭の立ち会いは断ると申し出た。立花の同類である彼らを遠ざけたうえで、長溥と直接対論しようとしたのである。その「不敬至極」の態度に腹を立てた大目付は、謁見の可否も含め、明後日はっきりするので、とにかく登城せよと命じた。

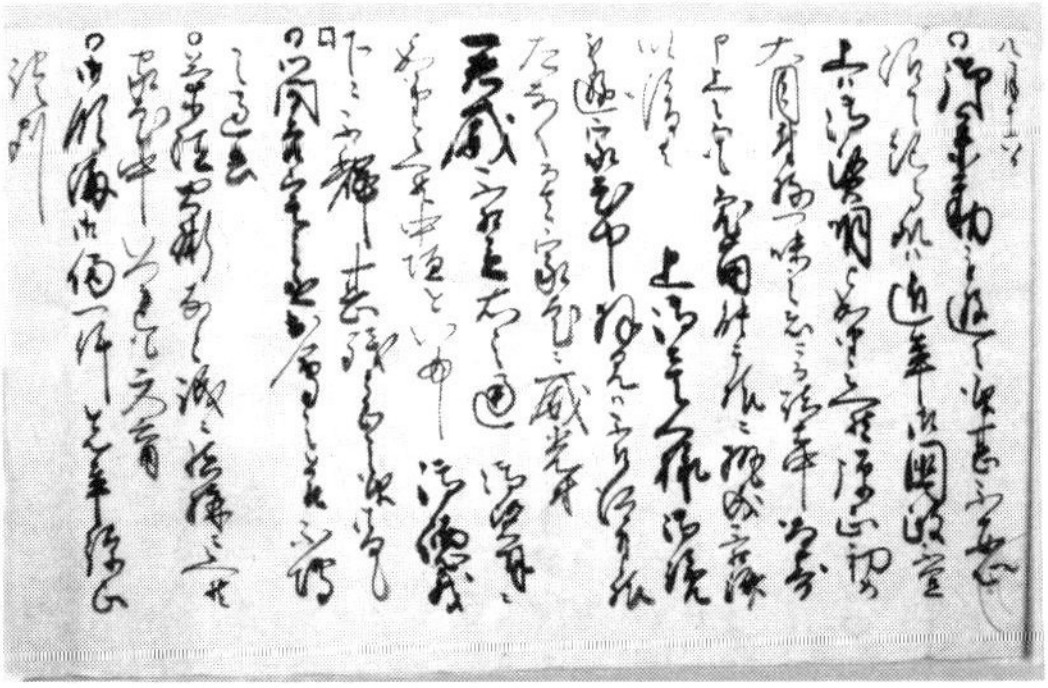

八月十六日、月形進言の大意。播磨の筆か。
（筑紫女学園蔵）

こうして八月十六日、つまり建白書を提出して三か月余も経て、ようやく月形は長溥へ謁見することができた。同席したのは播磨と馬廻頭三人で、大目付は月形の希望を容れて除かれた。のちに漢詩（「倣正気歌並序」）にこう詠んでいる。「膝下一死を乞う、笑いを含んで忠直を許す、決然として君前に進み、涙を揮って胸臆を叩《たた》く」。満腔の思いを訴える、すさまじい気迫が伝わってくる。月形は、長溥が藩を留守にすれば、「大変」（激派の暴発）が起こるので参勤を中止されたいと訴えた後、つぎのように述べている。

「上」（長溥）は「御賢明」であるが、立花をはじめ大目付などの一味が、藩政をほしいままにしている。彼らは、諸士が長溥へ進言したことも自分勝手に処理している。これでは「君威」も立たず、「御徳義」が下に輝くこともなく甚だ残念である。今後、建白書は家老に見せないようにしてほしい。

そうして立花・大目付をはじめ神屋宅之丞・浜兵太夫・竹田簡吉らを手厳しく批判した。また長溥が進めようとしている「蘭法習術」(洋式軍事調練)は、誠に結構であるが、家老たちは「文盲」でこれを理解していないと批判している。これは、軍制洋式化に苦労する長溥への支持表明である。

また藩庁の人材は、「諸士一統」の「入札」(選挙)をもとに命ぜられたいとし、然るべき人材として長尾正兵衛・魚住楽処・城武平・海津幸一・毛利(甚之丞か)・森(名不詳)の名を挙げている。また農政問題についても言及し、麦作に新たな年貢を課す動きに反対したようである。

最後に、去る五月、竹田らに説諭された際、長溥は専ら「関東」(幕府)へ「御忠節」を尽くされ、参勤もなされるように聞いたが、真意は如何と尋ねている。これに対し長溥は、「方今の事、根底帝勅に在り」と述べたという。いま朝幕間に齟齬が生じているが、朝意(「帝勅」)には従うというのが自分の基本的立場である、といった意味であろう。この時、二人のあいだで一問一答の具体的なやりとりがあったとも思われない。月形に思いのたけを十分吐き出させたうえで、「根底帝勅に在り」という、この時点ではさして具体性のない、しかし月形らを慰撫するに有効な一言をあたえて、その場を終わったものと思われる。

この謁見の様子を聞いて驚いたのが立花である。月形に反論し、厳しく説諭してくれるものと思っていた長溥が、意外にも理解あるかのような態度を見せたと知ったからである。もしこのまま謁見が終わり、後で月形らに対する厳しい処分が下れば、これまた立花の差し金によるものと受け取られ、一身に怨みを買うことになる。立花は強い不満を洩らした。播磨がこれを長溥へ伝えると、強く抑えればたちまち激派が暴発し、立花の身の上にも危険が及びかねないことを懸念したからだという。しかし播磨の執り成しで、考え直した長溥は、再度月形を呼び、強く反論を加えることとし、月形へは「少々お尋ね残しがある」ので、明後日、再度登城するよう伝えられた。そんなことは知らない月形は、長溥の対応に感激し、「思うところに違いはなかった」と語ったという。

十八日、再度月形は長溥の面前に呼ばれた。しかしここでも立花の思惑どおりにはならなかった。長溥と家老の事前の評議では、謁見中、月形の態度次第では、途中で退席を命じ、厳罰（「中老御預け」）に処し、城も長溥が直接詰問し、月形同様処分することに内定していた。しかしこの情報は早くも洩れたようで、もし月形に厳罰が下れば、たちどころに激派の暴発が起きると心配する声が、藩庁の各所からあがった。

長溥は大いに憂慮し、さらに評議が重ねられた。その結果、ここに至っては残念ながら事態鎮静化のため、参勤発駕を延期することとし、参勤について意見のある者は、長溥から直々説諭することになった。こうして月形の一昨日来の激越な主張も、藩を思ってのことであるとして許され、「麁忽《そこつ》の儀」（過激な行為）が起きないよう同志と申し合わせるよう命ぜられた。参勤延期を聞いた月形は感激し、事態の鎮静化に努めることを請け合い、引き取ったという。藩首脳部は、月形の背後にある勢力の暴発を恐れ、ひとまず譲歩したのである。

海津も長溥の前に呼ばれた。老練な海津は月形とは対照的に至って穏やかな態度で接した。相変わらず月形派とは距離をおいている風を装い、「あちら方」（月形派）から聞き出した情報だと前置きし、参勤となれば、血気の者たちがそれを阻止するため行列の随行要人を四五人切り捨て、立花もまた暗殺しようと企んでいると述べ、参勤中止を進言した。

同じく城も呼ばれた。城は立花が江戸にいる家老小川讃岐と図り、参勤を勧めていると口にしていたが、その根拠を質された。鷹取から聞いたと答えると、それでは鷹取は誰から聞いたのか確かめ、その結果を播磨へ報告するよう命ぜられた。

直書による説諭にもかかわらず、その後も建白書を出した面々には、この日、長溥が直接会う予定だったが、夜に入ったため、名代として家老の林織部《おりべ》（丹後）が会い、参勤延期決定を伝えた。長溥は立花に身辺を警戒するよう命じている。激烈血気の連中が何をしでかすか分からない。眠れぬ夜を過ごしたであろう立花は、日記に「私心の姦謀にての讒言《ざんげん》、扨々残懐の至り、君威も立たず、切歯に堪えず」と嘆いている。

長溥はついに、二十二日付で幕府へ持病（「疝邪」）悪化を理由に参府延期届を出した。江戸で長溥の到着を待つ南部信順（八戸藩主）へは、内情を明かし、必要とあれば極密、老中久世《くぜ》広周《ひろちか》の耳にも入れてくれと依頼している。斉彬亡き後の長溥にとって、この三歳違いの実弟は、最も気の置けぬ相談相手だった。

運動の挫折

ともかく参勤延期を実現した月形らは、ひきつづき立花解任へ向けて力を集中した。こうして藩庁人事刷新、とりわけ立花の家老解任の是非をめぐって、藩首脳部と月形派との対立が深まってゆく。その前面に立ったのは、やはり月形派の長老的存在である海津と城である。この時、海津は五十七歳、城は五十八歳、二人とも無足組で、立花とは家格の開きはあるものの、五十四歳の立花とは年輩者同士の気安さもあったであろう。とくに海津は大坂藩邸詰の勘定奉行だった頃、孝明天皇即位に際し、立花が献上品の使者を務めた時、その副使をつとめており、立花とは個人的にも親しかったかと思われる。彼らは立花に巧みに近づき、その身を案ずるかのような態度を装い、辞職を働きかけた。

面白いエピソードがある。ある時、城が海津に、「老いの身で壮年の群れに加わっているのはどういう料簡だ」と言ってひやかすと、梅津は「年老いたる今、惜しむべき命ではない。君もついに死すべき身なれば、早くその白髪頭を捨てたらどうだ」と応じたという。二人とも古くからの勤王家で、若い頃、同志と共に「楠公会」を組織した仲であった。

八月十九日夕刻、立花宅を訪れた海津は、こういう事態となったからには、ひとまず家老を辞職してはどうかと、親切を装い、頻りに辞職を勧めた。翌日には再び長溥に謁見している。おそらく同様のことを進言したのであろう。二十一日、今度は城が立花宅を訪れている。

二十二日、海津は、円太一行が鹿児島へ持参した歎願書の写を長溥へ提出し、薩摩密行のことを耳に入れている。長溥は激怒した。立花も日記に「言語道断の次第」と記している。海津があえて薩摩行きの密事を洩らしたのは、このように藩にとって外聞にも拘わる由々しき事態を招いていることを知らせ、その元凶である立花を早く解任すべしという趣旨だったと思われる。

二十五日、又々、立花宅を訪れた海津は、このまま立花が辞職しなければ、事態の鎮静化は難しい、ここはいったん速やかに辞職してはどうか、そうすれば後日、復職の機会も来るだろうと、親が子に諭すような口振りで家老辞職を勧めたという。海津の本心をとうに見抜いている立花は、内心腹にすえかねながらも、当たらず障らずの態度で応じている。月形らの目的は参勤中止にとどまらず、立花らの解任である。参勤延期となったいま、彼らの矛先は立花に集中していた。理由はどうであれ、藩政混乱の原因となった形の立花は、たまりかねたのか、翌日、退職の意向を書面にして提出する。しかし長溥は一日たりとも休むなと激励した。立花はその翌日、再度長溥に退職を願うが、聞き入れられなかった。

立花は必ずしも長溥と一心同体ではなかった。しかし長溥の進めようとする軍制洋式化、殖産興業について、他の家老とは異なり一定の認識と理解をもっていた。積極性に欠ける家老の中で、彼ほどに知謀に富み、交渉能力に長け、行政手腕に優れた者はいなかった。長溥にとって彼は絶対になくてはならぬ存在だったのである。

立花が糾弾の的となっていたのに対し、筆頭家老の播磨の立場は微妙だった。月形派の面々はしばしば播磨宅を訪れ、意見書を提出していた。月形も長溥謁見の際、播磨の同席を拒んでおらず、播磨も月形へ終始穏やかに応対していた。円太一行の薩摩密行の経緯を播磨の耳に入れたのも円太の兄権次郎であった。月形派は播磨を味方につけようとしていた。立花は播磨が裏で密かに月形らと通じているのではないかと疑いはじめる。事実その噂も流れていた。播磨の家来の中には、月形派に内応している者がいると、大和が洩らしたのもこの頃である。立花と播磨は以前からしっくりいっていなかった。立花がその疑念を思い切ってぶつけたところ、播磨は如才なくこれをかわしたという。

播磨は一万六千石余という家臣団中破格の高禄で、筆頭家老を世襲する家柄である。新参の家老立花が長溥に重用されていることに嫉妬していたとしても不思議ではない。また播磨は長溥が黒田家伝来の軍法を捨て、性急に洋式化しようとしていることに強い不満を抱いていた。しかし立花は長溥に全面的ではないにしろ、一定の理解を示していた。この点も二人の結束を妨げていたと思われる。播磨がこの時期、月形らを内心支持していたかどうかは分からない。播磨が立花の不幸を密かに楽しんでいたというのは言い過ぎかもしれない。しかし月形派が播磨には悪感情を抱いておらず、「反立花」の線で接近を図ろうとしていたことだけは確かである。

二十九日、又々、海津と城が立花宅を訪れ、執拗に辞職を勧めた。その口振りは立花を「奸賊」同様と言わんばかりだったという。これにわざと穏やかに応対した立花も、日記には「無礼至極」と書いている。

九月一日、藩庁に出た海津は、ますます不穏な動きが強まっている、このままでは大変なことになると警告し、長溥の「御処置」(立花解任)をせき立てた。月形は長溥に有志の鎮静化を請け合っていたこともあり、この間表立った動きを控えていた。代わりに海津と城が執拗かつ巧みに立花の家老辞職を働きかけていた。

そこで立花は海津の動きを封じるため、次のように海津に話をもちかけた。「再三、長溥へ辞職を願っているが依然として御勘考中とのみ仰せで、らちが明かないので、長溥に会ってその意志を確かめてもらいたい」。これは立花の家老続投が長溥の意志によるものであることが、長溥の口から直接海津へ伝わることを期待したものであろう。このことは、事前に長溥の耳にも入れていたが、長溥は海津のたび重なる進言に閉口していたのか、体調不良を理由に、海津と会おうとはしなかった。

その後、播磨の家来の探索で、いよいよ形勢不穏との情報が伝えられた。しかし長溥に動く様子はみられない。

心配した家老たちは、月形派に対する処分を急ぐよう進言した。しかし長溥は厳罰の意向は示したものの、その実行までは指示しなかった。しびれを切らした家老は、立花と播磨を除く全員で長溥に会い、月形派を採るのか、われわれを採るのかと、あらためて真意をただした。むろん、長溥は家老を擁護すると明言している。しかし、できることなら月形派に対する処分を回避して、事態の収拾を図ろうとしていたようである。

藩庁の厳罰方針はすぐに洩れたようで、二十一日には、陸目付から、月形一党は「忠臣義士」であるとし、厳しい処分に反対する声があがった。また側筒頭の間からも、人望を失った立花の解任は当然だとの意見があがっていた。このほか衣非《えび》茂記、斎藤五六郎ら大組クラスの中にも月形派に同調する動きが生まれていた。

そこで長溥も意を決し、家臣の総登城を命じ、直書を示して反論説諭することにした。二十五日、中老以下二人御礼までの者が招集され、長溥から直接説諭された。翌二十六日、それ以下の者が集められ、大目付より直書の内容が伝えられた。おそらくこういうことは異例のことであったろう。直書の要旨は、以下のとおりである。

> この度、参勤や藩政について意見を申し出た者が少なくないが、その志には満足している。「大国」（筑前藩）を預かる者として、「天朝公辺」（朝廷と幕府）に「忠節」を尽くす覚悟である。近年、財政改善のため万端「直宰」しており、徐々に好転の兆しが見えている。財政難のため改革は臨機応変、試行錯誤で進めている。それを「財用本〆」（立花を指す）らの「邪僻陰奪《じゃへきいんだつ》」（不正と収奪）の行為とみなすのは推察の虚説である。人間に失敗はつきものである。彼らを更迭する必要はない。今後藩政について納得できない場合は、遠慮なく申し出よ。検討のうえ取捨したい。今回意見を申し出た者の中には、いたずらに人心を動かし、その罪軽くない者もあるが、もとより藩を思ってのことであるから、今回までは許す。

以上のとおり、長溥は朝幕に忠節を尽くす覚悟を述べ、藩政改革に試行錯誤は避けられないとし、立花らを擁護し、その解任要求を斥ける一方で、月形派に対しても、その忠志に免じて寛大な姿勢を示し、異論があれば申し出るよう促し、藩内一致を求めている。

この直書は、その要約が藩内各郡の大庄屋へも示され、風説に迷わず安心するよう村役へ伝えるよう達せられている。遠賀郡大庄屋仰木家《おおぎけ》の日記には、藩主へ建白した者として、月形ら二十六人の名が書き留められており、この家中騒動が藩内に広く知れ渡っていたことがわかる。

長溥が立花解任要求を明確に拒絶したことにより、月形らは少なくとも表立って動くことは困難となった。藩主直々の説諭に抗して、公然と動けば不忠不敬の罪は免れない。

江戸では、久世老中が長溥の参府が中止となるのを案じ、たとえ正月半ばとなっても是非参府するよう、在江戸家老の小川讃岐へ伝えていた。十月二日、江戸より帰国した帆足《ほあし》弥次兵衛がその旨報告した。しかし、参府の是非について家老間の意見は両端に分かれ、一致を見なかった。あたかも江戸留守居の肥田郡治が下国中のため、その意見を聞いたうえで決することになった。肥田が帰国したのが十月十日、彼もやはり是非参府すべしと申し立てた。

これを受けて、ついに二十二日、「十一月十八日発駕」と決し、その旨発表された。これにともない、十月二十七日長溥は三度目の直書を発した。諸役人についで、月形ら建白した者たちも呼び出され、「直書拝見」を命ぜられ、その他の藩士や陪臣は各支配頭や主人の自宅で直書の写を見せられ、さらには直書の趣旨は藩内の各郡町浦の全領民へ徹底された。その内容は次のとおりである。

当年の参府は中止しがたいことが、江戸より詳しく伝えられた。よって、来月十八日をもって出発する。各人、浮説流言に迷わず、家老の差図に従い、受持の職務を油断なく勤めることが肝要である。今年は農作物の出来が思わしくなく、領民が困窮しているので、「下情」を深く探索し、十分に配慮すること。来春速やかに帰国し、万端家老と協議し、いよいよ「直宰」するので安心せよ。

この年は、天候不順と台風のため九州中国地方に大きな被害がもたらされていた。筑前でも、麦・大豆・小豆・粟が大打撃を受け、家屋の損壊も出ていた。そのため、長溥は農政担当者へ農民の窮状に配慮し、反発を招かないよう、特に命じたものと思われる。立花も、「弾正縄」と怨まれている俵作りの厳格化を、多少緩和するよう指示している。月形派が農民の反発を煽り、反立花の世論をつくろうとしていたからである。

こうして、長溥自身の口から、参勤出発を「十一月十八日」とする旨発表され、それは全家臣のみならず領民にいたるまで徹底されたのである。もはや、正面切ってこれに反対し、参勤を中止させるのは困難となった。それでも月形は何とかして、立花を辞職に追い込もうとしていたもののようである。

十一月五日頃、無足組の曽我部八右衛門という人物が、月形宅を訪れる。かねて月形ともつき合いのあった人物のようであるが、十月下旬、立花に呼ばれて説得されて以来、月形派の動きを探索する側にまわっていた。その曽我部に、月形は来福中の海賀宮門《かいがみやと》から聞いたという話をする。海賀は戸原卯橘と並び、秋月藩（筑前藩の支藩）を代表する有志である。彼は熊本へ行った折り、思いもよらぬ「福岡の悪説」を耳にし、「心外」に思い、これを知らせるため福岡へ来たという。「悪説」の内容は具体的には明らかにできないが、筑前藩の家中騒動が近隣の藩でも取沙汰されていたものと思われる。

月形は、これは捨て置き難いことであるから、建白書を出したいが、自分では度々のことになるとして、今回は曽我部に建白するよう勧めた。もとよりその気のない曽我部は辞退する。すると月形は、海賀へ引き合わせようと言う。曽我部はこれも断り、帰宅する。ところが、海賀が押し掛け、面会を求めた。聞けば、立花が速やかに辞職しなければ、激派が暴発すると述べ、もし曽我部が建白書を出さないなら、自分は秋月へ帰り、家老へ進言する、そうすれば彼らは福岡へ来て、このことを長溥へ伝えるにちがいないと言う。曽我部は、よく考えてから返答したいと応えて、海賀を帰し、急ぎこれを久野一角へ伝え、どう対処したらよいかと助言を求めた。久野も即答できず、立花へ急報した。立花も一人では判断できず、播磨と浦上信濃の両家老へ相談のうえ、結局、曽我部に建白する意志がないのなら、そのとおり答えさせることで落ち着いた。このことは秋月藩の家老へ急報され、海賀を謹慎に処して、福岡へ来るよう指示が出た。

月形は、曽我部が立花らと内通していることにおそらく気付いていたであろう。曽我部が立花らに通報するであろうことを見越して、海賀の話、建白書のことを持ちかけたものと思われる。表立って動きがとれなくなった段階で、内通者を逆手にとって巧妙に揺さぶりをかけたものであろう。また立花の妻は秋月藩主の娘であった。この姻戚関係を利用すれば、立花の身を案ずる秋月藩主が立花に辞職を勧めることも期待できる。月形は立花を失脚させることをあきらめてはいなかった。

秋月に帰った海賀は、家老へ本藩激派の暴発が急迫しているので、立花の解任を急ぐべしと進言した。このことは十一月十二日、福岡に来た秋月藩の田代四郎右衛門によって立花らに伝えられた。

この日（十二日）の朝、鷹取宅を訪れた曽我部は、いま激派の暴発鎮撫に努めているところだと聞かされる。そこへ月形の急使として今中《いまなか》作兵衛が来て、激派の暴発が目前に迫っているので、月形は自ら「罪人」として藩庁へ出頭し、暴発しそうな面々の名前を教え、未然に彼らの動きを封じる考えだと知らせた。驚いた鷹取が月形をひとまず呼ぼうと話しているところで、曽我部は鷹取宅を去り、これを久野へ急報、久野はさらに立花へ急報した。

この日曽我部が鷹取宅へ行ったのは、鷹取の招きによるものかどうかは分からないが、想像をたくましくすれば、これも曽我部の動きを見透かした月形が、鷹取らと事前に打ち合わせ、一芝居を打ち、立花を威嚇し、辞職を決意させようとしたものと考えられなくもない。いずれにせよ、月形は長溥の再三の説諭にもかかわらず、一部の同志の暴発を抑えつつ、立花を依願退職の形で失脚させようと画策していた。

あわてた立花ら家老は、急ぎ月形派の処分の可否について協議した。処分然るべしの空気の中、ひとり播磨が態度を保留した。翌十三日、再度協議が重ねられた結果、播磨も処分に同意したため、処分と評決し、長溥の同意も得た。参勤出発は五日後に迫っていた。

十一月十四日、ついに処分が下った。月形は中老毛利内記へ「御預け」となった。海津と鷹取も、同じく中老の大音伊織（後の因幡）、月成権太夫にそれぞれ「御預け」となった。ほか江上栄之進の兄伝一郎と伊丹真一郎が「逼塞、足軽番」、月形の父深蔵、弟覚、叔父健が「宿元慎せ」（自宅謹慎）、深蔵はその後、「一族預け」となったようだ。海津の息子亦八も「一族預け」、円太の兄権次郎は「遠慮」、足軽の藤四郎は「揚り屋」（未決囚収容所）に投ぜられた。薩摩密行の三人は罪状明白のため、これより早く十月八日に、浅香が「逼塞」、江上と円太は「一族預け」となっていたが、この日江上と円太は足軽による監視が追加された。十七日には、城も「逼塞」となり、足軽の長谷川範蔵、仙田市郎が「揚り屋」入りとなり、平島茂七も何らかの処分をうけている。このほか、海妻《かいづま》甘蔵《かんぞう》のように免職となった者もいた。

たんに長溥の身を危ぶみ、参勤中止を訴えた者は、その忠志に免じて処分をまぬかれたが、月形のように藩政批判や立花糾弾にまで及んだ者が処分の対象となったようである。

以上の処分は、長溥の福岡発駕が目前に迫っていたことから、翌年四月の長溥帰国までの暫定的なものであった。月形派の内情探索に働いた曽我部へは、長溥から内々に報奨金三百疋が下されている。

月形処分を聞きつけ、平島が月形宅へ駆けつけた時のエピソードがある。「急ぎ何か伝えたいことあれば、誰にでも伝える」と申し出た平島に、月形はこう述べたという。「長野叔父は性格直実であるから尋問を受ければ、率直に陳述して罪を得るだろう。私は叔父は何ら関与していないと答えるから、叔父もまた知らずと答えるよう、伝えてくれ」。これを聞いた長野は「身の罪を顧みず、慌ただしい最中に、なお老叔の身を案じてくれたか」と感涙したという。この時長野は五十二歳、修猷館教官（指南本役助役）で、藩主黒田家の家譜編纂にも従事していた。いったん免職となったが、まもなく復職し、文久三年（一八六三）八月頃には指南本役に昇進している。維新後は、亡き同志の列伝「筑前志士伝」全五巻のほか、多くの郷土誌関係の著作を残し、明治二十四年（一八九一）、八十四歳の長寿をもって病没している。『月形家一門』（昭和十二年）を著した長野遐はその孫である。

十八日、ようやく長溥は福岡を発し江戸へ向かった。安藤老中の要請より三か月も遅れた出発であった。不測の事態に備え、随行者が増員されたため、長溥を乗せた駕籠も見えないくらいだったという。

ところで月形は、この処分をどう受け止めたであろうか。後に詠んだ漢詩に、「営々として青蝿飛び、忽ち羅《ら》織《しょく》」とある。立花らを「青蝿」（憎むべき小人）にたとえ、彼らによって罪に陥れられた（「羅織」）とみていたのである。また、「至誠」及ばず、「元来英明の主」（長溥）の心を動かすに至らなかったことを遺憾に思っていた。月形はあくまでも長溥の「英明」に期待していた。

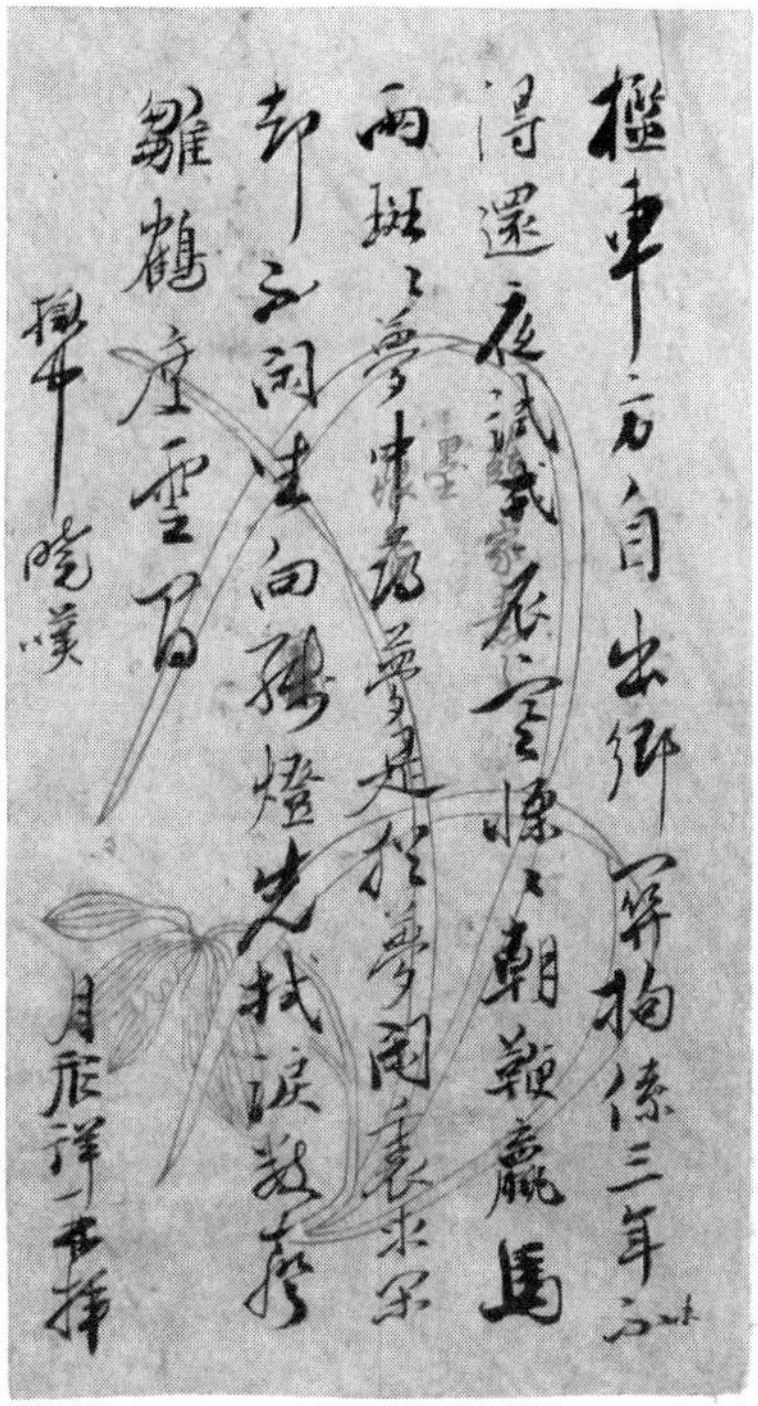

月形漢詩（『筑前維新の道』より転載）

こうして井伊大老暗殺という非常事態に乗じて、藩主の参勤中止を実現し、立花らを失脚させ、藩庁進出をねらった月形らの運動は挫折した。しかし半年余におよぶ運動の経験、そこから得られた教訓は次なる活動に活かされてゆく。

第三章　幽閉

辛酉《しんゆう》の獄

長溥は万延元年（一八六〇）十二月二十日、江戸霞ヶ関の藩邸に着き、二十八日江戸城で将軍家茂に初めて謁見する。同日、江戸城白書院で老中列座の中、久世老中より中将への昇進を伝えられた。その翌日には、行列に「鑓三本」を用いることを特許された。将軍綱吉の頃より、国持大名は二本鑓に定まっていた。薩摩藩のみは重豪の時代、特に三本鑓の格式を与えられていた。筑前藩と前後して、この栄誉を授けられたのは、仙台、肥後、安芸、長州、肥前の五藩主である。明けて二月九日には、「大廊下席」の待遇を授けられた。大廊下とは江戸城本丸の座敷名で、徳川家の親族や前田家、島津家などが詰めた所である。以上のことから、幕府が長溥の存在を重要視していたことが分かる。

在府中、長溥は安藤・久世両老中宅をしばしば訪れ、密談したというが、おそらく薩摩問題について助言を求められたのであろう。大老暗殺は水戸薩摩両藩浪士の共同作戦だった。そのため薩摩藩は去る三月から参勤を延期したままであり、八月には水戸浪士三十八人が薩摩藩邸へ押しかけ、攘夷実行を歎願する事件も起きていた。

薩摩藩の動静が気になる幕府にとって、同藩の内情に通じ、一定の影響力を有する長溥は良い相談相手だった。久世老中は、長溥へ帰国を延期し、しばらく江戸に留まるよう要請する。しかし国元のことが気がかりな長溥は、次回の参勤（文久二年十月予定）を文久二年の年頭に早めることを約束して、文久元年（一八六一）三月二日江戸を離れ、木曽路を経て、四月五日福岡に着城した。

帰国した長溥は、五月七日、それまで仮処分に付していた面々へ正式処分を下す。月形は家禄没収のうえ、中老立花吉右衛門へ「御預け」となった。吉右衛門へは月形を知行地で「閉込」（幽閉）にし、脱走に注意するよう命じている。判決文はつぎのとおりである。格とは洗蔵と改名する前の名である。

馬廻組　月形格《洗蔵》
拝知百石

今度、容易ならざる存念を発し候に付き、御委細御直書を以て、御諭し相成り候末、尚又密々同気相語らひ、穏やかならざる申合せ等いたし、人心を動し、御国政を妨げ候段、御耳に達し、御趣意に戻り、上を憚らざる所行重々不届の至りに候。これに依り、拝知召し放され、立花吉右衛門へ御預け仰せ付けられ候事。

月形同様の処分は、ほかに海津と鷹取の二人である。海津は中老久野治左衛門へ、鷹取は中老吉田久兵衛へ、それぞれ「御預け」となった。城は病気中のため、家禄（切扶）没収、徘徊ならびに諸人応対禁止にとどまった。快気の上は、あらためて処分するとされており、健康であれば、前の三人と同じく幽閉処分だったと思われる。この四人が今回の家中騒動の首謀とみられていた。

薩摩密行の三人は流罪のうえ牢居となった。浅香は玄界島、江上は姫島、円太は小呂島である。浅香は当主のため家禄（知行）を没収されている。江上の兄伝一郎、伊丹、円太の兄権次郎は、家禄（知行または切扶）を減ぜられ、押隠居のうえ、徘徊ならびに諸人応対禁止となった。月形の父深蔵は「一族預け」を解除され、徘徊ならびに諸人応対禁止、叔父健と弟覚の処分は不詳だが、覚は城下を離れ、郡部に移住したようだ。長谷川範蔵は玄界島へ、藤四郎は大島へ、それぞれ流罪、ただしこの二人は牢居は免れたようである。平島も押隠居を命ぜられた。海津の息子亦八は「一族預け」を解除された。ほかに免職等となった者を含め、三十余名が処分された。なお支藩秋月藩の海賀宮門は「山流」（流罪に相当）の処分をうけている。これがいわゆる「辛酉《しんゆう》の獄」である。

五月十三日、月形は吉右衛門の知行地、御笠郡古賀村（現筑紫野市古賀）に移され、佐伯五三郎宅の六畳の座敷牢に幽閉された。城下を南東に十六キロほど離れた所で、二日市温泉のそばである。近くには、かつて大宰府に左遷された菅原道真が帰京を祈って登ったことで知られる天拝山がある。幽閉場所は、現在九州自動車道の高架下となっており、そばに「月形洗蔵幽閉の地」の記念碑がそびえている。

この日護送された月形を、吉右衛門の家臣で武蔵村在住の松尾富三郎が、湯町（二日市温泉）まで出迎えている。月形の監視役を命ぜられた人である。月形とは槍術の同門で旧知の間柄であった。時に四十一歳、月形の七歳上で、湯町の温泉奉行を務めていた。月形幽閉中は、博多崇福寺の蔵本「大日本史」を借り受けて差し入れるなど種々便宜をはかっている。

「月形洗蔵幽閉の地」

月形らは家禄没収のため浪人身分となっていた。このままだと一家は飢える。七月六日になって、藩は然るべき者にその家を継がせる旨達した。この措置は、長溥の中将昇進、鎗三本の特許、大廊下席待遇という三大慶事に伴う恩赦とされた。達文はつぎのとおりである。

格《（洗蔵）》儀、別して不届の所行これあり候に付き、容易に名跡御立成られ難き儀にそうらえども、此節御参府中、格別の御慶事仰せ出され、其上、類代御奉公の家筋旁、類外御慈悲の御詮議を以て、名跡御立下され、某へ切米拾五石四人扶持下され、無足組へ指し加えられ候事。

月形の場合、四歳の息子恒《ひさし》が月形家を継ぐことを許され、切米十五石四人扶持が給され、家格は馬廻組から一ランク下げられ無足組となった。月形家の収入は大幅ダウンしたと思われるが、これで何とか飢えをしのげるだろう。その感激を後に「邦君（長溥）、臣を憐れむの恵み、感銘すべし」（「倣正気歌並序」）と記している。海津・鷹取・浅香・城の四人もそれぞれ月形に準じた恩赦を受けている。月形は常々、「我が君、固《もと》より賢明」と口にして、長溥を信じていた。この恩赦によって、わずかに将来への希望を見いだしたことであろう。

幽閉中、守衛の者に経書を教え、また柵をへだてて近隣の子弟の教育にあたった。八月十六日夜、御笠《みかさ》郡乙金《おとがな》村（現大野城市乙金）の高原謙次郎が密かに面会に来た。高原家は大庄屋で、謙次郎は松尾富三郎の甥にあたる。この時初めて面識を得ている。後に月形らを金銭面のほか種々援助した人物である。維新後、「御笠の聖人」と称され、大正二年「筑紫史談会」の発起人の一人となり、月形ら亡き同志の顕彰につとめている。

ある朝、月形は佐伯家から酢飯を饗され、喜んで食べようとしたところ、なぜか腐敗していて口にできなかった。訳をたずねたが、家の者が食べたときは別に異常はなかったという。さては何か凶事の前兆ではないかと案じていたところ、果たして父の訃報が届いたという。当時月形家には少なくとも父母と妻の繁、妹の清、季、息子の恒の六人はいたと思われる。深蔵の残した漢詩の一節に「家人しばしば飢えを告ぐ」とあり、減禄による生活の困窮ぶりがうかがわれる。宅地に菜園をつくり、近辺の林で薪を集め、生計を補ったという。文久二年（一八六二）正月、江戸城坂下門外で、安藤老中が浪士に襲撃された。すでに病床にあった深蔵は、枕元に門人早川勇を呼び、浪士の檄文を読み上げ、「この義士同様、身をなげうって、王室を安くし奉るよう努めよ」と、洗蔵への遺言を託した。臨終を悟るや、弟の誠と健、および覚を呼び寄せ、瞑目したという。時に文久二年（一八六二）

四月五日、享年六十五であった。

月形は幽閉の身で、父を親しく看病することもかなわず、死に目にもあえなかった。その不孝に血涙、慟哭《どうこく》し、悲嘆のあまり食事も口にできなかったという。あまりの様子に牢番も見るに忍びず、涙を共にしたという。せめて追孝の一助にと、五十日間、喪に服し、毎日赤坂の自宅から墓所少林寺までに相当する距離を牢内で歩き、冥福を祈ったという。

全国情勢の急転

筑紫野の一隅に幽閉された月形が、父の喪に服していた頃、天下の形勢は、その動乱の幕が切って落とされようとしていた。中央政局は一気に流動化し、それに伴い、長溥も否応なくその渦中に巻き込まれてゆく。

既述のとおり、長溥の次回の参府は、通例ならば文久二年（一八六二）九月発駕のはずであったが、これを同年年頭に繰り上げると久世老中に約束していた。これを告げられた家老立花山城（立花弾正改め）らはしきりに反対する。藩内の動揺をようやく抑えたばかりである。長溥にはできるだけ藩を留守にしてほしくなかったのだ。その後、長溥は家老を説き伏せ、正月十八日発駕と内定したものの、これが延期に延期を重ねた。結局、長溥が福岡を発ったのは、ようやく三月二十七日であった。ところがその道中の播州大蔵谷（兵庫県明石市）で、脱藩中の国臣が出現したことで、あろうことか、やむなく江戸行きを中止し、福岡に引き返す事態となってしまった。いわゆる「大蔵谷回駕」である。

江戸へ急ぐ長溥一行が、大蔵谷へ着いたのは四月十三日である。そこへ、脱藩中の国臣が突然姿をあらわし、建白書を提出した。当時京大坂は不穏な空気に包まれていた。長溥一行のすぐ前を、薩摩藩島津久光（斉彬の異母弟、藩主忠義の実父）が千余の精兵を率い、京都をめざしていた。幕府に対し、安政大獄で処分されている者の

島津久光（個人蔵）

赦免と幕閣改造を要求するため、朝廷の権威を借りるためであった。久光は亡兄の遺志を継ごうとしていた。しかしこれを機に京坂に集結した西国の浪士団は、久光の意図を知ってか知らずか、薩摩勢を利用して、一気に討幕挙兵へ突き進もうと勇み立っていた。国臣はこの動きを伝え、久光と連携するよう建白したのである。長溥は浪士の動きなどかまわず、大坂を突破して江戸へ急ごうとしたが、随行の家老黒田長門（大和）らが騒ぎに巻き込まれるのを心配して、執拗に引き返しを主張したため、不本意ながら「病気」と称して帰国することに決した。国臣へは建白の趣旨に同調するかのようなそぶりをみせ、一旦帰国して兵の準備を整えたうえで、再度出直すと伝えられた。国臣はこれを真に受け、上機嫌で一行に加わり福岡へ向かった。ところが、下関で回航されていた藩船日華丸の見学を命ぜられ、その船上でいきなり捕縛され、福岡へ護送、桝木屋の獄に投ぜられた。長溥一行は四月二十九日帰国した。

参府の道中から突然引き返すなど異例のことである。幕府へは「病気」を理由に表向き届けは出したものの、不審を抱かれるだろう。久光の率兵上洛に何か関係しているのではないかと勘ぐられかねない。あるいは、京大坂の動きに怖じ気づき、幕府との約束を反古にした腰抜けとそしられるかもしれない。いずれにせよ、ただでは済まない。帰国した長溥ら藩首脳部は幕府への対応策に頭を悩ました。六月二十七日、ようやく幕府へ直接弁明するため長門と用人の野村東馬が江戸へ派遣された。

幕府への対策に汲々としていた藩首脳部のもとへ、朝廷から国事周旋を依頼する内勅が届いたのは八月五日である。これより前、入京した久光の要請を受け容れた朝廷は、幕政改革を要求する勅使（大原重徳）を江戸へ派遣する。勅使を護衛したのは久光ら薩摩勢である。薩摩藩の要求は朝廷の要求と化した。朝廷の権威にものを言わせ、外様藩が幕閣人事に介入するなど前代未聞のことであった。この一挙によって幕朝の力関係は一変する。七月幕府は勅使の要求を飲み、一橋慶喜を将軍後見職に、松平春嶽を政事総裁職に命じた。こうして勢いづいた朝廷は、筑前のほか肥前・肥後・久留米・芸州・備前・津・阿波・仙台の九藩に上京を命じたのである。これまた異例のことであった。

いま病気を理由に参府を中止している長溥が、内勅が下ったからといって、幕府をよそに上京などできはしない。さてどうするか、長溥は困惑する。実際のところ、大原勅使への対応に忙殺されていた幕府に、筑前藩の動静をあれこれ穿鑿する余裕などなかったが、長溥らにそんな内情は分からない。幕府側に探りを入れたり、姻戚関係にある京都二条家（右大臣）に相談するなど気をもんだすえ、結局、内勅により上京のうえ、直ちに参府することとし、その旨幕府へ届け、ようやく九月二十八日、家老次席杉山文左衛門以下五百余名を率い、福岡を出発した。

ところが京都では、すでに帰京していた大原らによる長溥の参府阻止工作が待っていた。長溥入京（十月十八日）の六日前、幕府に攘夷を督促する勅使姉小路公知《あねがこうじきんとも》・三条実美《さねとみ》が江戸へ出発していた。大原らは長溥を幕府寄りの人物とにらんでおり、江戸で両勅使の活動を妨害するのではないかと極度に警戒していた。そこで長溥の江戸行きを阻止するため、朝議を動かし、京都守衛を名目に、しばらく滞京せよとの朝命を下した。もしここで彼らの画策に屈したならば、筑前藩は天下の笑いものになる。「大蔵谷回駕」のような失態を二度とくり返すまいと、長溥は右大臣二条斉敬《なりゆき》、関白近衛《このえ》忠煕《ただひろ》らに強談、ついに朝命を撤回させ、十月二十六日江戸へ向かった。

この頃、長溥の心中は穏やかではなかった。久光の破天荒な率兵上洛出府により従来の政治秩序は破壊され、ついで長州藩と尊攘派浪士団の進出により、朝廷は攘夷強行論一色となり、幕朝対立から国内分裂の様相を呈していた。積極的開国通商による富国強兵、これによってこそ万国対峙も可能であることを見抜いている長溥にとって、現下の情勢は何とも傍観しがたいものであった。着府の上は、慶喜や春嶽、さらには諸藩主と一大議論を起こし、事態を打開し、国内一致の道を探らねばならないと考えていた。

しかし意外にも、江戸での長溥の言動は穏やかなものであった。攘夷督促の両勅使の背後には長州勢の尊攘運動が猛り狂っていた。幕府は勅使に抗することをあきらめ、やむなく攘夷奉勅を回答する。「叡慮《えいりょ》」（天皇の意志）をふりかざす長州藩と尊攘浪士団の勢いは、翌年（文久三年）八月の政変で、彼らが京都を退去するまで、ほとんど無敵だった。一外様大名がひとり気炎をあげたところで、どうこうなるような状況ではなかったのである。

長州勢の尊攘運動の背後には、海外貿易に対する一般庶民の反発が存在していた。通商条約にもとづく海外貿易の開始にともない諸物価が騰貴していた。筑前宗像郡の大庄屋の記録（文久三年）には「惣《そう》て近年諸国交易専らこれある由にて、諸品高値に相成り、下々は困窮也」とある。物価騰貴の元凶とみなされた海外貿易への反発は、庶民をふくめた全国的な攘夷の世論を形成していた。

長溥には、一藩主の意識を超え、国家的視野に立っているという自負があった。事実、海外情勢によく通じ、将来日本が採るべき道を明確に認識していた。長溥は勇猛をもって鳴る薩摩島津家の出身で、筑前五十二万石を領する大大名である。既述のとおり、実父は「高輪下馬将軍」の異称で知られた島津重豪である。実姉茂子（広大院）は十一代将軍家斉の正室である。茂子はすでに亡くなってはいたが、長溥が中将に昇進する際、「広大院様（茂子）御近親」であることが理由とされるほどに、長溥を権威づけていた。さらに十三代将軍家定の正室天璋院も島津家出身である。このような将軍家との特別な関係と、その優れた見識とによって、長溥は幕府に一目置かれる大名の一人であった。

しかし、久光の率兵上洛以降、時代の激流は旧来の権威など一気に押し流してしまった。さらに朝廷を牛耳り、朝意をふりかざす狂気じみた尊攘運動の猛威の前に、久光の影響力さえたちまち失われた。長溥も信念である開国通商論を公然と口にできる状況ではない。幕府主導のもとで何とか開国通商への道が開かれ、日本の危機が打開されるものと期待していた長溥は、この如何ともしがたい有様を目の当たりにし、途方に暮れたであろう。

明けて文久三年（一八六三）正月二十八日、長溥は江戸を発し、再び入京、初めて参内し、孝明天皇と対面、天盃を頂戴した。新たに関白となった長州系の鷹司《たかつかさ》輔熙《すけひろ》は、「蛮夷拒絶の叡思を奉じ、固有の忠勇奮起し、速やかに掃攘し、神州を汚さず、国体を損なわざる様に」との「叡思」を伝えた。孝明天皇は攘夷論者ではあるが、軽挙妄動の攘夷行動には反対だった。しかし、長州勢をバックとする過激派朝臣の勢いはすさまじく、これを抑えることはできなかった。こうして「勅命」「叡思」なるものは、すでに天皇の意志を反映するものではなくなっていた。長溥が福岡へ帰ったのは三月十七日のことである。天盃は覆いをかけた箱に入れられ、行列の先頭にかつがれていた。はた目には晴れがましい光景であるが、狂気に支配された嘆かわしい中央情勢を目の当たりにした長溥の心中は、けっして晴れやかではなかった。

幽閉赦免

長溥が京都で天皇に対面していた頃、すなわち文久三年（一八六三）二月、月形は風邪にかかり数日床に伏している。その時たまたま文天祥の「正気歌」を読んだところ、たちまち邪気が退くのを感じた。文天祥は南宋末期の忠臣で、義勇軍を率いて元軍と戦い、捕らわれて投獄三年、なお節を曲げなかったため処刑された人物である。快復した月形は「正気歌」にならって長い漢詩を作った。筆墨を使うのは禁止されている。数句なるごとに守衛の者に書き取らせたという。万延元年（一八六〇）十一月以来の身上にふれた序文の後に、百句からなる長篇の漢詩が続く。「獄中窄狭、殆ど倍旧なり」、古賀の獄中は以前にもまして狭かった。それでも「何ぞ幽獄の窄《せま》きを憂えん」、苛酷な獄中生活をものともせぬ不撓の精神が伝わる。「藩廷先んじて詔《みことのり》を奉じ、決戦剣戟を奮い、驕夷《きょうい》忽ち胆落せしめ、東洋に虜船を絶やさん」、藩を挙げて「驕夷」に立ち向かおうとする、烈々たる尊攘の思いが謳い上げられている。後に同志の間に回覧されたという。

幽閉の身でありながら、このような楽観的な見通しを抱いた背後には、前述のとおり、長州藩と尊攘浪士団の力が、京都朝廷を制圧しているという情勢認識があったものと思われる。高まる攘夷の気運が全国を包んでいた。

誰ひとりとして、表立って異論を唱える者はいなかった。その波はついに月形の身にも及ぼうとしていた。前年（文久二年）十一月二十二日、朝廷は筑前藩に対し、以下のとおり国事犯を赦免するよう命令を出していた。

其藩国事に係り、幽閉禁錮の者、多分これある趣に候、然るに元来赤心報国、発起候ことゆえに、早々赦免これ有るべき事

朝廷が自分たちの赦免を藩に要求しているというこの情報は、おそらく月形の耳にも入ったであろう。藩庁は、江戸の長溥に指示を仰いだと思われるが、年が明けても動かなかった。しかし長溥が江戸から再び入京すると（二月十四日）、国事御用掛・庭田《にわた》重胤《しげたね》権中納言が重ねて朝旨を伝え、これに従ったほうが無難だと忠告したもようである。庭田は二条と同様、尊攘激派に対抗して、筑前藩に好意的な公卿のひとりであった。こうして、帰国した長溥はまず国臣一人を赦免することに決めた。前年の赦免要求の際、朝廷は口頭で特に国臣を指名していたからである。九州浪士団の巨頭として活動し、討幕論「回天三策」を密奏した経歴を持つ国臣は、朝廷内に最も名を知られた筑前人であった。国臣が出獄したのは三月三十日である。しかし月形らについては、藩政を妨害したため処分した者で、朝廷の言う「国事」とは無関係であるとこじつけ、赦免しなかった。

しかし意外にも立花は月形らの赦免を長溥へ進言していた。四月二十日には、播磨と浦上信濃を除く家老が連署して、立花に同意する旨、長溥へ意見書を提出している。これ以上朝廷の命令を無視するわけにはゆかないと判断したためと思われる。それでも、長溥は動かなかった。

幕府が朝廷の圧力に抗しきれず、苦し紛れに攘夷期限を「五月十日」とする旨奏上したのは四月二十日のことである。同月下旬、筑前藩は、博多湾に面する須崎、波奈の砲台場建設に着手するが、これに呼応して藩士卒の間に勤労奉仕を願い出る者が続出した。同月二十八日、世子慶賛《よしすけ》（後の長知）巡見の際は、実に三千人にも及ぶ

士卒・陪臣が作業に従事していた。彼らは身分差を超えて、ひとしく手に鍬を持ち、土を運んだ。月形は、このような情勢の好転に勇気づけられたに違いない。

五月二十六日、高原が密かに面会に来る。二人は明け方まで談論した。高原は、真木和泉ら久留米藩有志に関する朗報を伝えた。投獄されていた真木ら有志二十八人が赦免され、真木は藩命により京都へ向かっているという。これより前、真木らに死罪が迫ったため、久留米藩有志三名が脱藩上京し、長州藩邸へ救援を訴えた。急報をうけた三条や姉小路がただちに、長州藩主へ周旋を命ずる勅諚を下し、これを持って長州藩士が久留米へ急行した。また別途、関白鷹司からの働きかけもなされた。真木らの赦免はこのような朝廷の圧力に屈した結果であった。

この長州藩使者より前に、元侍従・中山忠光《ただみつ》（父は大納言・中山忠能《ただやす》）も長州藩士と共に久留米へ来て同様の働きかけをしていた。国臣はこの中山の動きを月形ら赦免に利用するため、高原に久留米行きを依頼したが、中山一行がすでに長州へ戻っていたため実現しなかった。この国臣の画策とは別途、早川勇も、筑前領内で中山一行と会い、中山が月形ら筑前有志の安否を懸念して、福岡へ立ち寄るかのようなそぶりを見せるよう依頼したという。

高原謙次郎（『市制施行30周年記念太宰府人物志』）

前年十一月の朝廷の有志赦免要求は、久留米藩と筑前藩に対するものであったことから、真木らの赦免は月形を大いに勇気づけたことであろう。「攘夷期限」の五月十日には、長州藩が関門海峡で攘夷を決行、米仏蘭の商船・軍艦に砲撃を加えていた。筑前藩の動きにも明るい兆しが見えている。高原との徹夜の談論はこれらのことに関するものであったろう。月形らにも赦免の日が近づいていた。

長溥ら藩首脳部は、もし筑前藩が久留米藩同様の状況に追い込まれれば、藩の体面にかかわると考えたであろう。こうして朝廷から督促をうける前に、月形らを赦免することにした。また長州藩の外国船砲撃により、藩内には軍事的緊張が高まっており、筋金入りの攘夷派とみられていた月形らの赦免を当然視する空気が強まっていたと想像される。

六月二日、月形は幽閉を解かれ帰宅を許された。翌三日、立花吉右衛門の屋敷に呼び出され、大目付から吉右衛門への「御預け」を赦免する旨正式に伝えられた。この大赦は、先に長溥が「龍顔御拝」（天皇に対面）し、天盃を頂戴した、その慶事にともなうものと発表された。

改めて言うまでもないが、月形らの赦免は、長溥が彼らに理解を示したからではない。長溥にとってまったく不本意なものであった。長溥が月形らをどう見ていたのか、彼らを赦免した時の心情はどのようなものであったのか。この間の事情を、同年十月慶賛は、老中水野忠精《ただきよ》へ宛てこう告白している。

甚だしく暴論を申し張り、国政（藩政）を妨げ候者は、咎《とが》申し付け置き候処、その残党より帝都へ手を廻し、勤王の志を相立て候者を咎申し付け候などと激烈の堂上（公卿）へ申し込み候と相聞こえ、幽閉禁錮の者差し免《ゆる》し候様、叡慮と号し、伝奏（朝廷の高官）より達これ有り、誠にもって是非に及ばざる次第に御座候、帝都より右様の者（月形ら）を却って御引き立てに相成り申し候間、家来ながら国主（藩主）の力にも及ばず、誠に切歯の至りに御座候

遠慮のいらぬ相手だけに、長溥父子の本心が吐露されている。

月形は長い幽閉生活のため、出獄時は、歩くことも、馬に乗ることもできなかったという。監視役だった松尾が福岡まで付き添っている。祝いに訪れた叔母（長野の妻従）に、母正は、「この子は国事を傍観するような者ではない。今後どのような事に出会うかわからない」と語ったという。帰宅は許されたものの、依然、徘徊禁止（外出禁止）を命ぜられた。他の同志もみな赦免され、円太ら流罪の面々も島から帰宅した。

第四章　藩庁工作の模索

平野国臣への期待

外出を禁じられていた月形の自宅は同志間の情報交換や会合の場所となった。月形は万延元年（一八六〇）の運動の挫折に学び、性急で突出した活動を控え、深思熟慮の上で行動しようと考えていた。また、今回の赦免が朝廷の藩に対する働きかけの結果だった事実は、藩庁の主導権を握るうえで、その力を借りることが有効なことを教えたであろう。しかし月形らは朝廷内に人脈をもっていなかった。

そこで注目すべきは、国臣であった。すでに見たように、国臣は筑前人で朝廷内に知られたほとんど唯一の人物であった。出獄の翌日には、早くも「徒罪方付《ずざいかた》」を命ぜられ、当座の用として米十俵を給せられていた。破格の待遇である。家老の山城は、別邸に宴席を設けて国臣を歓待した。藩にとって国臣は、危険で厄介な存在ではあるが、現下の情勢では、朝廷に独自のルートをもつ国臣を利用するほうが得策と考えられた。昨日までの獄中の「奇人」は、今や時の人となった。心ある多くの者が彼の説に耳を傾けるようになった。その感慨を歌に詠んでいる。

平野国臣（福岡市西公園の銅像）

国のため世のため八年身をすてゝ
つくせし甲斐はあらはれにけり

月形と国臣の関係を知る興味深いエピソードがある。国臣がまだ獄中にあった頃、おそらく大蔵谷回駕事件直後と思われる。高原が月形と談話中、国臣のことに話題が及んだ。月形は国臣について「彼の身分（足軽）で斯《か》かる志は感心だ」と言ったものの、その活動を高く評価するほどのことはなかったらしい。このことを高原が友人の岡部諶助に話すと、岡部は憤然として、「月形の勤王は筑前の勤王であるが、平野の勤王は日本の勤王である。平野は天下の傑物である。にもかかわらず筑前人はこれを知らず、たんに奇人とみなすのは誤っている」と述べたという。

事実、身は一介の足軽でありながら、いまや筑前にその人ありと知られた国臣、その声望は藩内でも一気に高まっていた。しかし月形は、藩主を差し置き、脱藩して活動することには反対であった。この相違は二人の封建的身分の差からきている。足軽の国臣にすれば、藩に留まったところで、藩政に関わる役職に就く道は最初から閉ざされている。それどころか藩主に面会することも、建白書を呈することも許されてはいない。大志を抱く国臣はやむなく脱藩して、直接朝廷に結びついて事を図る以外に、志を遂げる道はなかった。いっぽう月形は馬廻組百石、祖父は藩主の侍講をつとめたほどの家柄である。藩主に面会することも、建白することもできる。また藩政に関わる役職に就く道も開かれている。国臣が脱藩して諸藩の浪士と行動を共にし、派手な動きをしながら、ほとんど自藩を顧みなかったのに対して、月形があくまでも藩主を擁する「挙藩勤王」をめざした理由もここにある。この相違が、二人の活動スタイルの相違を運命づけていた。月形は、国臣に対して、志は同じくするとも、行動は共にせずの立場だったと思われる。

国臣が京都藩邸重役を輔佐するため上京を命ぜられ、福岡を発ったのは、六月二十九日である。その途上下関で、攘夷監察使として長州入りした正親町公董《おおぎまちきんただ》卿が、近々筑前へも行くと聞き、これを藩庁へ急報した。ただちに福岡へ呼び戻された国臣が、藩庁と監察使対応の協議を済ませ、あらためて福岡を発ったのが七月二十五日である。この間、多忙を極めていたが、月形を訪ねた可能性はむろんある。しかし確たる史料を知らない。上京直前と思われるが、国臣が円太を自宅に訪ねたところ、兄権次郎が面会を断っている。それを後で知った円太が腹を立てたという。国臣上京と聞けば、命知らずの弟が三度藩禁を犯し、国臣の後を追いかねない。権次郎はそれを心配したのであろう。事実、その後円太は、同志の制止をふりきり、国臣を追って又々脱藩上京した。

月形もいまだ外出を禁ぜられている身である。注視されている国臣と会見するのを慎重に避けたかもしれない。かりに会見したとしても、「脱藩勤王」の国臣と「挙藩勤王」の月形とでは、話は微妙にくいちがったことであろう。辛酉の獄に連累していない筑紫衛《ちくしまもる》や森安平《もりあんぺい》は国臣と会っている。月形の叔父長野も国臣と何らかの接触をもったことからすると、長野らを介して意を通じていたようにも思われる。いずれにせよ、月形は国臣の動静を見守り、その活動に期待するところはあったと思われる。それは、つぎの事実が教えている。

七月二十七日、支藩秋月藩の同志戸原済甫が兄卯橘の使者として月形家を訪れた。聞けば、卯橘は秋月藩の奮起を促すため、国臣ら本藩有志の働きかけや、九州下向を噂されている正親町卿の力を借りることなどについて国臣と相談すべく、月形にその仲介を希望しているという。これに対し、月形は「只今、平野君尽力の時につき、沈静にこれあり候様」と忠告し、自重を促している。「本藩有志」といっても、月形らは赦免されたばかりで、藩庁内に強固な地歩を築いているわけではなかった。国臣とて同様である。月形はこのような段階で軽率に動くことで、かえって藩庁の反発を招くより、藩命で上京する国臣の朝廷工作の効果に期待していた。このことを長野を介して国臣へ伝えるとともに、秋月藩と姻戚関係にある甘露寺家ほか公卿の名を教え、朝廷による秋月藩工作の可能性を探るよう依頼している。

このように、月形は、上京する国臣の尽力で、朝廷から筑前藩への働きかけが一層強まることを期待していた。ところが、この期待はまもなく裏切られる。

入京した国臣は、長州藩桂小五郎、久坂玄瑞、土佐藩土方久元《ひじかたひさもと》、肥後藩宮部《みやべ》鼎蔵《ていぞう》らと共に、一躍「学習院出仕」に抜擢された。当時学習院は諸国の志士の建言を取り扱う所で、朝議を左右するほどの力を持っていた。父宛て書翰に「あまり高名に相成り、気の毒なる事どもに御座候」とあり、目を見張るばかりの出世に国臣自身、当惑しているくらいである。

しかしそれもつかの間、八月十八日、京都情勢は急変する。それまで一世を風靡していた長州藩と尊攘浪士団、および彼らをバックとする三条実美ら朝臣が、突如として孝明天皇から不信任を宣告されたのである。御所は会津・薩摩ら諸藩の兵で封鎖され、長州勢の出入りは禁止され、長州藩の堺町御門警備も解任された。不意打ちを食らった長州勢はなすすべもなく、京都退去を余儀なくされた。三条実美ら「七卿」も長州勢と共に京都を離れ、長州へ向かった。いわゆる「文久政変」である。ここに国臣の運命も暗転した。国臣にかけた月形らの期待は過去のものとなってしまった。

この政変を主導したのは京都薩摩藩邸指導部であった。これに承認をあたえたのは孝明天皇である。天皇は以前から長州勢の跋扈《ばっこ》に頭を痛めていた。もとより天皇は攘夷思想の持ち主である。しかし、今ただちに外国勢力を撃退するだけの国力があると信じていたかどうかはともかく、三条らが主張したように、幕府を度外視して「攘夷親征」に踏みきる気などまったくなかった。

「攘夷親征」とは、天皇自ら指揮して攘夷を行うことを意味する。幕府・将軍をよそに、天皇が諸大名を直接指揮して外国を掃攘するというわけである。ここに尊攘運動は行き着くところに行き着いたというべきであろう。それは諸大名の徳川家への臣従を根幹とする現下の政治体制を否定することにほかならない。したがって、たんに攘夷の方法や手順の問題を超えて、重大な政治的意味をもっていたのである。たしかに天皇はこれまで幕府とたびたび対立はした。しかし敵対する気などさらさらなかったのである。

攘夷祈願のため天皇が大和国へ行幸し、神武天皇陵を拝し、しばらく滞在して「御親征の軍議」を行うと発表されたのは、八月十三日である。いわゆる大和親征行幸である。三条らは天皇がかねて大和国の神武天皇陵を拝したいと希望していたことをよいことに、「親征」を伏せて、神武天皇陵参拝のための大和行幸であると奏上し、天皇の同意を引き出し、これを「親征」として発表したのである。天皇の意志に反するもので、明らかな偽勅である。これを知った天皇は驚愕する。しかし朝廷を圧する過激派朝臣の間で孤立している天皇にはどうすることもできなかった。ここに、手を差し延べたのが薩摩藩だったのである。

由々しき事態に危機感を強めていた京都薩摩藩邸指導部は、密かに中川宮（朝彦親王）および右大臣二条・前関白近衛ら反長州系公卿と結び、在京会津藩を誘い、天皇の承認のもと、過激尊攘派を追放する政変を敢行したのである。八月二十六日、天皇は「十八日以後」の勅命こそ、自分の真意から出たものであると宣言した。

世子慶賛の上京

政変前、長溥は海防力充実に力を注ぎながらも、朝廷の過激化を憂慮する日々を送っていた。やがてこの形勢観望を許さぬ事態に追い込まれる。それは長州藩の攘夷決行によって生じた。

幕府が三条・姉小路両勅使のもたらした攘夷要求を、ひとまず受け入れたのは、前年（文久二年）十二月のことである。朝廷の要求は、「攘夷を決定し、速やかに諸大名へ布告すること。攘夷の策略は早急に群議を尽くし、至当の公論を決定し、醜夷拒絶の期限とともに奏聞せよ」というものであった。こうして三月四日入京した将軍は、再三にわたり「攘夷期限」の確答を迫られるのである。しかし将軍入京後、一転して「開国奏上」することを夢見ていた幕府である。ずるずると確答を引き延ばしていた。しかし、しびれを切らした天皇に迫られ、ついに四月二十日、「攘夷期限」を五月十日とする旨奏上した。むろん何の見通しもない、苦し紛れの回答であった。

これを受けて五月十日、長州藩は関門海峡を航行中のアメリカ商船に対し砲撃を加え、二十三日にはフランス艦を、二十六日にはオランダ艦を砲撃した。これに対しアメリカ軍艦が六月一日、報復のため下関を砲撃、五日にはフランス軍艦が下関に来襲、陸戦隊が砲台を一時占領した。

この事件は、筑前藩からすれば、他藩の出来事で、いわば対岸の火事だったように思われるかもしれない。しかし、以下に述べる事態の推移により、筑前藩を苦況に追い込むこととなる。

朝廷は攘夷を決行した長州藩に対し、「拒絶期限を誤らず、掃攘に及んだこと」に「叡感斜めならず」（天皇がひどく喜んでいる）、「弥以て勉励し、皇国の武威を海外に耀かすべし」と激励する朝旨を伝えた（六月一日頃）。さらに六月七日、筑前藩をはじめ諸藩に対し、皇国は一体であるとし、すでに攘夷を開始した長州藩を応援するよう命じた。曰く、

既に長州において兵端相開け候、就いては皇国一体の儀に候間、互に応援掃攘これあり、皇国の恥辱に相成らざるよう、闔藩一致・決戦尽力、叡慮貫徹致し候様、御沙汰候事

筑前藩は関門海峡に近い領内に若松港をもっており、長州の隣国である。応援とならば真っ先に応援すべき位置にある。この朝命は等閑にはできない。

ところが、幕府は攘夷期限に係る諸藩への通達文（四月二十三日）でこう述べていた。


攘夷の儀、五月十日拒絶に及ぶべき段、御達相成り候間、銘々右の心得を以て自国海岸防禦筋、愈以て厳重

相備え、襲来候節は、掃攘致し候様致さるべく候

この通達文がたとえ不明瞭であろうとも、「五月十日を期して、外国人を攻撃せよ」という意味でないことだけは明瞭である。では何と言っているのか。ここに「拒絶」とあるのは、外国との外交通商関係を断つという意味である。通商条約にもとづいて行なわれている横浜・箱館・長崎での貿易を止めるということである。それは通商条約の廃棄であるから、締約諸国との何らかの交渉は避けられない。その外交交渉を、五月十日までに開始すると言っているのである。

このような解釈が誤りでないことは、幕府が攘夷期限を奏上した際、同時に提出した奏上本文の別紙に照らして明らかである。曰く、「一時、和親交易を取り結んだが、元来天皇に無断で開港したため、全国人心の合意が得られていないという理由で、断然拒絶の交渉をしたい」。しかもこの別紙は、その二日前（四月十八日）、天皇か

らどういう立場で「拒絶」交渉を進めるつもりなのかと問われたことに対する回答なのである（『大日本維新史料稿本』）。朝廷はこの幕府の回答に何ら異議を唱えていない。この事実は、朝廷も「攘夷期限」を軍事行動ではなく、外交交渉の開始期限と認識していたことを物語っている。だいたい幕府の人間だろうが、朝廷の人間だろうが、頭に血が上った攘夷論者でないかぎり、このように考えるのがまともというものである。

現に横浜・箱館・長崎の開港地では通商条約に守られた各国商船が出入りし、平穏に貿易が行われている。居留地には外国商人も駐在している。それを何らの事前通告・交渉もなく、卒然と一方的に貿易中止・国外退去を命ずることなどできるわけがない。ましていきなり外国船を砲撃するなど狂気の沙汰である。下関での長州藩の行為を、「速やかな懲罰に値する海賊行為」だと非難した駐日英国代理公使ニールに反論できるのは、世界の趨勢をまるで理解していない狂信的な攘夷論者だけである。

通達文の最後は、もし諸外国が日本側の意向に腹を立て、襲来するようなことがあれば、これを撃退（「掃攘」）

せよと結ばれているが、これは命ずるまでもない命令である。どこの国に、他国の攻撃をうけながら黙っている者がいるであろうか。

ところが朝廷は、四月二十一日、次のように諸藩へ命じていた。

外夷拒絶の期限、来る五月十日御決定相成り候間、益々軍政相調え、醜夷掃攘これ有るべく仰せ出され候事

これでは、「外夷拒絶」の期限を「五月十日」と決定したので、外国勢を打ち払え（「醜夷掃攘」）という意味になる。幕命とは明らかに異なる内容である。長州藩はこの朝命にもとづいて行動したのである。

大坂にいた老中水野忠精は、六月十二日、大坂長州藩邸の北条瀬兵衛（伊勢華《いせさかえ》）を呼びつけ、みだりに兵端を開いたことを責め、外国が襲来しない内は、「粗忽の所行」をせぬよう命じた。翌日、将軍は老中らと共に大坂から海路江戸へ向かった。同日、朝廷は、特に筑前・秋月・中津・小倉・津和野の五藩に対し、長州藩がフランス軍と激戦に及んだことにふれ、「長州の危急は皇国の危急」であるとし、急速援兵を出し、精力を尽くし、「神州の武威」を耀かすべしと命じた。別途、小倉藩に対しては、前月長州藩の戦いを傍観したことを暗に責め、すでに開戦したからには、関門海峡で長州藩と挟撃応戦し、「醜夷掃攘」せよと命じた。翌十四日、英国船が大坂湾天保山沖に現れ、石炭を求めたため、この地を守備する鳥取藩がこれを拒否し、砲撃した。驚いた大坂城代・松平信古《のぶふる》は、即日諸藩に対し、我方より攻撃するのは見合わせよと命じた。これに対抗して朝廷は、鳥取藩の攘夷行動を褒賞するとともに、十九日、筑前藩を含む諸藩に対し、「攘夷期限が先頃布告され、すでに長州藩は断然掃攘に及んでいる。今後外夷が渡来した場合は、二念無く打ち払うべし」と重ねて命じた。長州応援にとどまらず、各藩においても外国船が近づけば、これを攻撃するよう命ずるものである。大坂城代はこれに抗しきれず、先の命令を撤回する。

長州藩は六月十二日の水野老中の譴責に対し、使者を派遣し、「叡感斜めならず」の朝旨を受け、「家来末々まで一統、勉励し、皇国攘夷の御国是が立つよう、粉骨砕身の最中」に、大坂での幕令は朝命と齟齬すると述べ、「御達書」(命令書)を返上した。朝廷の絶対的権威をかさに、幕令を公然と拒絶したのである。幕府老中の命令書が、あろうことか一外様大名に平然と突っ返されたのである。水野の怒り、心頭に発したことは言うまでもない。

このように朝廷と幕府がそれぞれ異なる命令を出す、いわゆる「政令二途」の状況に、諸藩は当惑する。とりわけ長州藩に近接する筑前藩は進退に窮した。むろん、長溥に長州藩を応援して攘夷に加担する気など毛頭ない。しかし朝命を無視するわけにはゆかない。

当時駐日英国公使の通訳だったアーネスト・サトウは後年、日本の「皇帝」(天皇)についてこう述べている。「名分上の君主という単なる名目中に存在する無限の権威」を有しており、「おそらく、世界のどの国にも、日本の歴代の皇帝ほど確固不動の基礎に立つ皇位についた元首は決してなかったろう」(『一外交官の見た明治維新』)。

確かに、天皇家は、その起源の古さと不動の権威において、世界史上類例のない王家だといえるだろう。はるか神代の昔から連綿と続くと信じられている天皇家は、江戸時代後期から外圧が意識されるにつれ、日本真正の元首であるという観念が広がった。幕末期、日本人が欧米列強の圧倒的進出を目の当たりにしたとき、天皇の伝統的権威は絶対的なものへと高まっていた。それはたかだか三百年にも満たぬ徳川将軍家の権威など及ぶところではない。第一、その地位は形式的にせよ、天皇家から授けられたものにすぎない。将軍は「醜夷掃攘」の勅命が理不尽かつ無謀たることを十分に知りながら、これに公然と反対することはできなかった。勅命は無敵であった。攘夷を望む天皇の権威の急上昇は、いわゆる勤王志士の観念的なものにとどまらず、海外貿易にともなう物価高に苦しむ一般庶民および下級武士の生活実感にも支えられていた。

たまりかねた長溥は二条右大臣へ書翰を送った。六月下旬と思われる。内容はつぎのとおりである。

まず第一に、「外夷掃攘並びに隣国応援」の朝命は、幕府の命令と齟齬しており、「人心甚だ疑惑」を生じてい

黒田長知（慶賛）

る。このままでは、「外寇」より「内乱」の勃発が避けられない。よって速やかに「公武御真実御和合」（朝廷と幕府の一致）を実現すべきだとし、「政令二途」の状態を速やかに克服するよう訴えている。第二に、本年筑前藩は長崎警備の当番年で、時節柄、通例より多くの人員を派遣している。そのうえ自領内海岸も広く、その警備も十分に行き届かず、心配している。とても他国の応援はできない。いっぽう長崎は諸外国の船が平穏に出入りしており、長崎奉行からも我方より攻撃するなと命ぜられている。もし隣国長州を応援することになれば、長崎での対応と表裏となり、藩内人心不和を生じ、とても勝算の見込みはない。第三に、以上の筑前藩の実情が朝廷内に「貫通」するよう、「御同志の御方様」と共に「御厚配」「御助勢」を願う、とある。

要するに、朝命幕令の一致を訴えつつ、長崎警備という筑前藩の特殊事情を理由に、「外夷掃攘並びに隣国応援」は現実には受け入れ難いこと、この実情が朝廷に理解されるよう尽力を願うものであった。

筑前藩をさらに追い詰めたのが、攘夷監察使・正親町公薫の九州下向である。正親町勅使が攘夷激励のため、長州まで下向することは分かっていた。それがさらに福岡・佐賀へも足をのばすかもしれないという風聞が伝わったのは、六月末頃のようである。勅使が福岡入りすれば長州応援を督促することは目に見えている。また長州藩は長崎貿易が平穏に行われていることに憤激しており、その要請をうけて勅使が、筑前・肥前両藩に長崎での攘夷決行を迫ることも予想された。七月六日、正親町勅使が長州山口入りする。そこへ上京途上の国臣が下関入りする。国臣が、勅使の福岡下向近しと藩庁へ急報したのは、この時である。

そこで藩庁は唐突に、長溥の名代として慶賛が上京する旨発表する。七月十五日のことである。その目的は何だったのか。

この頃、「政令二途」に悩んでいた長溥は何を考えていたであろうか。確固たる開国通商論者である長溥であるが、朝廷の現状からして、今ただちにその攘夷路線の非を悟らせることは不可能である。だからといって、形勢観望を許される状況ではない。とにかく国論の統一を実現しなければならない。現に長州藩は小倉藩が関門海峡の対岸にありながら、長州の戦いを傍観したことに憤激し、小倉藩征討を朝廷に働きかけようとしていた。対外危機を前にしながら、内乱さえ招きかねない、嘆かわしい事態となっていた。このような情勢下でとりうる最善の道は、朝廷の過激攘夷路線を幕府の和親交易拒絶交渉の線に引き戻し、その線で朝幕一致、国論の統一を図ること以外にない。むろん拒絶交渉は遅かれ早かれ失敗する。しかしその交渉過程を通じて徐々に攘夷の無謀たることが広く理解されてゆくことに一縷の望みを繋ぐしかない。そうでなくとも、せめて不法過激な手段で通商条約を踏みにじる長州藩の蛮行を中止させ、これ以上、日本が国際法上の信義を失うのを避けなければならない。

すでに駐日英仏米蘭四国代表は、六月十日横浜で会合し、長州藩の「粗暴無礼の襲撃」によって締約諸国の商船軍艦の「自由な航行」が妨害されていること、もしこの暴行を幕府が止めさせせないなら、封鎖されている関門海峡の再開および開港地の居留民保護のために、日本近海の各国海陸軍を結集して、共同軍事行動をとることを確認し、その共同決議文をもって幕府に通告していた。この時点で実際に自国艦船を攻撃されていた米仏蘭三カ国代表は、この日、別途幕府に対し、長州藩の「乱暴無礼」に対しては「軍陣を以て敵対すべし」と断固たる決意を表明し、「無道粗暴」の手段で「条約」を「無き物」にしようとするならば、「一年の内にも」「此国（日本）に「禍害」がもたらされるであろうと警告していた。

このまま長州藩の蛮行を許せば、列強による本格的な軍事介入は避けられず、日本の独立は危機にさらされる。このように長溥は考えていたのではないか。

以上の考えから、朝廷の過激攘夷論の鎮静化を図るため、慶賛の上京周旋を決意したのである。その発表が、唐突だったのは、正親町勅使の筑前下向が目前に迫っていることを知ったからであろう。慶賛が上京し天皇の考えを直々伺うことを理由に、勅使の性急な攘夷督促をかわそうとしたものと思われる。現に、七月十五日時点では、朝廷に上京許可願いすら出しておらず、したがって上京できるかどうかさえ確定していなかった。

七月二十二日付で、長溥は武家伝奏・野宮定功《ののみやさだいさ》を通じて、名代として慶賛を上京させたい旨内奏した。上京理由は、「掃攘ならびに隣国応援」「御親征」について朝廷の考えを詳しく伺いたいとされている。いっぽう右大臣二条へは本心を明かし、上京の許可が出るよう助力を要請した。従来幕府寄りとにらまれている筑前藩の上京がすんなり許可されるかどうか不透明であった。二条はこの年十二月に関白となる人であるが、「泣き関白」と渾名《あだな》されたくらいで、気概に欠ける人物であった。中川宮、近衛、徳大寺公純《きんいと》らと同様、尊攘派に幕府追随派とにらまれ、身の危険を感ずるほどの威嚇をうけていた。薩摩藩は姉小路卿暗殺事件（五月）に関係していると嫌疑をかけられ、朝廷から遠ざけられていた。頼りとなるのは京都守護職の会津藩くらいであった。追い詰められている二条にとって、筑前藩の上京は願ってもないことであった。近く予定されている大和親征行幸に筑前藩も供奉を願っているかのようなことをにおわせたものと思われる。二条も必死であったろう。八月八日、慶賛上京を許可する朝命が出た。「天気かつ御用向き」（天皇の様子と朝廷の用命）を伺いたいという態度は「神妙」であるとされている。「御用向き」とは、暗に大和親征行幸への供奉を指しているであろう。

いっぽう江戸の幕閣から、またまた頭の痛い命令が届いた。長州藩は攘夷を傍観した小倉藩に腹を立て、六月関門海峡対岸の小倉領田ノ浦を占領し、砲台を築こうとしていた。小倉藩の急訴をうけた幕閣は、七月十五日、小倉藩に対し、田ノ浦の長州人を退去させるよう命じ、筑前・中津・広島の三藩に対し、小倉藩を応援するよう命じた（後に佐賀藩へも同様命じている）。この幕令は八月初旬には福岡に届いたであろう。

これに対し長溥は、水野老中へ小倉応援の猶予を願う請書を提出した。猶予の理由にあげたのは、やはり長崎および自国領海岸の警備のため応援の余裕はないというものであったろう。しかし実のところ、小倉応援となれば長州藩との交戦ともなりかねない。眼前の対外問題をよそに日本人同士が争ってどうする、というのが本音であったろう。

併せて近々、薩摩・肥後両藩とも連携して、慶賛を上京させることを伝えている。曰く、

　情勢は切迫しており、もはや傍観できる段階ではないので、上京し「叡慮」（天皇の考え）を伺い、状況次第では参府し、「公武和合、人心一致、攘夷的当の御処置」が出されるよう周旋する覚悟である。

「攘夷的当の御処置」とは、和親交易拒絶談判を指しているだろう。前述のとおり、長溥は当面、この線で「公武和合」を実現するほかないとみていた。やむを得ざる次善の策である。肥前藩の前藩主鍋島閑叟《かんそう》へ、「上京のうえ、天皇の真意を詳しく伺い、もし気になる点もあれば、建白するつもりだ」と述べているのも、この線で朝廷を説得する決意を述べたものであろう。

なお長溥が慶賛の上京を、幕府に一方的に告げただけで、その許可を待とうとはしていない点に留意されたい。前年九月上京の際、幕府に気兼ねしてさんざん悩んだことがうそのようである。幕府の意向をいちいち気にするような時代はとうに過ぎ去っていた。

それでも妙に勘ぐられることを避けるためか、最後に、黒田家が先祖長政の関ヶ原の軍功により、筑前国を拝領し、それ以来、連綿とこれを相続し、累代徳川家の高恩を蒙ってきたと、徳川家と黒田家との主従関係をことさら強調し、今後身命を顧みず「微忠」を尽くしたいと述べている。

これに対する水野の返翰によれば、長溥の書翰を見せられた将軍家茂は、「斯《か》くまで幕府の御為、御心志を尽くされ候御次第、実にもって御大慶斜めならず」の様子で、その喜びようは筆紙では伝えられないほどだったという。これは必ずしも誇張ではあるまい。前年末以来、幕府を悩まし続けている長州勢に対抗し、朝廷の正常化に向けて、九州諸藩がついに共同行動を起こしつつある事実は、幕府を大いに勇気づけたに違いないからである。

八月十七日、長溥は朝廷の上京許可書と共に、二条の書翰（八月十日付）を受け取った。二条は無事に上京許可が出たので、一刻も早く慶賛を上京させるよう要請していた。また、長州勢の「暴説ならびに粗暴の振る舞い」のため沈黙を余儀なくされており、真の「叡慮」も立ち難いほどの朝政となっていると窮状を訴えている。この頃、すでに上京随行藩士への発令も済んでおり、出発の準備が急がれていた。

ところが、そこへ京都政変の急報が届いたのである。八月二十五日頃であろう。ほとんど同時に、朝廷から「大和親征行幸は延期となったが、外に御用もあるので、急速上京せよ」との命令が届いた。しかし混乱の京都へ迂闊に入ることはできない。状況を確かめる必要がある。また薩摩・肥後両藩と連携して入京するため事前の相談もあり、出発は延引した。九月十六日頃、二条より、「激烈の余党」（長州系朝臣）が又々何をしでかすか分からない、「後楯」なくては「大困苦」であるから、慶賛を即時登京させるよう繰り返し要請してきた。ついに同月二十六日、慶賛は、黒田（立花改め）山城・浦上信濃の両家老、野村東馬・立花采女の両用人をはじめ総勢九百余人を率い、福岡を出発した。通常行列に用いる形式的な道具類は一切省かれていた。藩士らの行装も「惣塗笠・惣鉄砲」で、さながら出陣光景のようだったという。

政変によって、長溥が憂慮していた朝廷の過激攘夷論は鳴りをひそめた。勅使正親町も、九月三日黒崎まで来たところで、京都召還令に接し、引き上げていた。しかし天皇そして反長州系朝臣も攘夷論自体を捨てたわけではない。政変後も相変わらず攘夷実行（和親交易拒絶交渉の開始）を幕府に督促していた。また長州系朝臣は、三条ら中心的存在を失ったものの、依然勢力を残していた。さらに鳥取、岡山、広島、津、米沢などの諸藩は「攘夷親征」にこそ反対したものの、長州藩の攘夷実行を支持していた。とはいうものの、さしもの長州勢が京都を退去し、過激攘夷派朝臣も失脚していることから、朝幕一致の可能性が生まれていた。そしてその実現に尽力することが慶賛上京の目的であったと思われる。

しかし随行藩士の意識は違っていた。政変前、慶賛の上京が発表されたとき、「家中の面々、感悦の余り、一途に勇み立ち候輩もこれあり」といった有様であった。彼らは今回の上京を、藩が尊攘方針を固めたことの現れだと見なしたのである。戸原などは、月形も慶賛一行に加えられるものと信じていた。筑前藩も大和親征行幸に供奉するものと思い込んでいたであろう。そのため、上京が政変後にずれ込むと、上京目的は、長州藩を擁護し、その名誉回復をめざすものであると誤解された。要するに長溥父子の考えは藩士大衆には浸透していなかった。

慶賛一行の出発を三日後にひかえた九月二十三日、長溥は藩士大衆を城中に召集し、上京周旋の趣旨を自ら言いきかせた。曰く「下野守（慶賛）、予に代りて上京し、真の叡慮を奉伺して、国家安泰の基礎を定め、宸襟（天皇の心）を安んじ奉らんと欲す。上京随行の者は専ら下野守を守護し、真成の功を妨る事なかれ」。これを受けて山城は、この趣意に二念なく敬服する者は、直ちに前に進み、藩祖孝高・長政の神前に供えられた神酒を頂戴するよう命じている。遠く藩祖神霊の権威まで動員しなければならないほどに、随行藩士の統制に不安を抱えていたことを物語っている。

慶賛一行の出発後、長溥を驚かす幕府内の動きが伝えられた。長州勢が京都政界から退去したこの機会に、一気に長州藩を征討しようとする主張である。老中水野は九月二十七日付の長溥宛て書翰でこう述べている。

自分（水野）はこの際、急ぎ将軍が上京し、ついで「長州御追討」のうえ、再び京都で列藩と協議し、国論を定めるべきだと主張したが、幕閣の決定には至らなかった。しかし長州をこのままにしておくわけにはゆかない。是非「悍長」（猛々しい長州藩の意）の「罪名」を鳴らし、「厳科」（厳しい罰）を加えなければならない。この点を含んで、然るべく京都周旋を進めてもらいたい。

長溥はこの水野の動きを憂慮した。長州藩全体を敵視し、できれば征討に打って出ようとするこの強硬姿勢がかえって国内争乱の導火線となりかねないと見たからである。水野書翰の内容は、直ちに上京途上の慶賛へ伝えられた（あるいは福岡へ運ばれる途中で慶賛に開披されたかもしれない）。慶賛は十月十五日、上京途上の大蔵谷から水野へ長文の書翰を発した。それは水野の対長州強硬論に対する婉曲な反論を含むものであった。

その書翰で慶賛は、再度将軍が上京し、列藩と共に国論を決定するという方針を支持し、「これまで王位を擁し、幕府を軽蔑」し「激烈暴論」をたてて、「天下の人心を騒擾させた輩」に対し、「厳譴」を加えることも当然視している。

しかし長州藩の「不法の挙動」の多くは、「全く家来共過激」によって引き起こされたもので、そのことを藩主父子は内心恐縮しているものと想像されるとし、今後彼らが過去を深く「悔悟」し、「正義の論に改心」するならば、隣藩である筑前藩からも「呉々も御詫び申し上げたい」と述べている。

ここには、長州藩主父子が過去の非を悔い改めるならば（したがって過激暴論の家臣を処分するならば）、長州藩に対して寛大な措置をとるべきだということが示唆されている。

この慶賛の主張こそ、その控え目な調子にもかかわらず、これから始まる筑前藩長州周旋、すなわち幕長の軍事衝突を回避し、国内一致を実現しようとする政治行動の開始を告げていた。

政変後、京都を離れ、長州へ下った国臣は、同じく長州へ逃れていた三条ら「七卿」の一人、沢宣嘉《さわのぶよし》を担いで但馬国生野で挙兵する。しかし、たちまち敗れ、幕府方に捕らわれてしまう。秋月を脱し、この挙兵に参加した戸原卯橘は自決、藤四郎と堀六郎はからくも逃れ長州へ帰還した。国臣が京都六角の獄中で斬殺されるのは、翌年七月のことである。

十月一日、挙兵を前に、国臣は月形らに書翰を送っている。「天下の形勢、定て御承知成らるべく、何をもって御因循成られ候哉」（何をぐずぐずしているのだ）と叱咤し、自分は近々、「一軍の兵勢を挙動し、天下の耳目を驚かして御覧に入れる。よく目をぬぐい、耳を洗って、十五日を待ちたまえ。再会、期し難し」とある。末尾に、「大《おお》王《きみ》にさゝけ余しし、わがいのち、今こそすつるときは来にけれ」と歌が添えられている。それは死を決した国臣の在藩同志への訣別の書であった。月形は、日頃国臣に抱いていた危惧が現実のものとなったと感じずにはおれなかったであろう。

国臣は全局を見ることなく、血気に任せ、性急無謀な挙兵に走った。それは朝廷と直接結びつき、その権威を借りる以外に拠るべき何ものもない者の採りうる最後の道だったのかもしれない。「烏合の衆」に頼る活動スタイルからついに抜けきることはなかった。その最期は、出身藩をほとんど眼中におかなかった国臣のいかにも国臣らしい最期だったと言える。

国臣に代わるかのように、月形の期待に応えたのは円太であった。彼は生野の挙兵には参加しなかった。脱藩をくり返した円太であるが、常に本藩を動かすことを忘れなかった。というより本藩を動かすための脱藩だったと言うほうがより適切であろう。ここに国臣とは異なる円太の特徴がある。

国臣が学習院出仕に抜擢されたその日、すなわち八月十六日、円太は朝廷の国事参政・烏丸光徳《からすまるみつえ》卿に拝謁し、懇願して次の書面を下されている。

尊王攘夷の趣意、徹底いたし候様、周旋これあるべく候事

八月十六日　　　　参政

中村円太え

この書面は、尊王攘夷のために尽力してくれと、一筆認めたものに過ぎず、とりたてて何ということもないと思われるかもしれない。しかし、朝廷の要職にある人物から授けられたこの「御書」は、円太が朝廷から信認されたことを示す有力な証である。円太の言うように、それは「誠にもって有り難く、申し上げ様もない」光栄だったのである。それは学習院出仕に次ぐほどの栄誉と思われたことであろう。その後の円太が長州亡命浪士中に

あって、俄然頭角をあらわすのは、その優れた才幹に加え、この経歴がものをいったのであろう。

その夜、円太はこの「御書」を懐中に、京都を離れ、勇躍福岡へ向かった。春山育次郎『平野国臣伝』によれば、「御書」の権威を借りて、藩政の実権を握る山城の上洛を謀り、その不在に乗じて藩政改革を進めようとしたものだという。すでに十三日、天皇親征挙行の意向が発表されていた。この機に本藩同志の奮起と藩論の振起を促し、世子の上京を急がせ、親征の動きに合流させようとしたものと思われる。

ところが豈図《あに》らん、長州三田尻まで下ったところで、京都の変報に接する。やがて三条ら「七卿」も長州へ下ってきた。円太も長州に踏みとどまった。情勢は暗転したが、それであきらめるような円太ではなかった。

早川 勇（伊豆幸次氏蔵）

藩庁工作の再開

慶賛一行が福岡を出発する直前の、九月二十四日頃、月形は円太の書翰類を受け取った。同志連名宛ての書翰（九月二十日付）と、三条・沢両卿の矢野宛て密書（九月二十一日付）である。これは長州に亡命していた仙田淡三郎が円太の指示で密かに宗像の早川のもとへもたらしたもので、早川によって月形へ届けられた。円太は、政変後「賊焔」（薩摩・会津の勢い）は甚だしいものの、両藩の間に亀裂が生じているとし、その隙をついて長州藩と共に京都奪回に決起するよう訴えていた。併せて三条・沢両卿の矢野宛て密書の伝達を月形に依頼していた。

書翰冒頭、「京師大変後、皇基益《ますます》危殆、志士身を殺し義を取るの秋《とき》」（政変後、朝廷は益々危うい状況にある。志士たる者、身を犠牲にしても正義のために尽くす時である）と覚悟を促し、「長州藩は藩主父子が早々上京し、七卿の復権を図ろうとしており、高杉晋作は兵千余を率いて大坂城を奪取する計画である」などと勇ましいことを述べ立て、「筑前藩においても有志一同申し合わせ、矢野を押し立て公然脱藩し、内外の御周旋に当たってほしい」、さらに「もし矢野が起ち上がらなければ、諸君一同亡命して、早々、義軍（長州勢）に参加してほしい」と、長州藩と行動を共にするよう訴えている。以上のことを三日以内に決するよう求め、自分は先発する、諸君は跡から「葬礼金」をもって登ってくれ、「泉下より待つ」とある。円太は死を決していた。脱藩については、たとえ「一旦、不忠の嘲り」を受けようとも、「元来誠心」に基づくものであるから、「芳名不朽」であると述べ、「苟《いやしく》も臣子の情あるもの、豈傍観坐視すべきの時ならんや」と訴えている。

三条・沢両卿の矢野宛て密書も、京都政局挽回のため筑前藩の尽力を依頼する内容であった。文中、「其許《そこもと》兼々勤王の忠志、叡聞に達し（天皇も耳にされ）、先達て上京の儀仰せ付けられ候事故」とあるように、矢野の名は朝廷に知られており、政変前上京を要請されたことがある。長溥の意向によって、その上京は実現していなかった。ついては、「京師変動」につき、「当今正邪の弁相立ち、宸襟《しんきん》を安んじ奉り候様」（京都での正邪の区別が明らかとなり、天皇を安心させるよう）、「其藩に於いて尽力これありたく頼み入り候」とある。この密書は、円太が三条に働きかけて書いてもらったものであろう。

また、円太は藩庁の有志越知《おち》小兵太と小田部《こたべ》龍右衛門両名あて書翰で、慶賛の上京について、京都情勢が一変し、中川宮をはじめ「薩会の徒」（薩摩と会津）が跋扈している中へ入れば孤立するだけであるから、延期するよう諫言してくれと依頼している。月形一党はほとんど無官の有志にすぎない。藩庁にあって月形派に近いこの二人に、慶賛上京の延期工作を依頼したのである。

さて円太の書翰を見た月形の態度はどうであったか。おそらく長州藩の動きをことさら誇大に伝え、脱藩してでも京都奪回の義軍に参加せよなどという扇動的な言辞には眉をひそめたであろう。しかし七月脱藩後、行方知れずとなっていた円太が、三条らを動かし、本藩への働きかけをしてきたことは喜んだであろう。三条といえば、前月まで長州系朝臣の中心的存在で、諸藩選抜によって編成された親兵の総督として、朝廷内に重きをなしていた人物である。その威名を知らぬ者はいない。取りあえず、矢野へ三条・沢両卿の密書が届いたことを伝えた。しかし矢野はその受取りを拒否した。その理由は「手筋慥かならざる内書は披見相成り難し」（正式な手続きをふんでいない内密の書面を見ることはできない）というものだった。三条らは今度の政変で官位を剥奪され官職も解任されている。勅勘をこうむっている朝臣の書翰を、藩主の頭越しに、密々受け取るようなことをすれば、どんな疑惑をもたれるかしれない。軽率な行為はこれを慎重に避けたのである。

そこで月形は森安平へ両卿の密書を送り、同志衆議のうえ、取り計らうよう依頼した。森は藩庁内にあって月形派に最も近い人物だった。しかし森は、慶賛の上京に随行を命ぜられており、その準備に忙殺されていたためか、あるいは月形の依頼を持て余したのか、密書の藩庁提出を小田部へ依頼する。これを聞いた月形は、同志の中にはこの一件を知らぬ者もおり、それぞれ考えもあろうから、藩庁提出を一時見合わせるよう伝え、あらためて同志の尾崎弥助の父惣左衛門へ善処周旋を依頼した。惣左衛門は、「漢勤王」の月形らに対し、「和勤王」と呼ばれていたという。この時五十二歳、家老立花の側近牧市内とも親しく、その影響力に期待してのことと思われる。このとき月形が表立って動かなかったのは、まだ徘徊禁止の身であったからである。

この時、月形は藩庁の諸役職者に向けたと思われる覚書を認めている。それは三条・沢の密書到来を利用した、藩庁工作の再開であった。当時の月形の考えを知る上でも貴重なものである。以下、その内容にふれておきたい。

まず「先年」（万延元年）は意見がましいことを建白し、かえって藩情を乱し、結果的に軽率な行動となったことを恐縮しており、今回の円太書翰もみだりに洩らせば、「人気動揺の基」（藩内混乱の原因）となるであろうから、「穏便」にしているとある。

この控え目な姿勢には、重臣暗殺の動きを背景に、激越な言辞で藩政一新を迫った万延元年の運動が、長溥を動かすに至らなかったことに対する反省がみえるようである。同時に、以前とは打って変わった情勢に自信を深め、将来を楽観していた月形の余裕もうかがえる。政変により長州勢は京都を追われたが、尊王攘夷の空気は依然衰えてはいなかった。政変後も朝廷は、攘夷が天皇の意志であることに変わりはないことを諸藩に伝えていた。七月には薩摩藩が錦江湾で英国艦隊と激戦を繰り広げていた。軍事的緊張感が高まるなか、福岡でも砲台場の築造、大砲の鋳造が急ピッチで進められ、異国艦の博多湾侵入阻止の方策が練られていた。藩は海岸沿いの領民の動揺を鎮めるため、足軽を交代で出張させている。万延元年とは一変した内外情勢は、月形らの主張が受け容れられやすい状況を生み出していた。

次いで、脱藩行為について次のように述べている。現在、多くの藩が「優柔不断」で「基本」が立ちかねるためか、脱藩する者が少なくない。もとより日本人はすべて「王臣」であるから、「玉体」（天皇）に災難が及ぶ時、「士官」であれ「百姓」であれ、志ある者は京都へ馳せ上ることもあるであろう。しかし「容易に君父（藩主）を打ち捨て」、「烏合の衆」に加わろうとも、そのような「瑣《さ》々《さ》たる所為」では「皇朝の御為」になる見込みはない。

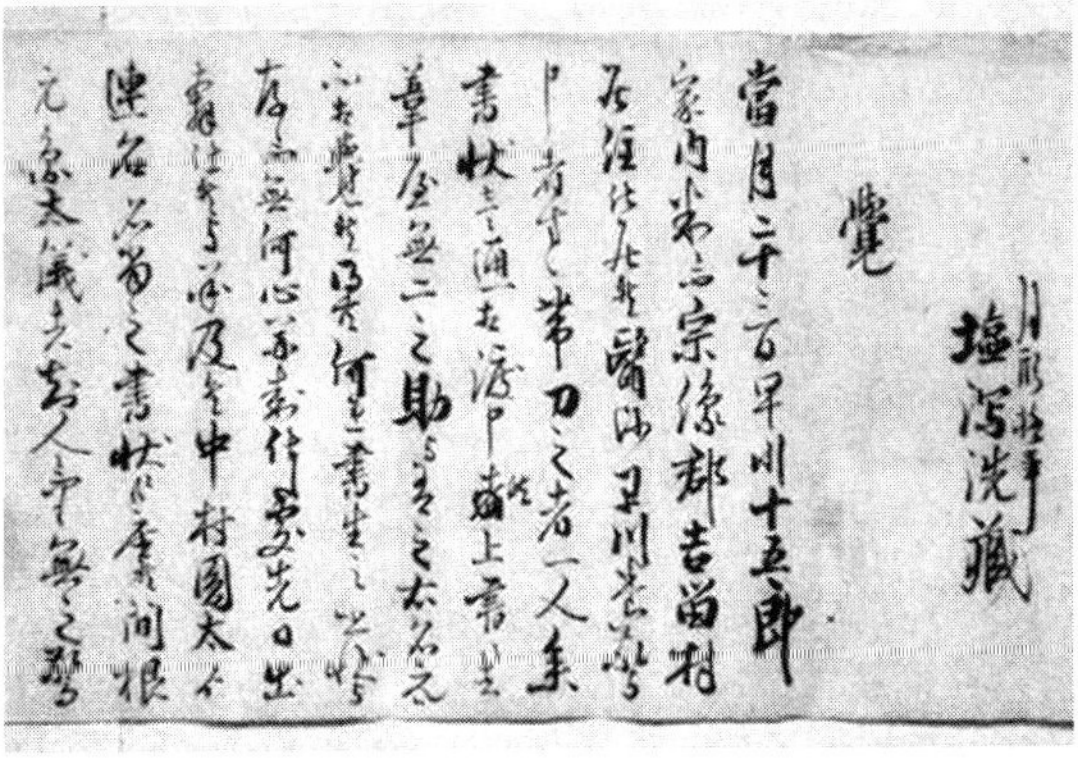

月形の覚書

これは、勤王のため脱藩する者の志は良しとしながらも、藩権力を離れた小規模行動の限界を指摘して、自分たちの立場が彼らとは一線を画していることを明確にしたものであろう。

では、藩士たる者、どうあるべきか。勤王論を家族関係にたとえつつ、こう述べている。「天王」（天皇）は藩士から見れば、家内における「祖父」に相当する。「君公」（藩主）は「父親」である。将軍と藩主との関係は「兄弟」に相当する。したがって、藩主が「京師」（朝廷）を捨て、「関東」（幕府）に従う「道理」はない。また藩士が藩主を飛び越えて朝廷へ忠義を尽くすのは、必ずしも悪いことではないが、順序を越えている。「君臣諸共に」（藩を挙げて）、「天朝」（朝廷）を崇め奉ることが「天下の正道」である。

結論として、次のように主張する。「御国」（筑前藩）においても「御内政御武備」を益々整え、「闔国人心上下凜然」と「尊王攘夷の誠心」を徹底させ、いかなる「強敵堅陣」にも「畏縮」しないようになってこそ、藩主の「勤王の御誠忠」も立ち、藩士の「忠孝」の道も立ち、「攘夷の手段確乎」となる。

以上、持論である挙藩勤王体制の確立を求めたものであるが、勤王論を子どもにも分かるように家族関係にたとえたあたり、藩庁内に幅広い支持を得ようとしたことがうかがわれる。最後に、三条らは将来「復職」されるかもしれず、そうでなくとも「元来高貴の御方」の書翰を等閑にしては、「名義名分」が立たないので、尾崎へ依頼して、「本藩の御不為」（筑前藩の不利）とならないよう周旋を託したい。「右愚考の趣、急々書き取り、諸君へ差し出し置き候」とある。

この覚書の日付は九月二十七日、すなわち慶賛一行が福岡を発った翌日である。密書は、その取り扱いが藩庁内で協議された結果、正式に藩庁を通じて矢野へ交付された。加藤司書の立会のもとで開披されたという。司書は、月形派との関係を懸念されながらも、七月十七日、用人に登用されていた。矢野の返翰を届けるため、久野五郎兵衛と摩田孫四郎が三条らの滞在する長州三田尻へ派遣された。早川が二人に同行した。矢野の返翰内容は、三条らのみならず、当然長州側にも伝わるとみなければならない。長州藩はこれをもって、政変後の筑前藩の立場を推測するであろう。長溥は矢野の返翰文案に必要に応じて手を加えたうえで、返信を許したものと思われる。したがってそれは、矢野個人のものというより、今回の政変後における筑前藩（長溥）のいわば公式見解というべきものであった。文面は以下のとおりである。

此節、京師御変動に付き、美濃守（長溥）方、尊攘の微衷を顕し、諸藩示し合わせ、同氏下野守（慶賛）上京仕り候に付き、当藩中の儀、少しも御気遣い遊ばされまじく存じ奉り候つまり、この度の政変については、藩主長溥も尊攘の立場から諸藩と連携し、慶賛を上京させているので、筑前藩について御心配無用というわけである。「御気遣い」という慎重な表現の裏には、筑前藩の動きに余計な干渉をするなという長溥の本音が隠れている。なおここに「尊攘の微衷」とあるが、この「尊攘」の語は長州流の過激攘夷論の立場を意味するものではない。当時一般化していた言葉であり、この一語をもって長溥が過激な尊攘路線に同調していたとみるのが皮相な理解であることは言うまでもない。

続けて、「頓而《やがて》、叡慮を伺い奉り」(近々天皇の考えを伺い)、「奸宄《かんき》を退け、忠良を進め」(悪者を退け、正しい者を支持し)、「引き続き攘夷に及び」、京都朝廷が「再び静平に復し候様」取り計らいたいとある。つまり「叡慮」を確かめたうえで行動するというわけである。しかし、すでに見たように長溥は二条関白から天皇の真意を伝えられており、今回の政変が天皇の意向に応えたものであることを承知していた。長溥にとって、この政変は望むところであった。したがって「奸宄」そして「忠良」がどの勢力を指しているか、言わずして明らかである。「静平」の一語も、たんに鎮静化を意味するのみで、三条らが期待したであろう「天朝回復」といった表現は慎重に避けられている。念のためにいえば、「攘夷に及び」の一句も、「尊攘の微衷」同様、これをもって長溥が本気で攘夷遂行を考えていたとみるのはとんだ誤解である。要するに、ここに述べられていることは、事実上、三条らが筑前藩に期待するところのものとは正反対の立場であった。

月形は円太に返翰を出さなかったようである。いまだ外出を禁ぜられている身である。藩庁から動静を注視されている。円太書翰の激烈な内容はすでに藩庁内に知られている。返翰を出せば、それだけで変に勘ぐられかねないと判断したと思われる。あるいは自分の考えは早川の口頭に託したと考えられるが、この頃の早川は月形と異なり、円太に共鳴している節があり、どの程度まで本心を託したかは分からない。

長溥が、自ら上京しなかったのは、体調がかんばしくなかったこともあるが、それ以上に、自分の不在中に月形らの画策で、藩内が再び動揺するのを警戒したためと思われる。その代わり、最も信頼する老練な山城を随行させ、政治経験に乏しい慶賛を輔佐させた。

早川ら一行は、十月十八日、三田尻で三条へ矢野の返翰を呈した。しかし肝心の円太の姿はなかった。長州で慶賛一行に加わり、この日すでに入京していたからである。慶賛上京の延期を求めていた円太であるが、それがかなわなかった以上、上京に随従して種々画策しようと考えたのである。これを一行中の森安平・万代十兵衛・尾崎弥助から聞いた建部武彦・衣非茂記は山城へ、円太の脱藩の罪を取りあえず不問に付し、随行を黙認して、京都工作に活用するよう進言して採用されたという。建部・衣非も月形派と親しい関係にあった。

このように、三条・沢の密書によって藩内に目立った変化が現れたわけではない。しかし、矢野が三条から親書を送られるほどの人物であるという事実は、月形らが推す矢野の藩内における存在感を増したであろう。それは月形らにとっても好ましいことであった。また早川が三条と面識を得たことは、長州藩や三条らと月形ら筑前有志との関係が強まったことを意味していた。

薩長和解論

文久政変で御所を封鎖し、長州勢の前に立ちはだかった主力部隊は会津藩であった。当時在京の会津藩兵は約千九百、いっぽう薩摩兵はわずかに百五十だった。しかし政変を計画したのは薩摩藩である。このことが明らかとなるにつれ、長州人は薩摩藩を敵視しはじめる。長州から帰国した早川は、その状況を月形へ報告した。早川は、このままでは両藩の軋轢がひどくなるだろう、そうなれば諸藩が薩摩方と、長州方に分かれることになり、国家のためにならないから、両藩を「調和」させねばならないと意見を述べたという。すると月形は、「世上の言うのは間違っている。薩摩にも批難される点はあろうが、その調和策は実に良い」と応じたという。文久三年（一八六三）十月下旬のことである。月形は、長州人の対薩敵視の動きを知るや、即座に両藩和解の必要を唱えたのである。

維新後、早川はこの時を回顧して、「これは洗蔵がかねて薩摩の事を信ずる人であるから、私も相談しました」と語っている。当時、長州に心を寄せる同志の間で薩摩藩に対する不信が高まっていた。事実、同席していた筑紫は、「どうも薩摩の挙動は怪しい。権謀術策が多い。長州との調和はできることではない」と反論したという。

月形はなぜ薩長和解に意欲的だったのか。まず挙げるべきは、長溥と薩摩島津家との関係であろう。長溥の実家は島津家であり、安政期、一橋派大名として重きをなした斉彬とは兄弟同然の仲であった。斉彬没後、実権を握った久光と長溥との関係は微妙なものではあったが、なお特別な関係であることに変わりはなかった。自ずから筑前藩士は薩摩藩へ特別の親近感をもっていた。第二に、薩英戦争である。この年の五月、長州は下関で攘夷戦を決行していたが、薩摩も七月、鹿児島湾に姿を現した英国艦隊と激戦を繰り広げていた。薩英戦争の性格は長州藩の攘夷戦と同じものではないが、とにかく薩摩は長州と同様、果敢に攘夷を決行したとみられていた。先にみた覚書のなかでも、月形は「方今、各国の情態、実に尊王攘夷相謀り候儀は、遠国は存ぜず、近国にては薩長二藩の外承り申さず」と述べており、優柔不断の諸藩をよそに、断然尊王攘夷を実行しているのは薩長両藩のみであるとみていた。月形にとって薩摩と長州は共に最も頼もしい藩だったのである。

しかし以上のことは、月形特有のものではなく、筑紫ら藩の同志に共通のものである。したがって、月形が両藩提携の必要を感じた理由は、別にあると見なければならない。

それは、一時の感情に流されず、全局を見て長期的視点に立つことのできた月形の資質に求めるべきと思われる。月形は君子然とした穏やかな性格の人間ではなかった。激しい性格の持ち主である。しかしその一方で、一時的な感情に駆られて判断を誤ることのない冷静さも持ち合わせていた。他の同志は、政変で京都退去を余儀なくされた長州勢に同情するいっぽうで、薩摩に疑念を抱き、あるいは反感をもちはじめていた。月形も今回の政変での薩摩藩の動きに少しは不審を抱いたであろう。しかしそれでもなお、この両雄藩が反目したままでは、全国一致して攘夷を実現することは不可能とみていた。その点からいえば、九月二十四日、鳥取・岡山・広島・津・徳島・津山の六藩諸侯が連名で、朝廷に対し、列藩一致による攘夷実現のために、薩長両藩が「和睦合心」するよう「御所置」の必要を説いた建白書の趣意とほぼ同様とみてよいであろう。

しかし月形の思いに反して、薩長関係はいよいよ悪化する。十二月二十四日夜、関門海峡を通過しようとしていた薩摩の汽船が長州前田砲台の砲撃をうけ沈没した。乗組員六十九人の内、二十九人が死亡した。さらに、明けて元治元年（一八六四）二月十二日夜には、長崎へ向かう薩摩の貿易船が周防別府浦（山口県熊毛郡田布施町）に碇泊中、突然侵入した数名の長州人に積荷を焼き払われ、船主が殺害された。

これをうけて月形宅で早川、筑紫、伊丹真一郎が集まり、薩長問題が議論された。筑紫はこの二つの事件を挙げて、長州がこれだけの「激端」を開いたからには、薩長和解どころか、戦争になるだろう。その時は「我輩は義のため、薩摩を伐《う》たねばならぬ」と述べ、薩長和解論に反対した。これは筑紫のみならず、長州に心をよせる者に共通する思いであった。

すると月形は意外にもこう反論したという。

すべて物事は「陰伏」すれば長引き、「陽発」すればその処分はしやすいものである。薩長の和解はこんな事になれば、却って良いかもしれない。これは国家のためやらねばならぬ。長州はすでに「陽発」したから、「調和策」も出来るであろう。

ここに月形の薩長和解実現への固い信念と同時に、常人の意表をつく深い思考をうかがうことができる。長州人の高まる反薩感情はついに暴力事件となって爆発した。しかし月形はそれによって、むしろ対立点が明らかとなり、かえって対立解消の道も開かれるであろうと考えたのである。

薩長の対立は、攘夷実行の緩急の差から生まれているかのような印象をあたえていた。月形が薩長和解を楽観したのも、両藩は攘夷実行の点では原則的に一致しているとみていたことによると思われる。しかし久光は公然と主張することこそ慎重に控えていたものの、内実は国論を開国通商路線へ転換させようとしていた。攘夷に突き進む長州とは対外方針を根本的に異にしていた。両藩が反目したのは当然のことであった。それがやがて劇的な接近を開始するのは、それを必然ならしめる条件が生まれたからにほかならない。それは、さらなる試練に見舞われた長州藩の開国論への豹変と、薩藩が主導してきた幕府改革運動の挫折によって生まれた。そのためにはまだしばらく時の経過を待たねばならない。月形も外出禁止の身では行動を起こすことはできなかった。彼らの議論も一場の座談に終わるほかなかった。

後述するとおり、やがて月形はその言葉どおり、極めて困難な状況下で、他の誰よりも早く、薩長和解実現の政治工作を開始する。元治元年（一八六四）十二月のことである。長州に乗り込んだ月形は、決死の覚悟で対薩和解を訴えた。長州人の対薩認識の転換は、この月形の説得に始まる。慶応元年（一八六五）九月長州藩主父子は久光父子へ親書を送った。そこには「貴国」（薩摩藩）に対する「不信」は「万端氷解」したと述べられている。それは慶応二年（一八六六）正月の「薩長盟約」となり、さらに慶応三年（一八六七）九月の京都連合出兵協定へと発展する。月形はこのような薩長連合の形成過程の始点に立つ人物である。何ごとも「最初の一人」がいなければ始まらない。月形こそ、その最初の一人であった。

第五章　月形派の藩庁進出

参預会議

政変後、島津久光（薩摩藩）、松平春嶽（越前藩）、伊達宗城（宇和島藩）、山内容堂（土佐藩）をはじめ三十人前後の諸侯が続々、京都に集結した。慶賛が入京したのは十月十九日である。また慶喜（将軍後見職）は十一月二十六日、将軍家茂は明けて正月十五日入京した。

それまで、朝幕双方から相反する命令に接し、困惑していた諸侯は、過激攘夷論の長州勢が去った京都で、将軍と天皇が直接話し合うことで、公武一致（国論統一）が実現されるものと期待した。

十二月三十日に、慶喜、春嶽、宗城、容堂、松平容保《かたもり》（会津藩）の五人が朝議参預を命ぜられた（久光は明けて正月十三日）。幕府諸藩を代表するこの六人が、朝議の正式メンバーとなったのである。朝廷の大改革である。これは久光の働きかけによって実現したものである。

政変の立役者である久光は、今度の上京に並々ならぬ決意と期待をもって臨んでいた。安政年間の故斉彬や春嶽ら「一橋派」の運動は井伊大老によって圧殺された。文久二年（一八六二）の久光自身による幕政改革運動は

徳川慶喜（国立国会図書館蔵）

長州勢によって流産させられていた。久光は今度こそ幕政改革を実現しようと意気込んでいた。文久二年以来、とりわけ今回の政変を通じて、幕威は低下していた。政変により局面を打開し、自信を深めた久光は、幕府への遠慮を捨て、一層大胆になっていた。

前回（文久二年四月）の運動は、徳川家一族中の期待できる人物（慶喜と春嶽）を幕閣に登用させ、幕政改革の実現をこの二人に託したものであった。しかしいまや一歩を進め、雄藩諸侯自ら幕閣入りをめざす段階へ進んだのである。それは「徳川家の幕府」を、「雄藩諸侯の参加する幕府」へ再編しようとするものであった。久光の同志である春嶽は、この運動を「幕府の私政を除く」ことであると述べている。久光は、新たな幕府のもとで公論を尽くし、開国方針への転換を確認し、これを武家全体の共通意志として天皇・朝廷に突きつけることで、彼らに開国論への「改宗」を迫り、これを国是として確定しようとしていた。

この政体変革と対外政策の転換は、現在の制限された開国通商を積極的な開国通商へ、すなわち幕府に独占された海外貿易を諸藩にも開放し、そうすることで全国諸藩の「富国強兵」を達成する強力なバネとなるであろう。その時日本の前途に、万国に対峙できる強国への道が開かれるであろう。このように、久光は日本の将来を展望していたと思われる。そこには封建諸侯ゆえの限界がある。彼らの頭脳に近代的統一国家の建設という明確な自覚が生まれることはない。しかし久光らがめざしたことは、旧来の幕藩体制を改変し、日本の近代的統合に接近する無意識の試みであったということはできるであろう。

久光・春嶽・宗城らは、日本が鎖国体制に戻り、一国超然たることを維持することはもはや不可能であるという世界認識に立っていた。彼らは開国通商によって列強に対抗しうる武力を整え、国際情勢の変化に応じて、あるいは戦争もすれば、あるいは同盟を結ぶこともある、そういう国家体制を実現しなければならないと考えていた。そのためには幕府の専制と朝廷の攘夷論を排除しなければならない。十九世紀後半の世界情勢下で、日本が民族的存立を維持するためには、何としても取り組むべき緊急かつ最大の政治課題を、久光らは封建諸侯として可能な限りにおいて自覚していた。

ところが慶喜は意外にも横浜鎖港談判の継続を主張し、久光らを唖然とさせた。元治元年（一八六四）正月二日のことである。前年（一八六三）八月、幕府は朝廷の攘夷要求に応えるため、開港地である函館・横浜・長崎の三港のうち、せめて横浜一港なりとも鎖港とする方針を決めていた。政変の報せが届いたとき、老中の多数は、これを好機に再度将軍が上京し、朝廷に対し、鎖港の不可を奏上すべきだと主張したが、慶喜は朝廷から攘夷をためらっていると見られることを恐れ、老中の意見を制し、英仏蘭米四国駐日代表と横浜鎖港の交渉を開始していた。

横浜鎖港が実現不可能なことくらい百も承知している慶喜が、なぜそれに固執したのか。後年、慶喜が語った面白いエピソードがある。文久三年（一八六三）初め、入京した時のことと思われる。関白鷹司と会い、外国の兵艦・銃砲がいかに強大で鋭利であるかを懇々と説明して、攘夷の無謀を理解させようとしたところ、関白は熱心に耳を傾けた後で、「さもあらん」と口にした。「さては幾分耳目を洞開せられしか」と心密かに喜んだところ、最後に「しかし日本人には大和魂があるではないか」といい、「あなたも烈公（徳川斉昭）の御子なれば、必ず攘夷はなされような」と奇問を発したので、「予はほとほとその度し難きに困じ果てたりき」と回想している。必死の説得も馬の耳に念仏だったのである。この時、慶喜は朝廷を開国論に改宗させることに絶望したものと思われる。

慶喜は、その成功が不可能であることを十分に知りながら、老中の意見を排して、横浜鎖港談判に固執した。函館・長崎は開港のままとし、横浜だけを鎖港とするなど誰でも理解に苦しむ方針である。むろん各国代表は相手にしない。しかし、それもまた百も承知である。ただ攘夷のポーズをとることで、朝廷の幕府への期待を何とかつなぎとめようとしていたのである。そこには、日本の民族的課題と正面から向き合い、これを解決しようという意欲はみられない。あるのはただ幕権維持への執着心のみである。

今回慶喜が入京したとき、すでに京都には、久光・春嶽・宗城らをはじめ多くの諸藩の勢力が結集していた。彼らと協力して、彼らが率いていた軍事力を背景に、朝廷に迫り、国論を開国路線へ転換させる絶好の機会であった。久光らはあくまで武家全体の共通意志として開国論を朝廷に突きつけようとしていた。そうでなければ朝廷の攘夷論をねじふせることは不可能だったからである。にもかかわらず、慶喜は横浜鎖港談判の継続を強硬に主張した。慶喜に対する久光らの期待は一気に吹き飛び、失望へと変わった。結局彼らは百歩をゆずり、横浜鎖港談判継続にしぶしぶ同意した。それはこの談判がただちに外国との戦争を招く危険がなかったことと、慶喜（幕府）をよそに開国論を公然と主張すれば、天皇の信頼を失い、たちまち孤立するからであった。慶喜の思うつぼである。やむなく現在の公武一致の状態を当面維持しつつ、時機を待つほかないと判断したからであろう。大久保利通は慶喜の態度を「畢竟は薩をいなすの趣意」であると憤慨している。

それ以上に、久光らを失望させたのが、幕閣参加要求の事実上の拒絶である。この要求は老中の反対によって、なかなか実現しなかった。ようやく二月十六日になって、参預諸侯が二条城の「御用部屋」（老中の執務室）へ出入りすることが許された。しかしもとより老中らに参預諸侯と協力する気などあろうはずはない。真剣な話し合いなど望むべくもなかった。入京前、慶喜は、久光らが幕府を盛り立ててくれるものと期待していた。久光らは幕府最大の実力者慶喜に幕府改革を期待していた。しかし入京した慶喜は久光らが幕政に参加しようとしていることを知る。しかも久光が天皇と想像以上に深く結びついていることも分かった。慶喜は久光らを極度に警戒しはじめ、両者の関係は一気に冷めてしまった。

そもそも幕府の機構は、徳川家が全国諸大名を支配するためのものである。幕閣の関心事は、諸大名をいかにうまく徳川家に従属させるかという点にある。彼らは大名が富強となるのを恐れても、日本を外に向かって打って一丸とする意志はない。彼らの頭に、「天下」はあっても「国家」はないのである。この意味で幕府は日本の中央政府ではない。民族的利益の代表者たりえないのである。
もし彼らに、世界の情勢に応じ、万国対峙をめざし、日本を打って一丸とするため、幕府を中央政府へ転化再生させるだけの政治的自覚があったならば、断然開国通商路線に転換し、雄藩諸侯と共に国事を議する道を選んだであろう。たとえ天皇・朝廷が攘夷に固執しようとも、幕府および参預諸侯の率いる万を超える兵威を背景に迫れば、沈黙させることも不可能ではない。そうして天皇の名において開国方針を宣言すれば、根強い攘夷の世論を鎮静化させることもできたであろう。しかしこういうことは口で言えるだけのことで、現実には望むべくもなかった。徳川家の覇権を第一に考えることを運命づけられている幕閣は、結局天皇・朝廷を説得することなく、これと妥協し、できもしない横浜鎖港を口にすることで、朝廷の支持を確保し、幕権維持につとめようとしたのである。

久光らが期待した慶喜は、後に「実に家康の再生を見るが如し」(木戸孝允)と恐れられたほどの人物である。海外事情にも通じており、フランス語の習得さえ志した、徳川家随一の切れ者である。いかに久光といえども、弁舌ではかなう相手ではなかった。しかしその慶喜にしてからが、徳川家を代表する限り、徳川家の政治的宿命から自由ではありえなかった。御三家出身の慶喜がその護持を運命づけられている幕藩体制が、十九世紀世界の遺物と化しつつある以上、慶喜がいかに優れた個人的才能に恵まれていたにせよ、所詮幕府を救うことも、日本の前途を切り開くことも不可能であった。

後に残る懸案事項は、長州問題であった。慶賛はこの問題で精力的な活動を行い、異色の存在となる。薩摩・肥後など九州諸藩が長州藩との接触を避け、海路上京したなか、筑前藩だけが中国路を通って上京していた。殺気立つ長州の実情を目の当たりにした慶賛は長州問題の深刻さを肌で感じていた。

二月二十四日の朝議で(慶賛も参加)、長州藩のこれまでの過激な行動を詰問するため、長州藩使節を大坂へ召喚することが決議され、翌日、長州藩京都留守居へ伝えられた。ところが慶賛はこの大坂召喚令の藩地送達を見合わせるよう同留守居へ伝えるとともに、朝廷へ対し、召喚地は大坂ではなく、京都とすべきだと建白する。その理由は朝廷が呼び寄せるからには、入京を許すのでなければ、長州藩はたちまち憤激し、その悔悟は期待できないというものであった。

このため、いったん長州藩へ下された大坂召喚令は、二十九日夜に撤回された。久光は慶賛の動きで朝廷が動揺したことを歎き、日記に「大息無極」と書いている。三月二日、四日と参預を含む朝議が開かれたが結論が出ず、五日、結局当初のとおり「大坂まで」と決議され、長州藩に再命が下った。慶賛は、長州藩にこれまでの過激な行動を謝罪させることで、挙国一致を実現すべきだと考えており、この間の動きもその線に沿ったものであった。しかし長州藩は入京許可を朝幕へ歎願して、大坂召喚令を事実上拒絶した。

三月下旬、慶賛は朝廷へ帰国を願い、併せて帰途長州で悔悟の説得にあたりたいと申し出た。すでに参預会議も消滅しており、これ以上滞京する意味もなくなっていたからであるが、それ以上に在京藩士の統制が取れなくなっていたからであった。もともと在京藩士の間には、今回の慶賛上京を長州藩の政治的復権をめざすものと期待する空気が強かった。京都の情勢に失望した彼らは「埒《らち》もあかぬ周旋」をするよりは「確乎と御国論」を主張し、「貫通」しなければ、「御下国」然るべしという声が高まっていた。

三月二十九日、慶賛は朝廷の実力者中川宮へ、帰国の許可が出なければ、家臣たちが中川宮や近衛家へ乱暴を働くかもしれないと告げた。進退窮まった末のことであるが、脅迫めいたこの言葉に、久光・春嶽・宗城らは「下野守（慶賛）が不届きなる申す様、実に言語に絶す」と憤ったという。こうして久光らの反感を買いながらも、慶賛は長州藩に対する説得を命ずる内勅を得て、四月四日京都を離れた。

他の諸侯も続々と京都を引き払った。四月二十日、朝廷は幕府へいわゆる「庶政委任の勅」を与えた。政治の一切を幕府に委任するというものである。幕府は横浜鎖港実現を朝廷に書面で約束し、これに久光、春嶽、宗城も同意する旨署名していた。朝廷は長州流の無謀過激の攘夷論を斥けつつも、攘夷方針の継続を幕府および参預諸侯と確認し、安堵したことであろう。こうして五月七日、将軍も京都を離れた。それまで幕府および諸藩の兵であふれていた京都は、にわかに寂寞無人の観を呈した。

この間、久光ら参預諸侯は、幕閣への参加を制度化し、政体変革を実現しようとした。同時に国是を攘夷から開国へ転換させようとした。しかし結局、国際情勢に無知な朝廷と、徳川家の天下支配に執着する幕府とによって、いずれも阻まれたのである。それは安政年間に始まる幕府改革運動、すなわち広義の「一橋派」運動の最終的な破綻を意味していた。ここに幕末政治史上最大の転換期が訪れたのである。

藩要人暗殺計画

京都で参預会議が難航していた頃、福岡の有志の間で、密かにある計画が練られていた。牧市内の暗殺と円太の救出である。

牧は軽輩の出であったが、その能力を買われ、百五十石の知行取に成り上がった人物で、当時宗旨奉行を務めていた。林元武《もとむ》（泰）の回顧録によれば、「権勢を弄して、私利を恣《ほしいまま》にし、徒《いたず》らに俗論を唱えて正義を圧す」とある。他国人を自宅に寄寓させ鉄砲を学ばせ、用心棒としていたという。またすでに婚約していた次女を長溥の側室にするため、婚約相手方へ家来を引き連れて押しかけ、破談させたという。異例の出世への嫉妬も加わり、評判はかんばしくなかったようである。家老山城の腹心として有志に憎まれていた。

円太は既述のとおり、文久三年（一八六三）十月、長州で慶賛一行に随行を黙認され入京した。しかし入京七日目の十月二十六日、突然旅宿で藩吏に捕縛され、福岡へ送還、桝木屋獄に投ぜられていた。この処置は京都守護職（会津藩）が、円太を脱藩者として名指して、その取締りを命じたからである。おそらく京都藩邸聞役で守旧派の東郷吉作あたりが、円太の入京を耳にし、京都守護職へ密告したものと思われる。

三月二十四日早朝、吉田太郎と中原出羽守によって牧が斬殺された。黒門に吉田・中原連署の斬奸状が張り出された。「此者、先年奸知を振り、赤心報国の忠士を貶斥《へんせき》し、以後益々国家の権柄を恣《ほしいまま》にし、第一己利益を計りて国中を蔑《ないがし》ろにし、天下の大姦賊に付き、天誅を加え畢《おわ》んぬ」とある。

同日深夜、円太救出作戦が敢行された。これに先立ち、円太赦免の歎願がなされたようである。筑紫起草の歎願書には、円太に対する「一応の御処置」は当然かもしれないとしつつ、「円太は参政烏丸卿より書面をもって信認されたほどの者である。その円太を現在のように投獄したまま、もし三条らが名誉回復、復職したならば、どう申し開きするのか」とある。円太の名声が高まっていたことがわかる。「同人は志に生きる者で、報われることを期待するような者ではない」とし、もし円太が獄中で発病や死ぬことがあれば、藩内有志は憤激するであろうと警告している。しかし藩庁が赦免歎願を受け容れるはずもなかった。

円太は獄中で「自笑録」と題する半自叙伝を残している。安政六年（一八五九）四月最初の脱藩から文久三年（一八六三）十月投獄されるまでの活動を記したものである。筆墨の使用は禁ぜられているため、こよりで文字の形をつくり、紙に貼り付けている。その末尾にこう詠っている。

思ひきや我たちかへる故郷は
して《（死出）》の山道のたひし《（旅路）》也とは

政変直前、本藩の奮起を促すべく京都から福岡へ向かった旅路が、思いもかけず囚われへの道に転じたことを慨歎したものである。いったん慶賛一行への随行を許され入京しながら、たちまち捕縛投獄された円太の、家老山城に対する怨みはいよいよ深まったであろう。ただ山城自身は、円太の活動を黙認し、朝廷内外の情報収集に利用しようと考えていた。しかし京都守護職より円太を名指しで取締るよう命ぜられたため、諦めざるをえなかったようである。維新後、早川は山城のことを「黒田（山城）はドチラとも分界のつかぬ人」だったと言い、西島種実（旧名小金丸兵次郎）は「初めには物議もありましたが、正議党の中であります」と評している。「勤王」あるいは「佐幕」などの単純なレッテルを貼ってすむような人物ではなかった。この後、月形らが山城批判を控え、逆に利用しようとしたのもそのためである。

救出部隊は獄吏小藤《ことう》平蔵の内応により、抜刀して桝木屋の獄舎に入り、監吏らを縛り上げ、円太を救出した。円太は弟恒次郎と小藤に護衛され、仙田ゆき（淡三郎の姉）の宅で三昼夜、かくまわれた。その間、捜査線が徐々に城下の外へ移り、市中の警戒のゆるんだところで、福岡を南方へ逃れ、藩境の東背振山地の峰を越え、肥前田代（佐賀県鳥栖市）で対馬藩士平田主米らにかくまわれた。三人はここで長崎聞役として赴任する長州藩士小田村文助（楫取素彦《かとりもとひこ》）と出会い、その忠告に従い、いったん長崎の長州藩邸をめざすことにした。対馬藩の梁井《やない》直江と梅野唯作に伴われ、筑後川を川船で若津港（福岡県大川市）まで下った。ここで大神壱岐が追いつき、一行に合流した。そこから有明海に出て海路長崎へ向かい、長州藩邸にかくまわれた。小田村の援助で漁船を借り切り、四月四日晩、無事下関に入った。七日、奇兵隊総督の赤祢《あかね》武人《たけと》らと会っている。牧を斬った吉田と中原も、城下をいったん西方へ逃れ、同じく海路長州入りした。藩は各浦からの出船を差し止め、領内の島々をはじめ唐津、長崎、豊後鶴崎まで、捕吏多数を派遣し、大捜査網を敷いた。

小田村文助
（『男爵楫取素彦の生涯』から転載）

筑紫は事前に対馬藩士に協力を依頼していた。博多には対馬藩邸（蔵屋敷）があり、対馬藩有志と月形派とは親密な関係にあった。円太らがかくまわれた肥前田代も対馬藩の飛び地であった。筑紫は長州へ向かう対馬藩士畑島晋十郎へ、今度の「一挙」のことを亡命中の今中作兵衛・藤四郎・

堀六郎へ伝言するよう頼んでいた。小田村が円太一行の長州入りを助けたのも偶然ではなく、畑島が小田村へ事前に知らせていたのである。小田村と円太は旧知の間柄であった。

さてこの計画に、月形は関与したであろうか。おそらく筑紫は事前に月形へ計画を打ち明けたであろう。しかし月形は、赦免工作には同意しても、このような過激な実力行使には反対したと思われる。月形はかつて一党内の過激なエネルギーの存在を藩庁への圧力として利用しはした。しかし不法な実力行使自体には反対だった。それは、万延元年（一八六〇）七月、円太が、山城を斬って、事態を打開したいと告げた時、「言は壮なれども、是《これ》臣下のなすべきことではない」と制止したことや、同年十一月にも、血気にはやる同志が山城斬奸に走ろうとした時、これを未然に防ぐため、敢えて藩庁に通報しようとしたことからも察せられる。しかし、徘徊禁止の身では、筑紫らの動きを十分に制止できなかったのであろう。この二つの計画は、月形や鷹取の抑えが利かない隙に、筑紫ら激派によって決行されたものと思われる。しかし決行された以上は、長州へ亡命する同志の援助に動いている。事件の主謀者と見なされることは免れたようである。

いずれにせよ、牧斬奸と円太破獄は、月形派が虚喝の徒ではないこと、必要とあらば、命を賭けて行動することを藩中に知らしめた。反対派はふるえあがったであろう。幕末筑前藩に起きた最初の衝撃的な流血事件であった。

長州藩使節の来福

下関に着いた円太は山口へ向かった。当時長州藩の藩庁機構は萩城から山口の政事堂に移っている。三条ら六卿も三田尻から山口に移っていた（七卿の一人沢宣嘉は生野の挙兵後、行方知れずとなっていた）。ここで円太はまたしても筑前藩を動かすため、早速長州藩および三条へ次のような三策の採用を建議した。

第一に、長州藩主の使節を福岡へ派遣し、攘夷の援兵を要請すること。第二に、六卿の内一名が福岡へ赴き、攘夷の朝旨遵奉を働きかける。第三は、三条の親書を長溥へ送り、矢野ら有志の登用を働きかけることである。円太は筑前藩有志の勢力を誇大に吹聴したようで、建議は第二策を除き、ただちに採用された。

四月十一日、長州藩は佐久間《さくま》佐兵衛を正使、野村和作を副使として藩主毛利敬親《たかちか》の長溥あて親書を持たせ、福岡へ派遣することを決めた。敬親の親書には、「御国」（筑前藩）で何か「紛乱」（牧殺害などを指す）があるとの風聞があるので、「如何の御様子」か承り、気付きの事を申し上げたいとある。これは牧殺害事件に事寄せて、藩庁人事刷新を働きかける意欲を示したものである。さらに「馬関へ夷艦襲来」の噂はご承知と思う、ついては「御領内若松」はむろん、豊前へも援兵を派遣され、「御同心合力」して「皇国の正気」を維持したいとある。これは、迫りつつある四国連合艦隊の下関来襲を前に、関門海峡で両藩協力して挟撃することを要請するものである。

三条の使者には、土方久元が命ぜられた。土方は土佐藩士で政変前から、三条の信頼厚く、学習院出仕であったが、政変後三条らと共に長州へ亡命し、その側近となっていた。三条らに随従した浪士団の中心人物である。維新後、内閣書記官長、農商務大臣、宮内大臣、枢密顧問官などの要職を歴任、大正七年（一九一八）、八十六歳で没した。

土方久元

三条の長溥あて親書には、「朝廷人望」のある矢野ら「有志正議の輩」を格別に登用し、「士気御振作」するならば、「諸藩の御先唱」ともなり、追々「奮起の藩」もあらわれ、「国家の御為」、この上無い「大幸」とあり、矢野をはじめとする月形ら有志の登用を求めるもので、円太の要望がよりストレートに出ている。文案は円太の筆になるであろう。

使節団は随員を含め総勢三十余人、四月十九日下関で壮行会が開かれた。土方の日記に「悉《ことごと》く是《これ》、壮年血気の士なり」とある。同日暮頃、下関を発船した。これは、前年九月の矢野あて三条・沢の密書に続く、円太の本藩工作第二弾であった。しかし今回は、長州藩主と三条が正式に使節を派遣し、藩主長溥あて親書をもたらすもので、前回のように非公然に密書を送ったのとは異なり、長溥に対する圧力は格段に大きかった。

これより前、筑紫は近々慶賛一行が京都から帰国することを知った。そこで慶賛に随行する「二奸」（山城と信濃）を、長州領内で要撃することにした。この二人を斃《たお》せば、反対派勢力は瓦解するとみていた。円太とその相談をするため、四月十七日頃密かに下関入りする。ところが、佐久間らより、福岡へ使節派遣のことを知らされたため、使節に協力するため福岡へ引き返した。円太へは書翰で、以上の事情を告げ、山城らの斬奸は吉田太郎へ命じるよう依頼している。吉田は「天晴れなる手利《てきき》」として知られていた。後に鹿児島へ入り、その腕を買われて撃剣師範をつとめた人である。

山城の排斥はこの十年来、月形派の宿願であった。しかしこの時、筑紫が非常手段で一気に山城を斃そうとしたのは、滞京中の山城の動きに反感を強めていたためと思われる。

第一に、円太の捕縛投獄である。慶賛を輔佐する老練な山城は、事実上、在京筑前勢の中心人物であった。円太に対する措置が、山城の強い意向に沿ったものとみられたのも当然のことであった。

第二は、慶賛の朝幕への建白内容である。それは長州藩使節の入京を許すよう強硬に迫るものではあったが、長州藩を政治的に擁護するものではなかった。逆に長州藩が朝幕に従来の過激な行動を謝罪するならば「寛典」（寛大な処分）で済ますべきだと主張していた。この建白内容も山城の意向が働いているに違いないと、筑紫はみていたであろう。

長州藩に同情する多くの藩士は慶賛の上京に大きな期待を寄せていた。前年九月、上京を前に、城中本丸へ召集された藩士一同に対し、山城は慶賛上京の趣旨をこう述べていた。

この節、慶賛は長溥の名代として、「尊王攘夷の思召」を確乎と押し立て、上京される。そして「真の叡慮」

を詳しく伺ったうえで、「宸襟」（天皇の心）を安んぜられるよう、「皇国御安泰の礎」のため「御心力」をつくして「御周旋の思召」である。

つまり慶賛の上京は、確固たる「尊王攘夷」の精神にもとづくものであると明言していた。また上京後の行動については、天皇の真意を確認したうえで、「皇国御安泰」のために尽力すると述べられている。すでにみたように、長溥は今回の政変が天皇の承認を得ていること、天皇が長州藩をどうみているのかを承知していた。したがって、「皇国御安泰」のための「御周旋」が何を意味するかは、自ずと明らかである。

しかし藩士大衆は天皇の真意など知りはしない。むしろ政変は天皇の真意を曲げたものとみなしていた。そのうえ上京途上、慶賛は長州藩や七卿の使者から「朝政回復」（朝廷を政変前に戻すこと）の周旋を依頼されていた。山城は長崎あるいは領海で「急変」が生じた時は、「聊《いささ》かも手抜かり無く、各々忠勤を励め」と述べていた。これは万一外国艦船が長崎や領内に対し不法な行動に出た場合は、国辱とならぬよう対処するよう述べたものである。攻撃されれば断固応戦することを含んでいる。藩士大衆は、この上京が長州藩の名誉回復をめざすものと思い込んでいた。筑紫は在京中の山城の動きを、これに背くものとみなしたのである。

しかし、この斬奸計画は長州側から制止された。慶賛と長州藩世子毛利元徳《もとのり》が長州小郡で会見する予定だったからである。もし、領内で筑前藩要人の殺害事件が起きれば、長筑関係の悪化を招くだけではない。内勅をうけている慶賛一行に対する暴行は、勅使への暴行も同然であり、朝廷に対する重大な不敬行為とみなされるであろう。もっとも亡命浪士団の巨頭真木和泉は、水野正名《まさな》に指示して、好意ある忠告を装い、山城へしばらく長州に滞留するよう働きかけている。おそらくこのまま帰国すれば、牧同様、危害を加えられかねないといった「忠告」だったと想像される。しかしこんな言葉に乗せられるような山城ではない。長溥が自分の早い帰りを待っているので、是非ともひとまず帰国したいと応え、「たとえ殺害されようともかまわない。天運にまかせる」と断固拒絶している。

小郡会見は四月二十一日に行われた。筑前側は慶賛と山城・信濃・野村東馬・立花采女・建部武彦・衣非茂記ら、長州側は世子元徳と福原越後・毛利登人《のぼる》・八木隼雄・前田孫右衛門・麻田公輔（周布政之助《すふまさのすけ》）らである。筑前側は、京都での活動を報告し、「皇国一和」「挙国一致」のため、「忍び難きを忍び、堪《た》え難きを堪《た》え」、朝幕へ対し、これまでの過激な活動を「悔悟謝罪」するよう勧めた。これに対し長州側は、勅命を奉じてきた長州藩が、「悔悟謝罪」などする必要はないと主張、双方激論となった。会見は平行線のまま、最後に将来の懇親を約して終わった。

いっぽう長州使節が博多の旅宿二口屋に着いたのも、同じく四月二十一日である。深夜、早川、伊丹、月形潔《きよし》（洗蔵の従弟）が密かに訪れている。筑紫が福岡へ戻ったのはその翌日の夜である。筑紫は慶賛一行の福岡帰着前に、長州使節と連携して、前述したような山城の滞京中の「不始末」を弾劾しようとしていた。山城暗殺が未遂に終わった場合でも、これによって山城の失脚を図ろうとしていた。しかし佐久間らが筑紫との面会を藩吏に要望すると、藩はただちに筑紫の外出および親戚以外との対面を禁止する。二十四日夜、矢野が佐久間らを訪ねているが、川越又右衛門ら藩吏が監視役として同席したため、内密の話はできなかったであろう。

二十五日、使節は長溥へ拝謁し、長州藩主および三条の親書を提出した。長溥は、来襲する外国艦隊を下関で挟撃する件は事が重大であるから、軽々に返答はできない、いずれ藩境で長州藩主と直々に話し合いたいと述べ、即答を避けている。また三条に対する返翰では、矢野ら有志の登用については、「篤と勘弁を遂げ」取り計らいたいとしながらも、家臣の処遇は「国主」（藩主）の「職掌」であるので「御放念」されたいと、藩政への介入を拒絶している。

二十六日、慶賛一行が福岡に帰着した。翌日、佐久間らは友泉亭（藩主別邸）で、山城・讃岐、用人の郡《こおり》左近《さこん》のほか建部、河合茂山、喜多岡勇平らと面会、議論の後、饗応を受けている。福岡を去るのは、五月一日である。

この時佐久間らは月形と会えるものと期待していた。月形のことは円太から聞いていたであろう。しかし月形は使節と会わなかった。外出禁止の身とはいえ、その気になれば何らかの接触は可能だったと思われる。しかし、筑紫や円太に呼応していると疑われるのを避けるためか、軽率な行動は避けたものと思われる。鷹取、江上らも会っていない。この意外な筑前藩有志の態度に、佐久間らは失望した。

福岡を発つ直前の四月二十八日、佐久間・土方・野村は連名で、月形へあて次のような書翰を送った。

兼ねて「御芳名」を伝承しており、この度は必ず「拝眉」(会見)もしたいと思っていたが、叶わず、「遺憾」である。「御幽閉中」の「御苦悩」を察している。追々「親睦」しなければならず、いずれ「拝眉」の時、詳しくお話したい。「天下」のため一層の「御尽力」を仰ぎたい。一応、「当今思召」(現在のお考え)を承りたいので、「御回答」をよろしくお願いする。

月形はこれに対しても、すぐには返書を出さなかった。

こうして結局、山城の暗殺も弾劾も未遂に終わった。しかし慶賛一行の帰国後、藩の空気は大きく変化する。まず五月三日、月形が完全に赦免された。前年六月以来の徘徊禁止処分を解除され、旧家禄も嫡子恒へ復され、晴れて自由の身となったのである。

さらに五月七日には、大音が家老に就任する。この頃、意外にも山城は矢野の家老登用を長溥に進言している。迫りつつある四国連合艦隊の下関来襲、その軍事的緊張のなかで、山城に変化が生まれたのは事実である。筑紫は山城が「稍《やや》正議」に向かっていると見ながらも、それは以前の非を「悔悟」した結果ではなく、暗殺の恐怖心からくる「畏縮」によるものと推測している。しかしこれは見当違いのように思われる。

山城は一身の保全に汲々とするような人間ではない。彼なりに無私献身の精神の持ち主である。例えば、先に慶賛に随行して帰国の途上、姫路で牧暗殺の急報が入った時、おびえた信濃らは危険な長州路を避けて、兵庫に引き返し、海路、豊後鶴崎経由での帰国を主張した。しかし、山城はそれでは長州説得の内勅を放棄することになるとこれに断固反対している。長州通行中は、円太ら脱藩組からの脅迫が続いたが、これにも山城はまったく動じなかった。

山城の変化は、四国連合艦隊の下関来襲の切迫という危機感からくる素朴な「皇国」防衛意識によるものと思われる。それは自ずから、月形派への寛容な姿勢となってあらわれた。さらにいえば、これがやがて長溥の信頼を失い、失脚する原因となったと想像する。

月形はこの変化を見て、山城批判を見合わせ、逆に彼を利用して藩庁への進出を図る方針に転換したようである。筑紫は同志からこの間の「粗暴の企」を責められ、切腹を迫られたが、月形の弁明で助かり、徐々に月形の考えに傾いていている。

五月二十一日、月形はようやく、佐久間・土方・野村連名あて返翰を認めている。曰く、

「御懇篤の芳翰」に速やかに返書すべきところ、「聊か所存」があって、「差し控え」た失礼をお許し頂きたい。その後、「晩生（月形）儀も、是迄の罪籍赦免」になり、「豚児（恒）へ旧禄復され」、「自由に歩行」できるようになった。これは「朝廷の余光」「寡君（長溥）の優恩」の結果ではあるが、つまるところ、「尊藩（長州藩）の御周旋、諸君の御力」によるものと「東向百拝」している。今後いよいよ「親睦」を固めたい。「社中」（月形派）も「奮発尽力」の覚悟ではあるが、「頑愚の輩」ばかりで「寸益の程」も覚束ない。以上、「万々御諒察」下されたい。

これは筑前藩有志を代表する月形が、長州藩および三条らへ送った最初の挨拶であった。

異艦来襲情報と月形派の進出

長州使節の来福および慶賛一行の帰国によって、藩内の空気は一変する。月形の完全赦免と大音の家老就任はすでに述べたとおりである。加藤司書は農兵隊創設を担当、鷹取・浅香らも周旋方に登用された。また建部武彦は犬鳴別館の建設を担当した。これは福岡城が博多湾そばにあり、対外防戦に不利なため、一時的に藩主が使用する「御立退場」として、内陸部の犬鳴の地に建設された福岡城の別館である。

すでに四国連合艦隊の下関来襲が切迫しているという噂が流れていた。慶賛に随行して帰国した数百の藩士たちは、長州藩の臨戦態勢を目の当たりにして帰国していた。彼らが持ち帰った高揚した士気は、藩士大衆に伝わり藩庁を包んだであろう。

この変化を、喜多岡勇平は「彼是《かれこれ》にて大いに御打ち変じ、この上無き大慶」であると京都藩邸の小田部と岡崎小太郎へ伝えている。野村望東尼《ぼうとうに》も長州の円太兄弟へ、「あまたの人々も御ゆるし」（多くの者が赦免）になったことを伝え、「もとは御心さしによりてこそ、かこまれし人も世に出たゝせらる」（かって志のために囚われた者も、復権する）であろうと述べ、「上にもみこころ、とけさせ給えるやうにうかがい奉れば」（長溥の月形派に対する悪感情も解けているようなので）、円太兄弟に対する問罪も寛大となるかもしれないと楽観している。また、「かちこや先生」（月形）が望東尼をたびたび訪ねていることも伝えている。「かちこや」とは、鍛冶小屋のことで、月形宅のある地名である。望東尼は、京都の筑前藩御用達大文字屋の支配人馬場文英と個人的に親しかった。馬場は有力公卿の家司（諸大夫）や京都薩摩藩邸と親しく、そ

野村望東尼（福岡市博物館蔵）

こから得た情報を望東尼へ密かに送っていた。望東尼はそれを文久三年（一八六三）十一月頃から月形らへも伝えるようになっていた。京都藩邸に同志を持たない月形らにとって、それは京都情勢を知るための重要な情報源であった。

このように、元治元年（一八六四）五月頃、藩内の様相は一変していた。かつて幽閉・流罪などの処分をうけた月形派は、いまや発言力を増し、藩庁の一角に進出していた。その背景は何か。長溥は何を考えていたであろうか。

長溥は、長州勢の京都退去によって、過激な攘夷論が鳴りをひそめたことに、ひとまず安堵していた。しかし依然として朝廷の攘夷論に変わりはない。幕府も横浜鎖港談判を朝廷に約束している。「政令二途」の状況はひとまず克服された。しかし攘夷論は克服されてはいない。このままでは日本の前途を切り開くことはできない。長州藩は従来の方針を変更する気配はなく、幕府と対立し、薩摩・会津への敵意を強めている。長溥は表面上の「公武合体」の裏で、国内分裂が深まっていることを憂慮していた。

そのうえ四ヵ国連合艦隊が下関へ来襲するという情報が、攘夷論を正当化させていた。この情報が伝わったのは、遅くともこの年の正月である。それは、前年六月の米・仏艦による報復攻撃や、鹿児島の薩英戦争などとはその規模が違う。英仏蘭米四ヵ国の連合艦隊が大挙して押し寄せるのである。この下関遠征は長州藩への報復というような単純なものではない。

駐日四国代表の中心人物である英国公使オールコックは、日本国内の政治動向を注視していたが、参預会議の状況をみて、日本の支配層が攘夷の線で固まったと判断した。その上で下関遠征を最終的に決断した。三月二十六日付の外相ラッセルあて通信で次のように述べている。

彼の階級（大名階級）のうち最も強暴かつ無謀なものの要塞（下関砲台）を攻撃するならば、一撃で大名の全体を麻痺させることが可能であろうと思う。もしもその攻撃（下関遠征）が成功的かつ効果的であるならば、攘夷計画を成功させることの絶望かつ不可能であることを、上は帝（天皇）・大君（将軍）より下は両刀の武士・浪人に至るまでの全支配勢力に確信させ、さらに今後すべての計画をもやめさせるにたるであろうと信ずる。

（石井　孝『増訂明治維新の国際的環境』）

下関遠征はさしあたり、長州藩による関門海峡封鎖を解き、大坂から瀬戸内海を通り、関門海峡から長崎へ向かう航路の自由を回復し、長崎貿易の衰微を救うのが目的であった。しかし真の目的は、オールコックが述べているように、頑迷な長州藩の砲台を圧倒的な砲火によって粉砕し、攘夷の無謀を知らしめ、同時に朝廷の意に応じて横浜鎖港を口にする幕府の動きをも封じ、通商条約履行の徹底化をねらうものであった。さらにいえば、攘夷派の胆を奪い、開国派を支援し、日本の支配層の開国論への「改宗」を実現しようとするものであった。

筑前藩は異常な軍事的緊張感につつまれていた。藩領の東端は若松港である。関門海峡とは目と鼻の先にある。前年五月関門海峡での戦闘の際には、轟く砲声が聞こえ、砲煙も見えた所である。しかも筑前の領海は関門海峡と長崎港を結ぶ航路にあたっている。来襲の外国艦船が若松港に近づいた場合、どう対処すべきか。また警備の責任を負う長崎港へ外国艦船が入港した場合、どう対処すべきか。このように、筑前藩は他藩とは異なる特殊事情を抱えていた。四国連合艦隊の下関来襲はけっして他人事ではなかったのである。

長溥は、長州と四国連合艦隊との戦争に、筑前藩が巻き込まれることを恐れていた。しかし藩士の間では、たとえ長州藩の過去の行動に非があったにせよ、同じ日本人が外国の軍艦によって攻撃されようとしているとき、それを傍観していいのか、という長州応援論が急速に高まっていた。長溥はこの「正義」の主張を抑えかねていた。

五月七日、山城は家中一統へ、「外夷」が来襲すれば、二念無く打ち払いを命ずるので、「国辱」とならぬよう「忠勤」を尽くせと檄を飛ばし、武備をはじめ気付いたことは早々に申し出よと達している。同月中旬には、若松へ藩兵が派遣され、六月初めには長州領仙崎に異艦渡来の風説をうけ、若松へ藩兵が増派され、七月初めには豊後姫島付近へ異艦数隻が出現したため、若松のほか小倉大里へ五百人が派遣されたという。その協議のため小倉藩へ派遣された喜多岡は、途中出会った鳥取藩士宮原大輔へ「今度長州にて英と戦争に及ばゞ、押して小倉まで筑前の兵士を繰り出し、小倉の砲台を借り、長州と挟み撃ちする積り也」と述べている。軍事的緊張感のなかで、筑前人の戦意は高まっていた。七月九日藩庁は、領内各浦の大庄屋へ、異国船が渡来しても薪水等を与えぬこと、万一不法行為があれば国辱とならぬよう対処せよと達している。七月二十日には、近々異艦三十五艘、一万八千人が長州に襲来するとの急報をうけ、藩兵約三百人が博多湾の志賀島・能古島の砲台へ急派されている。

このように外国艦隊の下関来襲を前に、応戦の気運が高まる中、従来筋金入りの攘夷派とみられていた月形派の発言力が増大する。月形派の藩庁進出は自然のなりゆきであった。長溥も彼らの登用を望む声を無視することはできなかったであろう。

長州勢の東上と月形

四ヵ国連合艦隊の下関遠征の動きと並んで進行していたのが、長州勢の東上であった。既述のとおり、京都に参集した諸侯は、四月頃には、続々と京都を引き払った。五月七日には将軍も江戸へ向け京都を出発していた。こうして在京諸藩の軍事力は手薄となった。これを遠くにらんでいた長州藩では、いよいよ捲土重来の時とばかりに、京都出兵の気運が高まっていた。

六月十一日、月形は円太の書翰を受け取った。月形が佐久間らへ返翰を出して二十日後のことである。円太の書翰は長州藩東上の動きを伝え、月形ら在藩同志の奮起を促すものであった。円太の本藩工作第三弾である。
円太は真木和泉・土方久元・水野正名とともに長州亡命浪士団の中心的存在となっており、三条ら五卿のブレーン（「会議所御用掛」）であった。かつて「七卿」と呼ばれた三条らも、前年十月に沢宣嘉が長州を去り、この年四月二十五日には錦小路《にしきのこうじ》頼徳《よりのり》が下関で病没したため、「五卿」となっていた。

三条実美
（国立国会図書館蔵）

沢 宣嘉
（『生野義挙と其同志』から転載）

五月十九日、円太は真木、土方、水野と共に三条に呼ばれ、いよいよ長州藩が東上に決したことを告げられている。四人は連名で誓書を出している。六月四日、長州藩は進発令を発した。円太が、月形・筑紫・浅香連名宛ての書翰を認めたのはこの日であった。そこには次のように書かれていた。

「京摂の形勢、定て追々御承知にも相成るべく、実に好機会」である。「天下有志諸侯」はこの機会に、「一同登京」して「朝廷回復」を図ろうとしている。「御国」（筑前藩）も天下諸侯に後れを取ってはならない。「此藩（長州藩）大挙」の報せがあれば、早速、「少将様」（慶賛）の上京を敢然と「忠諫」してほしい。御上京になり長州藩と力を合わせれば、「莫大の御忠勤」となり、「千古不朽の御芳名」となるので、「各兄」（月形ら）の必死の尽力を願う。

将軍や久光ら諸侯が京都を去っている今こそ、京都奪回（朝廷回復）のチャンスであるとし、長州藩の東上に呼応して、慶賛の率兵上京を藩庁に働きかけるよう訴えたものである。

万一、慶賛上京が実現しない場合は、「一隊の御人数」（相応の藩兵）を上京させるよう働きかけてほしい。この第二策も実現できなければ、同志の者、決心して二三十人なりとも早々登京すべきである。自分は近日中に出発する。後の事はよろしく頼む。上京されれば連絡してほしい。諸同志へよろしく伝えてくれ。

要するに、慶賛が上京しなくとも長州藩と共に、あくまで京都に出兵するよう藩庁に働きかけるよう求め、もしそれも実現しなければ同志一同脱藩して、長州勢に合流するよう訴える内容であった。

月形は円太の伝える長州藩の動きをどう見ただろうか。おそらくこの段階での京都出兵を冒険的行動として危ぶんだものと思われる。いま天下に孤立している長州藩が単独で東上したところで、形勢を挽回することなどできはしない。薩長を核とする諸藩連合によってこそ幕府と対決できると考える月形は、長州藩の単独東上を時期尚早とみたであろう。仮に長州の動きに同調しようと考えたとしても、円太の望むような、慶賛の率兵上京や藩兵派遣が実現できるような藩情ではない。第一、長州の京都奪回作戦に加担するのを長溥が許すはずがない。円太が最後の策とする脱藩上京などは、もとより論外だった。

それでは、当時月形は何を考えていたのか。六月十四日、月形は筑紫・浅香と連名で円太への返翰を認めている。ここにその考えをうかがうことができる。

まず円太の勧める三策については、「御尤の御儀、機会相待ち尽力」したいと一応同意する態度は見せてはいるが、「機会相待ち」の悠長な言葉が月形にその気のないことを教えている。そして当面の藩庁工作の要点について、次の三ヵ条を示している。極めて簡略な箇条書きであるが、その内容を具体的に明らかにすれば、次のようなものであったと思われる。

第一項に、「壱人当時推立、国家の用に充つべき事」とある。この「壱人」とは矢野を指すであろう。矢野の家老復職の実現は月形らの宿願であった。当面藩庁工作最大の課題はここにあるというのであろう。「国家」とはここでは筑前藩のことである。第二項は、「壱人登庸、寛裕にすべき事」である。この「壱人」は山城を指すであろう。月形らにとって山城は安政年間から打倒対象であった。しかし対外緊張の高まりとともに山城が攘夷傾向を強め、それに応じて月形派との対立は緩んでいた。周旋方を新設し、そこへ月形派を登用したのも山城であった。そこで月形は山城批判を見合わせ、提携することに転じていた。しかし円太は依然として山城暗殺を筑紫らにけしかけていた。そこで、円太へ方針転換を求めたものであろう。第三に、「政府の様子、熟察の上、一挙の事」とある。これは藩庁の状況を見極めたうえで、行動すべきであるといった意味であろう。藩情を無視して働きかける円太に反省を促したものと思われる。

以上のことから、月形の当面の課題が、長州藩の東上計画とは距離を置きつつ、山城を味方に引き寄せ、矢野の家老復職を実現し、藩庁の指導権を握ることにあったことが分かる。月形にあっては、まず「挙藩勤王」の実現こそが当面最大の課題だったのである。

書翰はさらに続く。以上の三点を踏まえたうえで、次の二点について尽力するよう依頼している。第一に、「沢公もしくは其他御一卿の事」とある。「沢公」とは、三条らと共に長州へ逃れた七卿の一人、沢宣嘉のことである。おそらく、この沢か他の一卿を戴く大型使節団の福岡入りを働きかけてくれという意味と思われる。

沢は前年十月、国臣らにかつがれ、長州を脱し、兵庫生野に挙兵し敗れて、この頃四国に潜伏していたが、五月初め、三条へ密使を送り、長州領内での保護を打診していたようである。しかし沢は幕府の代官所を襲った逆賊の首領として天下に知られている。そのような人物を、長州藩が何事もなかったかのように平然と藩内に保護することは憚られた。しかもいま「冤罪」を晴らすべく京都進出を図ろうとしている時期なのでなおさらであった。また沢は制止を振りきって脱走した人物である。長州藩にすれば、いわば規律違反の跳ね上がり者である。ここに沢が公然と他の五卿に合流できなかった理由があった（もっとも、この後、沢は五卿とは別に、密かに長州領内にかくまわれることとなる）。

円太はこの沢の窮状を知り、筑前でかくまおうとしていた形跡がある。しかし月形が沢を藩内で保護できると考えていたとは想像しにくい。ともかく、公卿を戴く大型使節団の福岡入りによって、藩論興起のチャンスをつかもうとしていたものと思われる。

第二に、「京師壱人の事」とある。「京師壱人」とは、在京中の納戸頭久野一角を指すと思われる。円太は、京都藩邸に残る久野の暗殺を、藤四郎・斎田《さいた》要七《ようしち》・堀六郎の三名に指示しており、彼らはすでに京都へ向かっていた。月形はこれを中止するよう求めたものと思われる。これ以上、不法過激な手段に出ることは避けなければならない。もし久野が暗殺されれば、藩庁に影響力を強めつつある月形派の立場は逆に弱まるであろう。

最後に、苦言を呈している。曰く、今後本藩への働きかけの時は、「往昔の国勢」（以前の藩情）を「御失忘」なく、「詭激《きげき》」に走るな。つまり、藩情を無視して過激なことを言ってくるなというわけである。この書翰は、藩の使者として山口の三条のもとへ赴く森安平・万代十兵衛・喜多岡勇平に托された。詳しくは、彼らから聞いてくれとある。文面が極めて簡略なのは秘密保持のためであった。

円太の過激な言動は、常に月形らの危惧するところであった。しかし彼は五卿のブレーンとして重きをなし、長州藩の重立った人物ともつながっていたことから、筑前藩有志と長州とを結ぶ最も大きなパイプ役でもあった。

町方詮議掛兼吟味役

月形は赦免後も、何ら役職についておらず、しかも隠居の身であった。鷹取、浅香らがすでに周旋方に登用されていたことを思えば、月形が依然として警戒されていたことがわかる。ところが、ある事件をきっかけに、月形は新設の役職に登用された。

事件は七月二十日夜、博多小山町下（地下鉄「呉服町駅」の南側）で起きている。米商・原惣右衛門が自宅で何者かにより斬殺され、その生首が城下黒門にさらされるという衝撃的事件であった。その明け方より黒門の前には見物人が群衆したという。

当時、藩庁は迫りつつある四国連合艦隊の下関襲来、京都方面での長州勢の不穏な動きに備えるため、海岸防備や犬鳴別館の建設、藩兵動員準備に追われており、武器製造のため、藩内から銅を大々的に調達しようとしていた。これをみた商人の一部に、銅を買い占める動きが始まっていた。これに怒った過激派有志が「奸商」として彼らに天誅を加えるといううわさが広がっていた。藩の要請に応えて多額の献金をする商人がいる一方で、一己の利益のみをはかる悪徳商人がいたとなれば、有志ならずとも反感を抱いたであろう。林元武の回顧録によれば、惣右衛門を斬ったのは、今中作兵衛、瀬口三兵衛、伊丹真一郎らであるという。惣右衛門は、高利で貸金業も営んでいたが、日頃から士分の客に対しても傲慢不遜であったという。これなども身に禍を招いた一因であったようである。

事件を知った長溥は激怒し、是非とも犯人を挙げて、切腹させよと家老に命じた。しかし山城ら家老は、切腹に反対し、用人らもこれに同調したため、長溥も思いとどまっている。相手が町人であることに加え、事件の背景からして、厳刑とすることに反対したものと思われる。この事件の三日後には、惣右衛門と同類とにらまれた商家十余人が、藩庁より桝木屋獄に呼び出され取り調べを受けている。いっぽう商家に石を投げつけたり、士分の者が「軍資金」と称して商家に金を強要する事件も起きていた。山城は、惣右衛門のような事件が再発するのを危惧し、建部武彦や河合茂山を呼び、有志の者へ過激行為を慎むよう、それとなく働きかけるよう指示している。

七月二十四日、藩庁は新たに「町方詮議掛兼吟味役」を設けることにし、そのポストに月形が推挙された。これは、一部商人の銅買占めのような悪徳行為を厳しく取り締まる姿勢を示すものであるが、同時に有志に影響力のある月形をその責任者とすることで、過激有志の不法行為も抑えようとしたものであろう。毒をもって毒を制すといったところであろうか。

この案件を山城が播磨と共に長溥に伺ったところ、消極的ながら承認したという。大目付、裏判からも異論は出なかったが、ただ町奉行の河村主鈴が「膏薬付けの御政事」(その場しのぎの政治)だと不満を洩らしている。しかしたんなる部署新設ではなく、不法行為に対する毅然たる態度を示すべきだという考えだったようである。しかし悪徳商人に対する一般庶民の反感は強く、それが有志の蛮行に対する非難を弱めていたと思われる。牧暗殺の記憶も新しい。こういう事情から惣右衛門の事件に対する厳重な捜査は行われなかったようである。

二十六日、「盗賊方」の市中夜廻りを実施し、たとえ士分の者でも悪行があれば召し捕ることが、長溥の同意の上、実施されようとしていた。しかし、山城は、かえって「混雑の基」となると考え、大組の衣非茂記へ相談する。衣非もそれは「以ての外」で、藩士の士気にかかわり、トラブルも起こりかねないと反対した。そこで長溥へこれを伝え、大目付へ実施を見合わせるよう指示している。

同日、月形は隠居身分のまま、福屋等と共に町方詮議掛兼吟味役を命ぜられた。こうして、ともかく役職に就くことで、月形は藩庁での発言権を得ることになったのである。

その前日(二十五日)の朝、浅香が京都から福岡へ急帰し、京都で長州勢と幕府方諸藩兵が戦争状態に入ったことを伝えた。いわゆる禁門の変の勃発である。浅香は森安平と共に、京都探索を命ぜられ、十三日に入京したばかりであった。

六月半ばから七月上旬にかけ、長州藩兵と尊攘浪士団は京都奪回をめざして東上を開始していた。七月十四日には長州藩世子も藩兵を率い三田尻を発船していた。京都近郊に陣取った長州勢は朝幕へ入京許可の歎願をくり返したが、その度に帰国を命ぜられていた。しびれを切らした長州勢は、益田右衛門介《ますだうえもんのすけ》・福原越後・国司信濃《くにししなの》の三家老連名の書面を朝廷に呈し、国賊会津藩を「誅除」する以外に「積年の叡慮」(以前からの天皇の意志)を貫徹することはできないとし、「国賊誅除」の勅命を幕府列藩へ発するよう訴え、会藩討伐を掲げ、ついに十八日夜、市中への進軍を開始した。

十九日暁、戦闘は御所の蛤御門、堺町御門付近で始まった。蛤御門では門を打ち破って殺到した長州勢と会津兵との激戦となったが、駆け付けた薩摩兵の猛攻によって、長州兵は敗退、来島又兵衛《きじまたべえ》が戦死した。薩摩兵を指揮していた西郷隆盛もこの時、足に負傷している。堺町御門では、真木和泉・久坂玄瑞らの隊が突入を図ったが、越前兵に阻止され、ほどなく蛤御門で勝利した薩摩・会津・桑名の兵も駆け付けたため、ついに敗退した。負傷した久坂は鷹司邸内で寺島忠三郎らとともに自決した。円太の弟恒次郎もここで戦死した。真木ら十七人は天王山に逃れたが、二十一日押し寄せる会津・桑名・彦根の兵を前に、自決した。敗残兵を探索する会津藩兵らは、長州兵が潜伏していると見れば、寺院もかまわず各所に火を放った。公卿の屋敷を含む二万数千戸が焼け、被害は市中の三分の一にも及んだ。在京の筑前藩兵は中立売御門を専守して動かず、長州勢もここを衝かなかったため、双方戦闘に至らずに済んでいた。

二十七日深夜、森が京都の続報をもたらした。天皇は無事であること、京都藩邸は戦災を免れたこと、長州勢は敗走し、国へ逃げ帰ったことが分かった。月形は長州勢が歎願の域を超え、血気に任せ、「会藩討伐」を掲げて暴発したことを知り、大いに憂慮したものと思われる。

これより前、長州勢の東上開始が伝わると、藩内でもこれに呼応して東上すべしという声が高まった。また連合艦隊を関門海峡で挟撃しようという長州藩の要請に対して、藩議がはっきりしないことにも有志の不満が高まっていた。

七月十二日、長崎の長州藩邸に来た鷹取と尾崎惣左衛門は、長州藩聞役小田村文助へ「尊藩応援のため若松への人数は益々厳重に備えている。且つ京師御出張応援のため大坂藩邸か兵庫辺まで二百人も繰り出し置くように論じ置いている。この議は多分行われるだろう」と語っている。月形派の有志らが、長州藩の異艦応戦と東上に呼応するよう藩庁に働きかけていたことが分かる。またかねて「有志頭取」と目されていた矢野の家老復職を求める声も強まっていた。

藩首脳部は、長州勢東上と異艦下関来襲という当面する二つの問題に対して、明確な方針を打ち出せずにいた。長溥は連合艦隊の下関来襲に対しては、武備静観の考えであった。長州藩が要請する関門海峡での挟撃など、思いも寄らぬことであった。当時筑前藩を「長州同気」と疑っている小倉藩、あるいは薩摩藩が、それを四国側に吹き込み、その結果、連合艦隊が筑前へも押し寄せるのではないかと、長溥は危惧していた。万一、若松辺りが攻撃を受ければ、応戦せざるを得ない。長溥は長州応援を叫ぶ有志の声を制するに有効な論拠を見出し得ずにいた。その煮え切らない長溥に対する不満が高まろうとしていた。

東上問題に対してはどうだったか。これも、長溥は静観の態度だった。七月十一日、長州藩使者杉孫七郎らが来福、「諸夷」(四ヵ国連合艦隊)は長州と戦った後、大坂湾へ進出し、京都を脅かす勢いであるから、長州藩は藩主か世子が早々上京し、御所を守護する。筑前藩も藩主か世子が上京し、尽力してほしいと要請した。この連合艦隊の大坂湾進出情報は、藩兵上京を御所守護という名目で正当化させた。長州勢に呼応しようとする藩内有志は勢いづいた。しかし長溥は長州藩の要請を暗に断った。杉らはせめて家老一人なりとも上京されたいと要望した。しかしこれにも応じなかった。

ところが、七月十四日、京都藩邸より飛報が入る。長州勢が御所近くに迫っているため、慶喜(禁裏守衛総督)から藩兵出動要請があったが、これを断ったという。当時、在京筑前藩兵はわずか二百人、担当する中立売御門と二条関白邸の警備で手一杯というのがその理由だった。その後、幕府大目付永井尚志《なおむね》からも、山崎・八幡方面への応援あるいは交代出動を要請されたが、これも断っている。そのため朝幕の心証を害していた。

十七日、ついに長溥は司書に率兵上京を命じた。京都藩邸の消極的態度で朝幕の不評を買う事態となっている。「長州同気」の疑いを払拭する必要もあったと思われる。

ところが、二十一日長崎奉行より、連合艦隊が神奈川を発艦したとの急報が入った。そこで自藩防衛を優先するため、司書の上京は延期することにし、もし連合艦隊が大坂湾に迫れば、御所防衛のため率兵上京させることに決まった。

そこへ二十五日朝、既述のとおり浅香が京都から急帰国したのである。翌日長溥は、司書と月成権太夫《つきなりごんだゆう》に「朝廷御守衛」のため率兵上京を命じた。総勢約八百人、司書は家老代理とされた。一行は三十日、長溥の激励をうけ、翌八月一日、大坂へ向け福岡を海路出発した。

八月二日、月形は前日司書一行の出発を見送り、一息ついたのか、新設ポストである町方詮議掛兼吟味役の職務について、藩庁に何か説明を求めたようである。山城は忌中で藩庁不在だった。家老らは返答に困ったのか、あるいは相手が月形なので敬遠したのか、小金丸兵次郎を山城宅に遣り、自宅で月形に応対してくれと依頼する。忌中でそんな気分にもなれない山城であったが、仕方なく会うことにした。やがて月形は相役の福屋等と二人で山城宅を訪れた。話の具体的な内容は分からないが、山城の日記には「咄合《はなしあい》熟和なり」とあるので、険悪な会見とはならなかったようである。

ところが、翌三日暁、長州追討令が届いた。長州藩の暴挙に怒った朝廷が長州追討を決議、これを幕府に命じたのである。追討令には、速やかに軍勢を整えて国元に待機させ、幕府の命令を待つこと、もし長州が「妄動」すれば、命令を待たず、撃ち入り、誅滅せよとあった。早速、早馬で司書一行に上京を中止するよう伝えられた。一行はまさに若松港を出船しようとしていたところであった。司書一行の出発が数日早かったならば、「長州同気」と評判の筑前藩が多勢上京するのをいぶかる幕府方と、多少のトラブルを生じた可能性がある。あるいは長州敗残兵の追捕などを命ぜられ、長州藩との関係を悪くしたかもしれない。

第六章　征長中止のために

長州追討令

長州追討令が福岡に届くと、藩庁は俄然あわただしくなった。忌中だった山城も藩庁に呼び出され、長溥・慶賛を含む首脳会議が開かれた。ここで下関襲来の外国艦船が、もし若松沖を航行した場合、これを攻撃すべきか否かをめぐって意見が割れた。襲来は目前に迫っている。しかし長州はいまや朝敵である。長溥も家老も「攻撃せず」の意向を示した。しかしただ一人、山城が攻撃すべきであると主張した。その理由を日記に「応援は長州への儀に之《これ》無く、皇国へ応援故と見込」（応援は長州のためではなく、皇国への応援だからだ）と書いている。たとえ長州が朝敵であろうとも、連合艦隊の下関襲来は日本国に対する攻撃であるとの立場である。

四日、浅香と海津も長州藩を見捨てるなと論じた。矢野も長州追討より、まず「夷船」を撃つべきだと主張した。ここで播磨ら他の家老も全員、山城の主張に同調した。長溥はたちまち不機嫌となり、慶賛を通じて、「攻撃せず」の方向で検討するよう命じて、体調不良を理由に会議に出なくなった。慶賛の御前会議でも何も決まらなかった。播磨は、藩議の停滞にいらついた。

五日、山城が播磨と共に長溥父子へ会い、あくまでも若松では攻撃すべしと諫争したため、長溥もついに折れた。そうでなくとも、各砲台で長州を応援すべく勇み立っている藩士に「外国艦船を攻撃するな」と命じても、それを徹底させることはほとんど不可能であったろう。たとえば、若松で藩兵の指揮にあたっていた吉田主馬（用人）の勇ましい言動が、それを教えている。七月下旬、吉田は家老浦上信濃（軍事惣宰）の「穏便に心得よ」という消極的な命令に反発、長州応援は「皇国の為の応援」であると主張し、命令に従おうとはしなかった。今にも連合艦隊が下関を襲うかもしれないとし、麾下の藩兵を小倉領へ移動させる準備をするとともに、長溥の方針を直接質すため、足軽頭を使者として急派している。消極派の浦上が軍事惣宰を辞任に追い込まれるのはその直後のことである。長州敗報が伝わるまで、筑前藩士の戦意は高かった。

下関戦争、占領された前田砲台（下関市立歴史博物館蔵）

次いで御前会議が開かれ、次のとおり当面の方針が決定された。
第一、若松で異国艦を攻撃する。第二、長州へ使者を派遣し、今回の京都暴発について詰問し、朝幕へ謝罪するよう説得する。状況次第で朝幕へ建白周旋する。第三、追討令に対する請書は速やかに提出し、幕命に応じて東部藩境に目立たぬよう藩兵を待機させる。これには黒崎で待機する司書一行をあてる。

まさにこの日（五日）、午後三時四十分、英仏蘭米四国連合艦隊十七隻が、二八八門の艦砲をもって下関砲台に対する猛攻を開始した。若松守備の筑前藩兵はとどろく砲声を聞き、小倉藩との藩境戸畑まで進んだ。長州側の各砲台はまたたく間に沈黙させられ、上陸した敵兵によって大砲も持ち去られた。八日、講和談判が開始された。

高杉晋作が正使、杉孫七郎・渡辺内蔵太《くらた》が副使、伊藤俊輔（後の博文）が通訳として英艦に乗り込んだ。十四日の第三回目の談判で長州側は関門海峡航行の自由を約束し、和睦が成立した。圧倒的な軍事力を見せつけられた長州人は目を覚まし、これを機に、開国論への転回を開始する。

六日夜、真藤登が福岡へ急帰し、下関で連合艦隊との砲戦が始まったことを報せた。七日、ついに矢野が家老に再任され、軍事惣宰をはじめとする職務を山城と相請持とするよう命ぜられた。八日、黒崎代官の注進で、長州の敗色が伝わり、九日には陸戦でも敗退していることが伝えられた。

幸い連合艦隊が若松港に近づくことはなく、また長崎港へ入ることもなかったため、筑前藩は戦争に巻き込まれることを免れた。長溥も胸をなで下ろしたことであろう。

月形は、九日、山城へ会見を申し入れた。小書院で山城と会った月形は、町方詮議掛兼吟味役を廃止し、自分も元どおり隠居を命ぜられたいと要望した。廃止すべき理由として、町方とは一体となるべきで、このような部署を設けて取り締まるのは良くないと述べている。これは表向きの理由であろう。先の二日の会見以降、情勢は新たな段階を迎えている。長州追討令が発せられ、しかも長州は連合艦隊との苦戦が伝えられている。かつてない苦境に立つ長州藩を救わねばならない。このような時に、町方を取り締まる職務などに留まる気にはなれなかったものと思われる。

しかし、山城は新設の部署を早々と廃止するようでは、藩政の威信にかかわると反論、もう少し試行した上でなければ判断できないと答えた。これに対し月形は、そのような懸念は無用、誤りはただちに改めるべきではないかと反論した。しかし山城は、悪いと分かれば改めもするが、まだその善悪は分からないので改めないと拒絶している。もっとも月形がこの職務に専念することはなく、ほどなく藩命により事実上の周旋方として活動するのは後にみるとおりである。

八月十一日に、長州が連合艦隊と和睦交渉を開始したことが伝わり、十四日には和睦成立が伝わった。長州側のあっけない敗北で、若松守備隊長の吉田主馬も戦意を喪失した。家老の中で最も戦闘的だった山城も、来福中の秋月藩の前藩主（黒田長元）に、攘夷は甚だ困難であると、洩らしている。十七日、博多湾近くに乗り入れた幕府の蒸気船を外国艦と見間違え、かねての手順どおり砲声によりこれを急報したため、福岡城下は大混乱に陥ったという。

以上のとおり、筑前藩は長州勢東上と異艦下関来襲の二つながら、これに巻き込まれることを免れた。こうして長溥を悩ましつづけていた事態は終わりを告げた。長州勢が京都と下関であっけなく敗北したことにより、長州応援論は一気に鎮静化した。とりわけ、攘夷を大言壮語してきた長州藩が口ほどにもなくわずか三日で連合艦隊に屈服、和睦したことは、それまで長州に心を寄せていた多くの者たちを困惑させ、失望させた。そのうえ、尊王を高らかに唱えていた長州藩が、あろうことか朝命により幕府の追討をうけるという由々しき事態となってしまった。

いまや政局の中心に長州征討問題が急浮上した。

長州周旋の再開

前述のとおり、長州勢の東上と異艦下関来襲を前に、長州を応援しようとする藩士大衆の声、そして異艦攻撃の立場を譲らない山城や矢野らに、長溥は対抗できぬままでいたが、八月半ば、この二つの厄介な問題に決着がついたことで、長溥は徐々に藩庁の主導権を回復してゆく。ここから長溥の新たな長州周旋が開始される。

筑前藩の長州周旋の第一段階は、文久三年（一八六三）九月慶賛の上京から、元治元年（一八六四）四月小郡会見までである。元治元年八月に始まる長州周旋の第二段階もその基本線において変わるところはない。すなわち挙国一致体制の実現である。偏狭な攘夷論を克服し、幕府諸藩一致して開国通商・富国強兵への転換を図るべきだと長溥は考えていた。しかし幕府は所詮徳川家による諸大名支配の道具に過ぎない。その幕府の天下支配に手を加えることなく、全国を打って一丸とする富国強兵、万国対峙の道へ脱皮することは、もとより不可能であった。つまるところ、幕藩体制の廃絶による近代的統一国家が創出されなければならなかった。それは最大の封建領主たる徳川家のみならず、全大名の封建支配の否定を意味している。このことに気付いていた大名は誰一人いなかったであろう。長溥とて同様である。ただ彼は国内分裂だけは何としても回避しなければならないという強烈な意志をもっていた。これが征長中止をめざす新たな長州周旋へ長溥を突き動かしてゆく原動力であった。

しかし情勢は文久三年（一八六三）九月時点よりはるかに深刻である。長州藩が京都で暴発した結果、長州追討令が発せられている。朝幕と長州藩との対立は先鋭化している。薩藩兵と干戈を交えた長州人の反薩感情は極点に達していた。事態は最悪であった。藩庁内には、こうなったからにはもう長州周旋から手を引く潮時ではないかという消極論が生まれていた。

その一方で、月形らは、長州藩を討つべき理由はないとし、征長反対の立場をとっていた。長州救助のためには死をも恐れぬであろう月形一党は、やがて長溥の長州周旋の積極的な担い手として藩外交に登場してくるのである。

長溥はまず、長州藩の内情を探るため、建部武彦・越智小兵太・浅香市作を山口へ派遣した。藩主毛利敬親に幕府に対する逆意があるのかどうかを確かめるためである。岡山藩主あて書簡（八月十八日付）で、「此度之暴行（禁門の変）は「如何之次第」か、何とも理解し難い、長州へ「詰問」のため使者を立てていると述べている。

建部一行は八月十四日、山口入りする。長州側は、今回のことは出先家臣の暴走によるもので、藩主に戦意を無かったと弁明した。長溥はこの建部一行の帰福を待たず、朝幕へ建白しようとしていた。性急な征長に再考を求める内容だったと思われる。しかし、家老や用人が建部一行の復命を待つべしと進言したもようで、提出を思い止まっている。十七、八日頃、建部一行が帰福、「長州藩主に逆意無し」と復命する。そこで、長溥は朝幕への建白書を持たせ、家老小川讃岐を上京させる。二十七日、藩の蒸気船大鵬丸で出発した。

建白書で長溥はこう述べている。

長州藩の所行は「言語道断」であるが、世人の過半が長州藩主父子は「勤王の志」が厚く、私心はないと信じている現状で、征伐となっても世論はこれに服さないであろう。島原の乱の鎮圧ですら三年を要している。今回の征伐はさらに年月を要し、諸藩の疲弊を招き、その虚に乗じて列強が軍事介入すれば、内外共に危機に陥る。よって長州藩主父子の内、いずれかを大坂または洛外へ呼び寄せ、京都暴挙の始末を詰問し、もし「逆意」が明らかならば、もちろん征討しなければならない。しかし「叛心」無く、出先家臣の暴走の結果ならば、その家臣一同を厳科に処し、藩主父子には相当の処分を下すべし。

つまり長州藩主父子に逆意がないのならば、征伐（軍事攻撃）を取り止め、京都暴挙の不始末に対する相応の政治的処分を下すことで、長州問題に決着をつけるべきだという主張である。しかし讃岐は内心、長州周旋に反対の人物であった。そのため長溥の意を体して、京都で積極的に動いたとは思われない。その讃岐が帰国するのは、九月十三日である。彼は二条関白の長溥に対する苦言をもたらした。長溥が長州へ使者を派遣していることを知らされた二条は「隣藩のことであるから、やむを得ないこととは思うが、これまでの周旋の効もなく、遂に追討も発せられている時に、またぞろ使者を派遣するとはどういう考えなのか、甚だ不審である。長州藩主が悔悟していると朝幕へ建白しても採用されないばかりか、かえって筑前藩にとって不都合の事態を招くだろう。親戚の関白としても大いに心配している」と述べていた。要するに、これ以上、長州周旋を続ければ筑前藩に対する朝幕の嫌疑が強まると忠告したのである。

この讃岐の帰国復命により、藩論は長州周旋打ち切りに大きく傾いた。長溥もこれに抗しきれず、九月二十三日付で、それまで接触していた長州支藩岩国へ、いったん絶交する旨通知された。山城ならば、このような動きに反対したと思われるが、すでに長溥の信頼を失い、九月一日遠慮処分、二十一日隠居を命ぜられ、藩政から姿を消していた。

渕上郁太郎の来福

長溥が長州周旋を再開した頃、月形は何を考えていたであろうか。長州勢が血気に任せ、京都で暴発したかと思えば、続く四国連合艦隊との戦いもわずか三日で敗れ、たちまち和睦したと聞き、その無謀、無節操を憂えていたと思われる。その月形を密かに訪ねてきた人物がいる。久留米藩浪士渕上郁太《いくた》郎《ろう》である。

渕上は、天保八年（一八三七）生まれで、安政年間、江戸の大橋訥庵のもとで学び、やがて諸侯門閥家に出向き、師の代講をつとめたほどの秀才だった。故郷で医者となるのを望む父親の意に反して政治活動に身を投じた。文久三年（一八六三）二月十五日上京し、五月御所防衛の親兵となり、六月には藩の中小姓格に抜擢された。久留米藩有志を代表する人物の一人であったが、八月の政変で長州へ亡命した。禁門の変では真木和泉らと共に従軍、堺町御門周辺の戦いに参加している。長州帰還直後、四国連合艦隊と戦うため、忠勇隊と共に長府へ着いたのは、八月九日午後であった。しかし勝敗はすでに決していた。忠勇隊と共に三田尻へ引き上げた渕上が、福岡へ向かったのは、八月十四日である。

渕上郁太郎遺族（『渕上兄弟』）

渕上はなぜ混乱の真っ只中にある長州を離れ、九州へ向かったのだろうか。情勢激変にともなう筑前・肥前・肥後など九州諸藩の動きを探索するためだったようである。亡命後長州藩の世話を受けてはいても、長州藩に仕官する気はなく、長州勢の一員にとどまる気もなかったようである。諸藩脱藩の者からなる忠勇隊にも属さなかった。この九州行きは、みずから恃《たの》むところのあつい渕上の独自の判断によるものと思われる。紛乱の渦中にある長州をよそに、早くも九州探索に向かった点に、猪突猛進型の脱藩浪士とは異なる、冷静な頭脳を想像させる。

渕上が月形宅に潜伏するのは、八月十八日頃と思われる。月形は、いかに強敵とはいえ、あれほど攘夷を叫んでいた長州が、口ほどにもなくわずか三日で白旗をあげるとは思っていなかった。渕上にそれを詰問したであろう。渕上は下関戦に参加こそしていないが、福岡へ向かう道中、破壊された長州の諸砲台や戦火に焼かれた下関市中の惨状を目の当たりしたはずである。連合艦隊のすさまじい砲火の体験談も耳にしたであろう。下関沖には依然、連合艦隊十数隻が碇泊していた。その威容も目撃したはずである。渕上の弁明を聞いた月形は、それでも長州がもろくも屈し、早々と和睦したことに不満を隠さなかったと思われる。

また長州勢の京都暴発についても、その無謀をあからさまに批判はしなかったにせよ、御所への武力突入を図るに至った経緯を問い質したと思われる。長州勢の一途な思いに同情しつつも、その暴走の結果、多くの者が空しく命を散らしたことを慨歎したことであろう。筑前出身者では、円太の弟恒次郎が戦死、松田五六郎（中原出羽守）が自決している。いっぽう長州敗残兵に対する会津藩兵の残虐な仕打ちに憤りを覚えたであろう。

これより前、下関開戦当日、長州の使者が若松へ来て、応援要請とともに、禁門の変についての藩主父子の弁明を伝えていた。その口上書は概略つぎのとおりである。

この度、脱走の家来共が上京、歎訴していると知り、その鎮撫のため家老三人を登京させたところ、逆に脱走の者共に同調してついに戦争に及んだ。このような「大不敬」に至り、「恐懼《きょうく》」している。三人の家老が帰国すれば、厳しく処分し、藩主父子とも罪を謝する覚悟であるので、然るべく取りなしてもらいたい。

巧みな言い回しで、責任を「脱走の家来共」と三家老に転嫁しているようにみえるが、長州藩主の心情からすれば、これは必ずしもウソではない。真木和泉ら尊攘浪士団および来島又兵衛・久坂玄瑞らの東上急進論を制止し得ず、彼らに引きずられた形で、東上は決行されていたからである。

これまで長州藩が、鳥取藩主や岡山藩主、さらには物価高騰を外国貿易の結果とみる一般庶民からも好感をもたれ、全国から一定の支持を勝ち得ていたのは、攘夷に最も熱心であったからにほかならない。その長州藩が四国連合艦隊に抗戦三日たらずで降伏し、あっさり和睦したとあっては、その「正義」は地に墜ちたも同然である。長州に身を寄せていた五卿も失望し、長州を去って、広島藩や岡山藩を頼ろうとする動きを見せていたほどである。その上、京都に軍勢を差し向け、理由は何であれ、御所に対し発砲し、騒乱を起こしている。このような長州藩を擁護することは容易なことではない。月形はこの点を深く憂慮していた。

しかし東西二つの戦いに敗れ、傷ついた野獣にも似た長州藩は、いまや朝敵として幕府の追討をうけようとしている。長州人は確かに思い余って罪を犯したかもしれない。しかし長州こそは攘夷の最も勇敢な実践者である。月形は何としても長州藩を救わねばならないと考えていた。禁門の変は長州藩主の意に反した家臣の暴発であり、もとより朝廷に対する逆意に発するものではないという線で朝幕に働きかけ、何とか征長を中止に導くというのが、当面採るべき方針と考えられたであろう。

月形の考えを聞いた渕上は、さらに肥前、肥後、久留米方面を探索し、九月十日に下関へ戻っている。月形ら有志の考えは矢野の採用するところとなり、これを筑前の藩論として長州藩へ伝えるため、藩の内使として森安平らを派遣することにほぼ決まった。ところがそこへ建部と共に長州から帰国した浅香が、長州藩が攘夷を続行する見込みのないことを矢野へ伝えた。そのため使節派遣はにわかに取り止めとなった。長州が攘夷の方針を堅持していればこそ、長州擁護の可能性も残されている。それが一度の敗北であっさり攘夷をあきらめたとなれば、長州の尊王攘夷も知れたものである。長州藩を擁護することは困難となる。月形は非公式に有志だけでも派遣するよう、播磨・大音・矢野の三家老へ働きかけた。しかしこれまで攘夷に何かとあいまいな態度をとってきた筑前藩の言うことなど、長州人が耳を傾ける見込はないと矢野が主張したため、これも見合わせとなった。それでも月形は、田代の対馬藩士を通じて、「本藩国論（筑前藩論）」を長州藩へ伝えるため、早川と今中を田代へ派遣した。幸い長州藩士駒井政五郎《こまいまさごろう》が田代を通りかかったため駒井に託された。以上の経緯を早川は、八月二十一日付の書翰で円太へ報せ、筑前有志の考えが長州側へ通ずるよう赤祢武人や松島剛蔵《ごうぞう》らとも協議し、尽力してくれと依頼している。

いっぽう長溥は、讃岐の帰国後、藩内の空気が長州周旋打ち切りに傾く中、何とか周旋続行の道を探ろうとしていた。幸いなことに征長軍総督を命ぜられたのは尾張藩の徳川慶勝であった。長溥と慶勝は旧一橋派として以前から近い関係にあった。そこで慶勝の考えを探るため、九月二十日、池内清太夫と待井治郎兵衛を上京させた。慶勝は、総督就任の際、征討に係る全権授与を要求し、認められていた。宮中で二条関白らと会談した際、「長州藩が悔悟伏罪して降伏すれば、臨機応変、寛大の処置に出るべきであろう」と洩らしている。これからも分かるように、慶勝は幕閣の干渉を排し、全権を握る自己の権限で軍事攻撃を回避して征長行動を終わらせる腹であった。

また八月下旬、讃岐に随行して京都に向かった喜多岡は、途中岩国に立ち寄り、藩主吉川経幹《きっかわつねまさ》に対し、「早々に山口へ行き、三家老ほか残党の処分を働きかけ、本藩悔悟の実効を挙げるべし」と説得した。経幹が山口へ向かうのを見届けたうえで上京した勇平は、薩摩藩邸と接触し、旧知の藤井良節を介して西郷に働きかけ、その同意を得て、薩士高崎兵部（五六）を連れて、九月三十日又々岩国入りする。喜多岡の仲介で岩国側と会見した高崎は、「本藩（長州藩）に謝罪恭順の意志があるならば、薩摩藩は長州藩のために大いに尽力する意向である」と伝えた。このことは山口の経幹へ直ちに伝えられた。これが薩藩の長州工作の第一弾である。

薩摩藩は当初、征長急進論で、長州問題の早期決着をめざしていた。西郷は、もし長州追討が速やかに実行されていれば、四国連合艦隊の下関遠征を未然に防ぐこともできたはずだと残念がっている（九月七日付、大久保宛書翰）。幕府の征長態勢はもたついた。その間に、長州藩が一枚岩で固まっているわけではないことが明らかとなった。西郷は長州藩をその内部対立を利用して屈服させ、戦わずして決着を図る方向へ急転回した。禁門の変で奮戦した勇猛果敢な薩摩兵は、征長軍の主力とみられていた。西郷は総督慶勝の参謀的存在として大きな影響力をもっていた。その薩摩の対長州姿勢の軟化は、征長行動の行く末を早くも暗示していた。

喜多岡は十月四日に帰国、池内の帰国はやや遅れて中旬と思われる。この二人がもたらした薩摩藩と慶勝に関する情報は、長溥に征長中止の可能性を教えた。

多田荘蔵の来福

讃岐の帰国により長州周旋消極論が強まっていた九月下旬、月形のもとへ対馬藩士多田荘蔵《ただしょうぞう》が面会を求めてきた。多田は下関から博多の対馬藩蔵屋敷へ着いたばかりであった。禁門の変当日、京都にいた多田は対馬藩邸の同志と共に、長州勢に呼応しようとしたが、同藩京都聞役に軽挙するなと制止されたため、万一天皇が戦火を逃れ、御所から避難する場合は、これを護衛しようと清和門外で待機していたが、御所周辺の戦闘が鎮静化したため帰邸した。その後、桂小五郎（木戸孝允）の恋人幾松を連れて京都を離れ、九月六日、下関入りし、しばらく滞在している。同じ頃、渕上も九州から下関へ戻っていたが、二人が下関で会った形跡はない。しかし吉川経幹が喜多岡に促されて山口入りしたのは九月八日である。筑前藩が岩国藩を介して長州工作を始めていることを耳にしたのかもしれない。あるいは、従来月形らと対馬藩有志は親密な関係にあったことから、月形へ長州藩の内情を伝えた上で、その考えを聞こうと思ったのかもしれない。

会見は、九月二十三日頃、博多の対馬藩蔵屋敷で行われたと思われる。ここで月形は八月中旬以降の長州情勢、すなわち渕上の情報に続く最新の長州情報に接した。多田の伝える長州の藩内情勢は深刻であった。征長に対する方針をめぐる藩内対立が始まっていた。

長州藩は四国連合艦隊との和睦が成立し、一息ついたものの、引き続き、征長の動きにどう対処するか方針を定めなければならなかった。九月一日、藩主毛利敬親は、征長軍に対しては、「誠意恭順」を尽くし、「条理明白」に「弁解」するが、それにもかかわらず征長軍が「乱入」するなら、「多年の微衷」は「天地」に愧《は》じる所はないので、「死を以て鴻恩に報い奉るのみ」であるとの親書を示し、藩士の考えを問うている。征長軍に対しては誠心から敵対せず、禁門の変の不始末の経緯について弁解するとし、もしそれが聞き入れられず攻撃されるなら、決死抗戦する覚悟が表明されている。当時藩庁を掌握していた「正義派」の立場を汲んだ内容である。

しかし、あくまで「純一恭順」を主張し、幕府の制裁に甘んじ、たとえ藩主が切腹処分となろうとも、毛利家の存続を第一とする「俗論派」の勢いが増していた。また連合艦隊との和睦に不満を抱く者も多く、藩庁内「正義派」の立場は苦しく、九月上旬には引き籠もり状態に追い込まれた。これを知った奇兵隊（三田尻在陣）ほか諸隊は、分遣隊を続々山口へ送り込み、山県狂介《きょうすけ》（有朋《ありとも》）らが奇兵隊中の名で、「廟堂御一新」（藩庁人事改造）に反対する建白書を提出して対抗した。九月十三日、当時奇兵隊の「客分」だった野村靖《やすし》（和作）は、家老清水清太郎宅を訪れ、単独で建白書を呈し、前田孫右衛門ら正義派政務員の藩庁出勤が実現するまで、絶食してこれを待つと告げた。そのためか、翌十四日夜に入り、前田らは藩庁に招集され、提出していた辞表を却下され、翌十五日藩庁に復帰した。これを知った「俗論派」は彼らの罷免を要求して沸騰した。経幹もここではじめて敬親へ、名指しで前田らの解任を進言した。徐々に「俗論派」寄りの人物が藩庁の役職に就き始めた。山口は萩から入り込んだ「俗論派」と、奇兵隊ら諸隊の「正義派」とがにらみあい、不穏な空気が漂い始めていた。

このような長州情勢を伝えられた月形は、「正義派」の主張する線で長州の藩論がまとまるよう働きかけるため、筑前藩使節の派遣に尽力する意向を示した。多田はこのことを長州へ伝えるため、いったん田代へ廻り、長崎街道を通って黒崎から下関へ渡海することになった。その田代で、多田は図らずも渕上と出会うのである。渕上が九州探索を終えて下関へ戻ったのが九月十日、二週間ほどの下関滞留中、円太や赤祢武人、前田孫右衛門、楢崎弥八郎らと会い、筑前藩有志の動きを伝えている。その間、長州藩内に対立が生じていることをつかんだ渕上は、これを月形へ伝えるべく、再び九州へ渡ったのである。九月二十五日下関を発船した。脱藩者であるため、警戒の厳しい筑前黒崎を避け、迂回して唐津に上陸、田代入りしたのは二十九日である。ここで渕上は多田から月形との会見内容を知らされた。

十月一日、渕上は月形へ書翰を発し、多田と会ったことを伝え、「彼是御符合の事もこれあり」(月形らと考えが一致する)とし、対長州工作について、至急協議したいので、大宰府まで来るよう依頼した。こうして渕上、多田、月形らとの間に、共通の長州認識にもとづく協議が行われることとなった。それは、長州の藩内対立の克服をめざそうとするものであった。

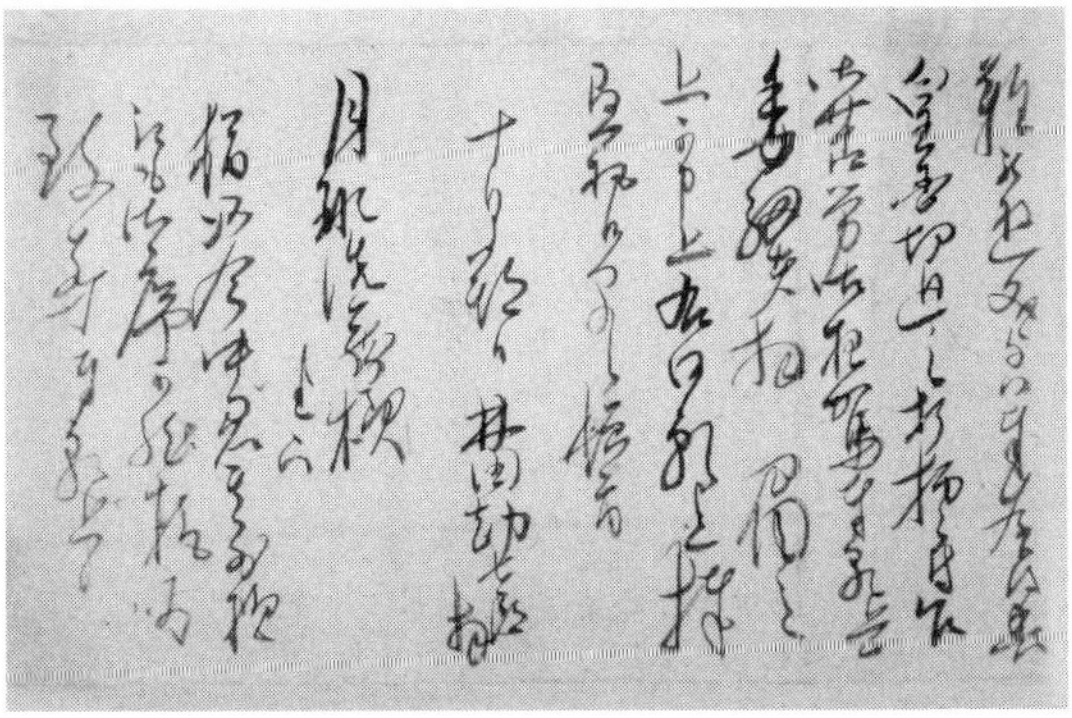
月形宛て渕上郁太郎［変名・林田勘七郎］書翰（個人蔵）

萩へ使節派遣

渕上の書翰を受け取った月形が、藩庁へ大宰府出張の許可願いを出したのは十月四日である。あたかもこの日、喜多岡が岩国から帰国する。ただちに家老と長溥へ復命した喜多岡は、薩摩藩が軍事攻撃回避の線で長州周旋に動きはじめていることを伝えた。併せて、京都藩邸が北小路(二条家の諸大夫)の言うことばかりを信用し、藩が長州同気の疑いをかけられていると、ことさら主張している点を批判した。京都藩邸にはこの年の五月から、用人の大音兵部が赴任しており、聞役東郷吉作と共に藩邸を牛耳っていた。

萩城（山口県文書館蔵）

喜多岡が家老らへ報告している最中、讃岐は手持ち無沙汰の様子で、「それは自分の離京後、状況が好転したのだろう」と口にしたという。内心、長州周旋に反対の讃岐は、喜多岡が京都藩邸を批判し、自分とは異なり、長州周旋の可能性を示唆するのを苦々しく思っていた。

禁門の変で会津藩と共に、長州勢撃退に奮戦した薩摩藩は、征長においても最も勇敢に戦うものと見られていた。その薩摩藩が一転して、軍事攻撃を回避しようとしているとの情報は、長溥の心を大きく動かした。しかし征長軍総督へ派遣した池内はまだ帰国していない。喜多岡へは「状況は以前より大分良くなっているようだ。猶又、よく考えたい」と返答している。

つまり月形は、大宰府へ向かう直前、この注目すべき薩摩情報を得たのである。十月八日、鷹取は、「薩摩が周旋しているので、長州追討は泣き寝入りになるだろう」と、高原へ語っているが、この認識は月形とて同様であったろう。さらに月形は持論である薩長和解の現実的可能性をも直感したであろう。長州人の反薩感情を解く好機会が到来したのである。

大宰府会議は、十月七、八日頃と思われる。この会議で、月形、渕上そして多田ら対馬藩士の間で、長州へ使節を派遣し、藩内一致の説得にあたることで合意をみた。この時月形は、渕上や多田、そして田代代官の平田主米らに、薩摩藩の新たな動きを伝え、この機会に薩摩敵視を止めるよう長州を説得すべきだと論じたものと思われる。

しかし、渕上はともかく、多田は薩摩への疑念を露わにしたであろう。彼は先に下関滞留中、長州藩士数人と共に岩国藩家老吉川勇記の旅宿を訪れた際、禁門の変は「長州の狂暴」のように見えるが、その実、会薩の妨害によりやむなく起きたものと主張し、もし征長軍が迫れば、一戦に及び、その「錦旗・節刀」を奪い取り、ただちに東上し、天皇を「廃立」すべきだと暴言を吐いた人物である。つまり薩摩藩を会津藩同様、敵視していた。いま薩摩藩が長州周旋を開始していると聞かされても、にわかには信じられなかったであろう。多田の略伝の一節に次のようにある。「筑前に下りしに、薩長の間和解の説起り、論談頗る葛藤たりしも、遂に和解論に鞅掌《おうしょう》して防州山口に赴き尽力す」（賀島砥川『対馬志士』大正五年）。「論談頗る葛藤たり」の一文は、月形との間に激しい議論が交わされたことをうかがわせる。

大宰府から戻った月形は、矢野や大音ら家老へ、長州藩の内情を伝え、使節派遣の承認を求めた。やがて池内が帰国復命し、征長軍総督慶勝の胸の内も分かった段階で、長溥はいよいよ長州周旋の続行、すなわち征長中止をめざすことを決意した。そのためには、何よりも先ず、長州藩が上下一致して朝幕に対する謝罪恭順の態度を示すのでなければならない。抗戦派と恭順派が対立して紛乱しているようでは、朝幕に対する働きかけようもない。長溥は長州への使節派遣論に同意した。

この頃のことと思われるが、藩庁での会議で、「これ以上、長州周旋を続けて、もし幕府から長州に党するものと疑われたらどうするのか」と、長州周旋反対の声があがった。すると月形は「長州周旋は長州藩に私するものではない。天朝幕府を思う深意に出たものである。にもかかわらず、もし嫌疑が積って、幕府の大軍が押し寄せたなら、君臣城を枕に討ち死にしても恥じることはない」と昂然と言い放ったという。聞き入る者、皆慄然となった。散会後、建部が「あの発言、月形のほかに誰が言い得るであろう。確乎たりとはあれを言うのだ」と歎賞したという。長州周旋にかける月形の並々ならぬ決意を伝えるエピソードである。

これより筑前藩の密使があいついで関門海峡を越えて長州へ渡るのであるが、彼らのほとんどは月形の影響下にある人々であった。このことは筑前藩の長州対策の中心に、月形がすわったことを教えている。事実、望東尼は京都の馬場にあてた書翰（十月十八日付）で、

月形先生に長州のことごと、みな御まかせとなりしかば、やがて御ひらけなるへし（長州問題が解決する）と、よろこび侍るなり

と書き送っている。長州は「朝敵」である。その長州へ密使を送ることはそれだけで、嫌疑をまねくことであった。そうでなくともすでに筑前藩は長州藩と秘かにつながっているのではないか（「長州同気」）と疑われていた。以前から長州周旋に消極的だった家臣ではもはや役に立たない。彼らは影響力を失い、代わって月形一党が躍り出てくる。新たな長州周旋を担うのは、決死の覚悟を有する月形一党をおいてほかにいなかったのである。

長州藩を窮地から救おうとする月形一党、日本を内乱の危機から救おうとする長溥、この両者に共通するのは征長中止である。両者の結合は、この征長中止の一点で成立した、いわば呉越同舟的な関係であった。

十月二十一日、月形は藩命で小金丸兵次郎・伊丹真一郎・早川勇と共に田代へ行き、渕上、対馬藩家老平田大江、同藩田代代官平田主米らと密使派遣について協議し、小金丸を正使格、主米を副使格とし、これに渕上を随行させることに決定した。小金丸一行は対馬藩飛び地の浜崎（佐賀県唐津市）へ迂回し、ここを二十九日発船し、順風に乗って同日深夜、下関に着船した。

この間にも、長州の藩内対立は激化しており、藩庁のおかれていた山口は両派が多数入り込み、にらみ合いを続け、一触即発の観を呈していた。事実、九月二十五日夜には、武備恭順を強硬に主張していた井上聞多《ぶんた》（馨《かおる》）が、「俗論派」に襲撃され瀕死の重傷を負っていた。騒乱となるのを恐れた藩主敬親は、両派を引き離す目的もあってか、十月三日、経幹および一部重臣を引き連れ、萩へ向かった。翌日には世子元徳も萩へ向かった。「正義派」には萩の俗論を説諭するためと説明されていたが、その実、藩主を「俗論派」に奪われた格好となった。山口に屯集の奇兵隊ほか諸隊の分遣隊にはそれぞれ本隊へ引き上げるよう達せられた。山口の「政事堂」（藩庁）は萩城

黒書院に移転し、山口残留の家老はじめ諸役人も次々と萩へ移り、藩庁機能は完全に萩へ移転した。
十月六日夜に、直目付の前田孫右衛門・毛利登人・大和国之介《やまとくにのすけ》、政務役の渡辺内蔵太が解任されたのを初め、高杉晋作、小田村文助など「正義派」主要メンバーが続々と藩庁を去り、藩政府の陣容は一変した。さらに二十四日、宍戸左馬之助《ししどさまのすけ》・佐久間佐兵衛・中村九郎が投獄された。

このように、小金丸一行が下関へ着いた時、長州藩庁の実権は完全に「俗論派」の手に握られていた。一行の到着を急報するため、萩へ向かったのは田北太仲《たきたたちゅう》という人であるが、すでに赤間関都合役を解かれていた。筑前藩使節の尽力にすがる思いでこの行動に出たのである。田北が下関へ戻ったのは、十一月四日朝である。彼は小金丸らに、藩主には征長軍に刃向かう意志はなく、藩庁人事の交代も進んでいることを伝えたもようで、小金丸一行の到着を藩主父子も待っていると激励している。小金丸らは大いに安心し、「ならば早速、追討の出兵諸藩へ攻撃延期を働きかけるよう、早船で国元（福岡）へ伝える」と応えている。田北はこれを藩庁政務座の福島吉右衛門へ報せ、小金丸一行を手厚く待遇するよう懇請するとともに、「是《これ》（筑前藩使節）を御取り遁《のが》し成られ候へば、最早孰方《いずかた》とも絶交にて援助の国、一国も之《これ》無き様に相成り、孤立の御国と相成る」「捨つる神あらば、助くる神有るべしとは、この事である」と述べている。また山口に残留していた波多野金吾《はたのきんご》（広沢真臣《さねおみ》）は、渕上へ旅費として大金五十両を渡している。追いつめられていた「正義派」の期待のほどが察せられる。後年、小金丸は他藩の浪士に対するこの破格の厚遇に「感心した」と語っている。

一行は六日萩着、九日敬親へ拝謁のため登城する。城内は物々しい空気で「さながら籠城のような景状」であったという。拝謁の広間には、敬親の左右に大勢の重臣らがいかめしく列座していた。長州側は警戒して小金丸らを一人ずつ呼んだという。まず最初に出た小金丸は、長溥の趣意を伝えて次のように述べた。

筑前藩は薩摩藩と協力して長州藩のために周旋するつもりである。もとより長州藩の「恭順」の態度が必要である。今のように諸隊を「御憎みになって」、もし「破裂」（藩内戦）となっては「御恭順の道」も立たない。速やかに諸隊の「鎮静化」を図られたい。

さらに、長州藩において「神州のため気運を開かん」と考えるならば、薩摩藩と和解して「尊攘の実効」を遂げてほしい。これに同意されるならば、筑前藩はできるだけの周旋をしたいと述べた。これは筑前藩有志の考えを伝えたもので、長溥の本心ではない。しかし国内不安定要因の一つである薩長対立の解消を、長溥は望んでおり、その限りにおいて長溥の許容できる内容であった。

敬親は同意し、「美濃守殿（長溥）も心配あって辱《かたじけ》ないことである。この上ながら周旋の事を依頼する」と、とおりいっぺんの返答をした。小金丸は、復命のため敬親の長溥宛て手翰を要望したが、その件は追って返答すると言われ、退出した。

二番目に出た主米もほぼ同様、筑前藩と協力して周旋すると述べた模様である。ところが最後に呼ばれた渕上は、彼自身の日記によれば、「亡き久坂玄瑞らに成り代わり、大膳様（敬親）を諫争」したという。「正義派」を藩庁に復職させるよう強く迫ったものと想像される。このためたちまち心底を見抜かれ、とたんに使節への待遇が悪くなったという。小金丸が要望していた敬親の手翰も拒絶された。一行への態度は冷淡なものに一変した。もとより藩内対立は根深く、他藩の一使節の弁論くらいでどうこうできるような段階ではなくなっていた。翌十日小金丸一行は十分な手応えもなく空しく萩を後にした。

高杉晋作の筑前亡命

小金丸一行の帰国を待ちわびていた月形のもとへ、突然、高杉晋作がやって来る。

高杉晋作

高杉は四国連合艦隊との和睦交渉が済んだ後、政務役などの要職を命ぜられたものの、ほどなく辞表を出し、萩の自宅に引っ込んでいたが、その後「俗論派」の台頭により、十月十七日政務役を解任された。「正義派」政権の瓦解を憂慮する高杉へ、九州行きを勧誘したのは円太である。それは佐賀藩の動きに注目したからであった。円太は、九月下旬、渕上が再度福岡入りをする際、同行を求められたが、乗り気ではなかったようで、その後も三田尻、山口、下関の間を奔走していた。やがて注目すべき情報を耳にする。佐賀藩鍋島閑叟《かんそう》（前藩主直正）の動きである。閑叟は九月、長州征伐は「決して然るべからず」として、公武の間に周旋し、もしその主張が受け容れられなければ、天皇に「諫言」するため上京すると家中に布告したというのだ。佐賀藩は強大な洋式軍事力を有しながら、それまで中央政局に関与するのを避けていた。不気味な存在であった。それが今回、公然と征長反対を唱えて行動を起こそうとしているのだ。朝幕は戦々恐々としてその入京を待った。もっとも、この情報（『官武通紀』に収載）はニセものであろう。天皇に諫言するのも辞さないなどと公言するわけがない。おそらく長州寄りの勢力が閑叟上京への期待を作文化したものであろう。ただ閑叟が内心征長に反対だったのは事実である。

十月十三日入京した閑叟は、翌日には二条関白と会見する。ところが意外にも「天気（天皇の機嫌）伺いのため上京した」と言うばかりで、長州問題を話題にすらしなかったという（『改訂肥後藩国事史料巻五』）。その三日後には参内、早々と帰国の暇乞いを済ませてしまう。朝廷に対して、征伐の前に一応、詰問されてはどうかと、控え目な建言をしたのみであった。この意外な言動には裏があるようだ。閑叟は十四日早朝、すなわち二条と会見する直前、慶勝と会見している。おそらくその時の感触で、征長が軍事攻撃に至らずに済むに違いないと見抜いたのであろう。敢えて自分が動くまでもないと判断したものと思われる。事実、小倉で準備していた陣中用の兵粮・薪等を、十月下旬、入札払でさっさと処分している。征長中止を見越してのことであった。

しかし円太は、この閑叟の早期退京を、朝幕との談判決裂の結果だと勝手に想像した。そして閑叟を頼って形勢挽回を図ろうとしたのである。こうして円太は萩の高杉に、九州遊説を勧誘した。閑叟を説き、征長阻止に向け、軍事的行動を起こさせようというのである。高杉が円太の言うことをどの程度信用したかは分からない。しかしこのまま手をこまねいていても挽回の見込はない。それどころか投獄の危険すら迫っている。成否はともかく円太の勧誘にのることにしたと思われる。もし佐賀藩が征長阻止に向け、積極的行動を開始するならば、それに呼応して「俗論派」に対する巻き返しの機会も生まれると期待したのであろう。

楢崎弥八郎に筑前行きを誘った時、贈った漢詩がある。

内憂外患、吾洲に迫る
正に是、国家存亡の秋
将に回天回復の策を立てん
親を捨て子を捨つ、亦何ぞ悲しまん

ここにある「回天回復の策」とは閑叟決起への期待を指し、「親を捨て子を捨つ」とは、九州への脱藩を指すものであろう。しかし楢崎は同行を断った。

十月二十四日深夜、萩の自宅を去り、山口で創床の井上聞多を見舞い、さらに徳地の奇兵隊陣所で山県と会い、九州行きを誘うがこれも断られた。二十九日下関の白石正一郎宅で円太と落ち合う。翌月一日白石の実弟大庭伝七を加え、発船、博多に向かった。

博多着船は三日頃と思われる。円太は高杉を港近くの豪商石蔵屋に潜ませ、深夜城下を南に迂回して月形宅へ急ぎ、事の次第を告げた。翌日月形は鷹取と共に、石蔵屋の二階座敷で初めて高杉と面会した。

月形は高杉から長州藩「正義派」が総崩れとなっていることを知らされたであろう。長州の藩内対立の深刻さは月形らの想像を超えていた。そこで月形は、筑紫・浅香・早川・長谷川を使節第二弾として萩へ急派することにした。「正義派」の藩庁復職を働きかけるのがその目的である。十一月十日筑紫一行は下関に着くがそこで、萩から帰国途中の小金丸一行と出くわした。事情を告げて、彼らも加え、十二日萩入りする。しかし、もはや敬親への拝謁も許されなかった。代わりに用談役の熊谷式部が応接したが、その態度は冷淡で、大きなお世話と言わんばかりの「取付きもない返答」であったという。

月形は、高杉や円太の佐賀藩への見当外れの期待を聞いて驚いたであろう。円太の閑叟宛て歎願書草稿が残っている。曰く、「大義を天下に唱え」、「大軍」（佐賀藩兵）を引率上京し、直ちに密奏し、「討幕の勅」を請い、一橋を誅し、会津を滅し、薩摩を逐い、「電撃の猛威」を示し、「同志諸藩」と協力すれば、「天下の事、憂うるに足らず」。これは、閑叟に対する認識も、京都情勢の認識もない独りよがりの夢想というべきものである。円太は高杉にもこのように吹いて、誤った過大な期待を抱かせたのである。

鍋島閑叟（鍋島報效会蔵）

だいたい閑叟は、長州を応援しようなどとは微塵も考えていない。ただ征長行動が現実の戦闘行動にまで及べば、内乱になりかねない。それを憂慮したにすぎない。孝明天皇にしても、文久三年の政変決行に同意して以来、一貫して反長州であり、そもそも討幕など終生一度も考えたことはない。「討幕の勅」を懇請したところで、徒労に終わるほかない。

月形の忠告をよそに、高杉らは田代へ向かった。それを連れ戻すため、月形はただちに今中に命じて追いかけさせた。十一月八日から九日にかけ、田代の平田大江宅で会議が開かれたが、結局大江が佐賀へ歎願に行くことになった。十日佐賀入りした大江は、歎願の趣旨を伝えた。しかしその内容は、「長州の御征伐」は「天下の争乱」ともなるので、「何卒御周旋」を願えないかというもので、円太の期待とはほど遠い内容である。翌十一日、大江は佐賀藩重役原田大右衛門・羽室雷助と会見する。事前に閑叟の指示をうけていた二人の返答は、当たり障りのない内容だったと思われる。

月形は博多へ戻った高杉を、いったん博多水車橋（博多区中洲）の画工村田東圃宅に潜ませたが、町中で人通りが多いため、城南にある望東尼の平尾山荘にかくまうことにした。当時野村家当主の助作が黒崎在陣中で不在のため、望東尼は練塀町の本宅に移っていた。山荘は月形の同志瀬口三兵衛が留守を預かっていた。食事の世話は瀬口が受け持ち、望東尼は本宅と山荘を往復して、高杉と交流した。優れた歌人でもある望東尼は高杉にとって良い話し相手であった。

田代で閑叟に寄せると題して賦した高杉の漢詩がある。

妖霧起雲雨暗濛
路頭楊柳舞東風
政如猛虎秦民怨
今日何人定漢中

結句の「今日、何人か漢中を定めん」に、円太同様、閑叟への期待が込められている。しかしその期待は裏切られた。林元武の回顧録によれば、高杉はある日、酔って博多石堂橋の欄干《らんかん》に斬りつけたため、その暴行を役人にとがめられた。今中らの執り成しで事なきを得たという。月形家に伝わる話では、ある日、高杉が一本歯の下駄で、マントを羽織って月形宅へ来たことがあるという。その隣家の猪野家に伝わる話では、月形があいにく不在だったため、高杉が猪野家で酒をあおって帰って行ったことがあるという。またある日、高杉は林に「筑前が百名の兵を出すなら、自分は共に長州へ赴き、萩の俗論党を打倒してみせる」と豪語したという。林は高杉の二歳下で当時二十四歳、馬廻組百石林家の次男坊で、子どもの頃から負けん気の強さで知られていた。最初の任官は奥祐筆だったという。高杉ともウマが合ったようで、二人で矢野に相談しに行くが、「無茶な事を言うな」と相手にされない。月形や早川も無論反対する。憤懣やるかたない高杉は、月形宅を去るとき、「彼等に諮《はか》るも益なし。君（林）と共に長に入り、兵を挙げて姦奸の徒（萩の俗論派）を亡ぼさん」と気炎をあげた。二人で赤坂へ行き、やけ酒を飲んで帰ったという。高杉は荒れていた。

高杉潜伏の事実は、少なくとも矢野・大音両家老へは内々に伝えられていた。喜多岡も高杉のもたらした長州情報を耳にしており、月形らが藩庁に隠れて、密かにかくまっていたというわけではない。

小金丸、筑紫一行が帰福するのは、ようやく十一月十八日であった。彼らは、長州の三家老（福原・益田・国司）が禁門の変の責任を取り切腹、宍戸左馬之介・佐久間佐兵衛・竹内正兵衛・中村九郎の四参謀が斬首に処せられたことを伝えた。月形は早川を自宅に呼びつけ、非常に不機嫌な様子で、せっかく長州へ派遣されながら、「只々、彼方死刑の探索ばかりにて、おめおめ」と帰国するとは、「いかにも相済まず」となじったという。

もはや萩藩庁へ働きかけても無駄なことがはっきりした。月形は、ただちに早川・林・瀬口を岩国藩へ、筑紫・森・伊丹・安田を長府藩へ派遣することにした。岩国の吉川経幹は萩本藩への影響力を有していた。高杉も経幹の力を借りて、「正義派」を復職させる道はないものかと口にしていた。また長府藩は萩藩庁の「正義派」弾圧に不満を抱き、筑前藩の周旋に期待を表明していた。こうしたことから、支藩の岩国・長府を動かして、萩藩庁へ圧力を加えようとしたものと思われる。この時、月形は当座の工作資金として藩から二百両を渡されている。

いっぽう、三家老四参謀の処刑を知らされた高杉は帰藩を決意する。月形は所蔵する『通鑑綱目』全巻を抵当として博多中島町の熊谷又七から金を借り、餞別として贈った。十一月二十日、博多の対馬藩蔵屋敷で送別の宴が催されたようである。おそらくこの時のものと思われる高杉の漢詩が月形家に残っている。筆跡は酔中のため乱れている。

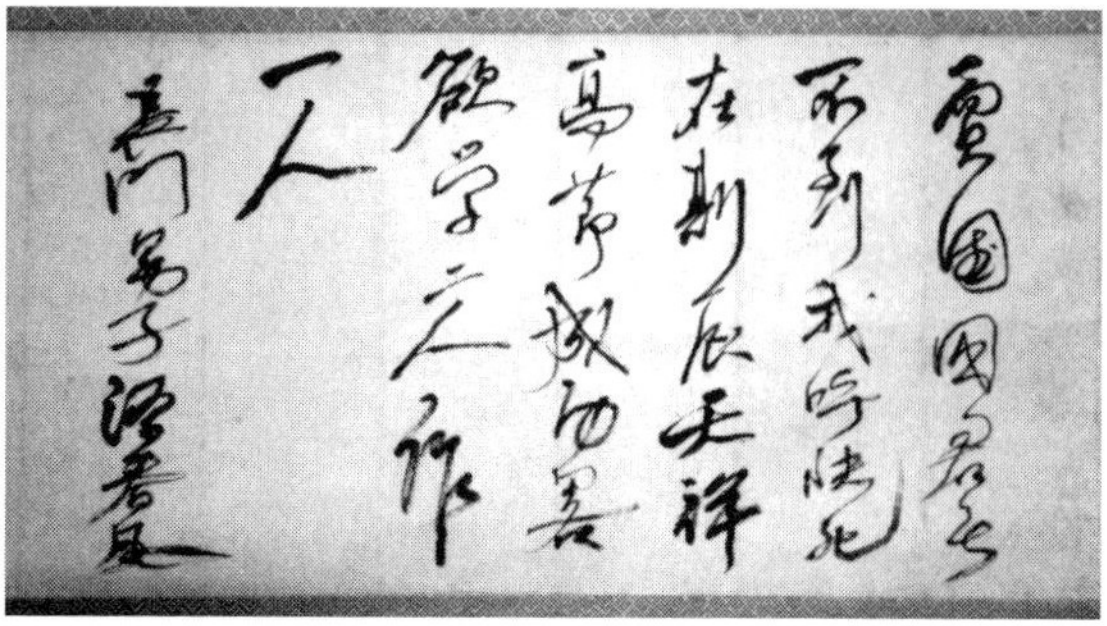

高杉晋作の漢詩（個人蔵）

国を売り君を囚え、到らざる無し、
我快死を呼ぶは斯《こ》の辰《とき》に在り、
天祥の高節、成功の略、
二人に学んで一人と作《な》らんと欲す
長門男子 源春風

死を決し、藩論回復の義挙を決意したことが伝わってくる。

翌朝、高杉は長州へ向かう筑紫・林ら一行に護衛され帰藩することになった。一行は対馬藩蔵屋敷を出て、古門戸町の継所で駕籠を命じた。この時の面白いエピソードが残っている。出発を前に高杉は脱藩の身を警戒してか、「通行人に顔を見られるのは煩わしい。手拭《てぬぐ》いをかぶってはどうだろうか」と言ったという。そこで林が、藩から贈られた博多絞りの手拭いがあると言い、これを皆に配った。一同これをかぶって、互いに顔を見合わせたところ、「その異様の扮装《ふんそう》」に大笑いとなったという。

また、この時伊丹が瀬口に向かって、塩笊に金を入れているので、沿道での支払いをせよと、あたかも家来に命ずるような態度だったため、腹を立てた瀬口が溝端にある塩笊を、「これか！」と蹴ったため、中の一分金が路上に散乱した。あわてて皆でこれを拾い集めたが、まだ溝に落ちたものもあった。高杉は駕籠から下り、溝の中に手を入れ、「一分も残すな」といって集めたという。脱藩の身で、金の有り難さは身にしみていた。

ついでながらいえば、瀬口は軽卒であるが、伊丹は馬廻組百四十石の士分である。二人の家格差は大きい。それが伊丹の態度にあらわれている。しかしこの時の伊丹に対する瀬口の意外な態度から察すると、彼らの間に、身分差を超えた同志としての気安さも生まれていたようで興味深い。

見送りに駆けつけた月形は、達筆の伊丹に命じて、次のような沿道への触状を出したという。「国家のため、有志何某々、長州人高杉晋作等罷り通り候につき、駕籠・宿等滞りなく罷り通すべし。自然遅延の者、之《これ》有り候節は、厳科に処すべきものなり」。この時の月形は「意気軒昂として倒天覆海」の様子であったという。それをみた高杉は、傍らの伊丹に向かって、「月形先生は圭角多く円満を欠くも、その気骨に至りては稜々たるものあり」と語ったという。これまた、月形の強烈な個性を伝えていて興味深い。

第七章　薩長和解工作

五卿五藩分離令

十月二十二日、征長軍総督慶勝は大坂城に副総督松平茂昭《もちあき》（越前藩主）以下、出兵三十四藩の重臣を集め、軍議を開いた。筑前藩からは在京用人の大音兵部と京都聞役東郷吉作が出席している。薩摩藩からは西郷隆盛と吉井幸輔である。ここで、長州総攻撃を十一月十八日と決定した。十一月一日慶勝は大坂を出発し、十六日広島に進んだ。

軍令状が福岡に届いたのは十一月四日である。長溥はこれをうけて、慶勝へつぎのような建議書を送るとともに、十三日加藤司書を広島へ向かわせた。

攻撃する前に服罪勧告をおこない、長州藩がこれに承服しない場合に攻撃すべきである。問答無用で攻め入れば、「正義の輩」（謝罪降伏しようとしている者たち）もやむなく、「暴賊」（抗戦派）に組し、全藩あげて必死の防戦に決起するかもしれない。そうなれば内乱となりかねず、その混乱の虚に乗じて、列強の内政干渉を招き、「神州の御大事」(民族的危機) に陥る危険がある。

要するに、長州藩が謝罪降伏を表明すれば総攻撃を中止せよというものである。これは長州藩が降伏表明することを見越した建議である。またこの建議書の中で長州藩主父子が深く悔悟し、「過激」の者を処分し、藩庁役人を交代させ、征長軍に敵対せぬよう布告しているとの「風説」も伝えている。小金丸や筑紫一行はまだ帰国していないので、これはおそらく高杉が月形らに伝えた長州藩に関する最新情報にもとづくものと思われる。

十一月四日、西郷は岩国へ入り、三家老の首級を至急差し出し、悔悟謝罪の実効を挙げるよう督促した。十二日、三家老が切腹、その首級は十四日、広島の国泰寺へ届けられ、慶勝の名代成瀬正肥《なるせまさみつ》ほか幕府大目付永井尚志《なおむね》らがこれを実検した。これをうけて慶勝は諸軍へ総攻撃猶予を命じた。戦争回避の目途が立ったことを知った出征諸軍勢は「雀躍」したという。十九日、広島の総督府に出頭した経幹に対し、慶勝は三ヶ条の降伏要件を提示した。すなわち、第一に長州藩主父子の自筆謝罪文の提出、第二に三条ら五卿の差し出し、第三に山口に築いた新城 (政治堂を指す) の破却である。

ところが、その夜、長州諸隊が山口の五卿を擁して長府に移動したとの情報が入った。徹底抗戦派の奇兵隊ほか諸隊に五卿を握られたからには、彼らを平和的に差し出させるなど不可能である。この時、五卿を九州の五藩に一人ずつ預けるという修正案を、西郷にもちかけたのが、喜多岡である。さらに大胆にも、もしこの五卿の処置を筑前藩に正式に任せてもらうならば、「十に八、九はやり遂げてみせる」と豪語した。これに同意した西郷は、翌二十日慶勝に働きかけた。その結果、即日、五卿の処置は五藩 (筑前・久留米・肥前・肥後・薩摩) へ一人ずつ預けることに変更され、筑前藩に五卿を長州から受け取り、五藩へ一人ずつ分配するよう命ぜられた。その日の夕刻、喜多岡は勇躍広島を出船、福岡へ急いだ。翌日 (二十一日) 夜、西郷も筑前藩の五卿受取工作の推移を見守るため、広島を出船、小倉へ向かった。

この注目すべき総督府工作は喜多岡の独断によるものであった。彼は総督の五卿五藩分離令が自分の下工作の結果であることを慎重に伏せていた。この総督命令に接した長溥はじめ藩庁首脳部は驚愕したであろう。第一、長州藩から五卿を受け取ることはそれ自体極めて困難な任務である。しかしそれ以上に、文久三年（一八六三）秋以来、長州周旋に力を入れたため、幕府諸藩から「長州同気」と勘ぐられている筑前藩にとって、その疑念をさらに深める危険な任務でもあったのである。それが何らの根回しもなく、突然下命されたのである。

こうして筑前藩の征長中止運動は、たんに意見書を提出するなどの弁舌の段階を超えて、征長中止の要件たる五卿の九州移転実現という具体的結果を求められる段階に移った。腹をくくった長溥は総督へ「右等周旋の儀は、誠に以て容易ならざる事柄に御座候えども、皇国の御為筋につき、嫌疑を避けず、及ぶ限り尽力」すると応えている。従来の立場からして当然の決意というべきではあるが、その実、のっぴきならない事態に追い込まれた観がある。

功山寺山門（下関市）

これ以後、筑前藩の長州周旋は総督府の長州工作の一環となった。総督命令の遂行という「合法的」根拠を与えられたのである。藩内消極派が五卿移転工作に反対の声をあげることができず、沈黙せざるをえなかった最大の理由もここにある。

帰福した喜多岡は、長溥へ総督命令を伝え、自ら五卿に九州移転を説得するため、越智小兵太、真藤登とともに、二十六日福岡を発ち、長府へ向かった。五卿は長府の功山寺にいる。去る十七日、奇兵隊ほか諸隊に守られ、山口を離れ長府入りしていた。周辺の寺々に諸隊約八百人が陣取っていた。五卿は徹底抗戦を叫ぶ長州諸隊の手中にある。彼らは五卿の威光に頼って藩政府に対抗しようとしていた。その五卿を諸隊から引き離し、九州へ移転さ

功山寺「五卿潜居の間」(下関市)

せるなど、ほとんど不可能に近い。

案の定、喜多岡は説得に失敗する。

二十九日喜多岡は功山寺で五卿に対し、西郷の協力を得て、征長軍の五卿引き渡し要求を九州移転に変更させたこと、その取り計らいが筑前藩に委任された経緯を説明した。そのうえで、東西に列藩の軍勢が参集している「騒乱之国」(長州)に、このまま留まっても展望はない、ひとまず九州へ移ってもらいたいと述べた。

これに対し五卿は一応の理解を示した。しかし、昨年来長州藩主父子の懇情を受けているので、今さら何の相談もなく長州を去るのは不本意であるとし、一応相談のうえ、去就を決したいと応えた。下関戦争後、長州藩が攘夷を放棄したことに、五卿は強い不満を抱いていた。一時は長州藩を去り、広島・岡山両藩を頼ろうとしたほどである。そのうえ長州藩は分裂しており、頼りにならない。いま諸隊に擁護されているとはいえ、その勢力は衰えており、兵力は千にも満たない。すでに萩本藩の財政支援を断たれた諸隊は日々の兵糧にも事欠く有様である。紛乱甚だしい長州を去ろうと考えたとしても不思議ではなかった。また喜多岡の目には、五卿の側近で脱藩浪士の有力者である土方と水野は話の分かる、至って「実着之人物」と見えた。何とかなりそうだとの感触を抱きながら、いったん旅宿に戻った。ところが、この淡い期待はすぐに吹き飛ばされる。

深夜、高杉が伊藤ら諸隊長十三、四人を引き連れ、面会を求めて旅宿に押しかけた。夜も遅いので明日にしてくれと言ってもきかない。彼らは、「薩人」の心底は飲み込み難い、かねて薩摩は「仇敵同様」であり、たとえ筑前藩からの執り成しであろうとも信用できないと述べ、そもそも五卿は禁門の変とは無関係であると猛然と反対した。喜多岡は「かねて尊王攘夷を主張している者が、官軍（征長軍）に敵対しては尊王の道は立たないではないか」と説いた。すると、「いや昨年八月十八日以後のことは、奸賊の所為であり、官軍も官軍ならず、すべて賊軍である」と応酬した。さらに喜多岡が「四方より大軍に包囲され、わずかの兵力で勝算があるのか」と問い詰めると、「皇国のため死を決している」と抗弁、まったく話にならなかった。肩まで髪を伸ばし、眼色を血走らせた狂人のような諸隊に接した喜多岡は、想像をはるかに超える現実に絶望に近いショックをうけたに違いない。ろくに面識もない筑前藩の役人の言うことなど、てんで相手にされなかったのである。

明けて三十日、前夜の騒ぎを土方らへ知らせると、諸隊とは自分たちがよく話し合うので、心配せず出発せよと返答があったという。そういわれても、喜多岡らが、説得は困難との思いを抱いて、長府を引き上げたのは言うまでもない。実際、五卿勢と諸隊とは決して一体ではなかった。五卿および土方ら随従浪士は、実のところ、下関戦争以後の長州藩内のゴタゴタに嫌気がさしていた。山口にあった政事堂（藩庁）は萩へ移り、藩主父子および藩庁役人も萩へ移ったというのに、五卿勢は山口に置き去りにされた。俗論派が掌握した萩藩庁にとって、五卿はすでに厄介者であった。一方、諸隊は五卿を擁護してはいるが、その力はまったく頼りない。五卿勢にとって長州藩はすっかり居心地の悪い所となってしまった。また、状況が不利になったからといって、あっさり長州を見捨て、他藩に移るほど、五卿も薄情ではなかった。というより、長州を去ろうにも、武装組織である諸隊の同意なしには、どんな行動も事実上不可能であったというべきであろう。このように、五卿勢と諸隊との関係は微妙なものであった。

五卿の一人東久世《ひがしくぜ》通禧《みちとみ》は維新後、史談会の例会で旧薩摩藩士市来《いちき》四郎の質問に応えて、当時をふり返り、「私共（五卿）は長州を去らうと思って居る中であるから、議論はないけれども、奇兵隊などが渡さぬと云ふので、八ヶましかった」「河上彦斎《げんさい》（肥後脱藩）などはシツコイ男で、中々聞かぬであった」と述べている。

この頃の筑前藩の動きを知ってか、筑前藩に接近してきたのが肥前大村藩である。三万石にも足らぬ小藩であ

渡辺　昇（大村市歴史資料館蔵）

りながら、維新後薩長土に次ぐ賞典禄三万石を与えられたことが物語るように、倒幕に際立った貢献をした藩である。十一月五日、月形は、博多二口屋に投宿中の大村藩士渡辺昇《わたなべのぼり》から、初めて会見を申し込まれている。翌日旅館で会うと、まもなく家老江頭隼之助《えがしらはやのすけ》が到着するので、加藤司書ら藩重役との会見を周旋してくれとの依頼であった。七日、江頭と稲田又左衛門が福岡入りし、八日渡辺と共に、月形と面会後、城内小書院で会見が行われている。十二日にも大村藩の使者荘新右衛門と城内小書院で会見している。渡辺は大村藩有志を代表する人物として知られ、維新後、大阪府知事、元老院議官など歴任した。

月形の下関派遣

二度にわたる萩への使節派遣の効果も空しく、長州藩の内紛は深刻化し、「正気消滅」、嘆くべき事態に陥っていた。月形は使節第三弾として筑紫らを長府藩へ、早川らを岩国藩へ派遣したものの、事態を好転させる妙策はなく、手詰まり感を覚えていたと思われる。

そこへ喜多岡が広島より帰国、総督が五卿の五藩分配を決め、その受取工作を筑前藩に委任したこと、西郷も近々九州へ来ることを伝えた。征長中止への道は開かれている。降伏三要件の内、他の二要件は「俗論派」の萩藩政府によってたやすく実行される。しかし五卿の処置はそうはいかない。しかしこれを実現しなければ、征長の無血中止は困難である。長州藩を窮地から救うことはできない。何としても五卿および長州諸隊を説得し五卿の九州移転を承諾させなければならない。こうして月形は、長州の藩内対立の激化を案じつつ、征長中止のため五卿の九州移転実現に全力を集中するのである。

十一月二十六日、おそらく長府にいた筑紫へあてたと思われる密翰で、月形は次のように述べている。

一 勇平が五卿説得のため長府へ行くことについては、さぞ「御不平」もあるだろうが、「国の為、堪忍第一」、協力して事に当たれ。

一 薩藩の「大島三右衛門」(西郷の変名)も近々福岡へ来るよう、勇平が尽力しているので、十分協議のうえ、「大島と僕と同行」、長州入りしたい。

一 「天下分目の合戦」(幕府との対決)を急いではならない。

冬の関門海峡

喜多岡と月形派の面々とは元来そりが合わなかった。喜多岡は軽輩の出ながら、次第に抜擢され、藩外交になくてはならない存在として精力的に活動していた。月形派には馬廻組や無足組など中級クラスの者が多い。喜多岡の異例の立身出世と功名に対する嫉妬があったとしても不思議ではない。伊丹などは喜多岡が藩主黒田家の紋付を拝領したことに不満を抱いていたという。月形は五卿移転工作を前に、先発の筑紫らと喜多岡の間に不和が生じるのを案じ、喜多岡の広島での働きを、「同人(喜多岡)能《よく》も斗《はか》り候と感心の至り」と高く評価し、一致協力するよう諭している。

月形は西郷と意見一致を図ったうえで、共に長州入りし、五卿移転説得工作にあたるつもりであった。同時に、手詰まり状態の長州藩内対立の調停も、西郷の協力を得て推し進めようとしていた。

「天下分目の合戦」を急ぐなと、敢えて筑紫に述べているのは、激情型の筑紫が徹底抗戦派の諸隊に同調しかねないのを心配してのことと思われる。

十一月二十九日、司書が広島から帰国、総督命令を正式に長溥へ伝えた。月形の下関特派が決まったのは、この日と思われる。高杉とも親交があり、筑前藩有志を代表する人物として、五卿勢にも名を知られている月形をおいて、五卿説得の適任者はいない。月形の起用を強く推したのはおそらく司書であろう。広島で総督慶勝と直接交渉してきた司書の発言力は大きかった。こうして、いよいよ月形の出番が回ってくる。

三十日、月形は福岡を出発する。長溥は羽織を贈り激励したという。今中作兵衛、そして月形宅に潜伏中の渕上郁太郎も月形の家臣格で同行した。征長無血中止の成否は五卿移転の成否、すなわち月形の説得如何にかかっていた。下関渡海直前の月形の心境を物語るエピソードがある。

十二月一日の朝、黒崎番所前を筑前藩士永野良造が通っていたところ、月形が桜屋藤四郎なる者に対し、何か「不都合あり」として、今中に向かい、「直ちに斬って捨つべし」と激昂していたという。後で聞けば、雨の中、下駄の鼻緒を切らした藤四郎が、これを立てながら月形らに応対したことに激怒したのだという。「桜屋」というのは黒崎宿の旅館で、藤四郎はそこの当主である。黒崎の船庄屋も務めていたので、船の手配のことで、月形とやりとりがされていたものと思われる。番所取締役の岩崎市兵衛や中村到（後の松浦挌彌）が仲裁に入り、結局、中村が藤四郎を「もらい受ける」ということで騒ぎは収まったという。黒崎では月形の希望どおりに事が運ばず、下関渡海を急ぐ月形のいらいらが高じていたらしい。そこへ藤四郎の「不都合」が重なったことから、月形の堪忍袋の緒が切れたといったところであろう。それにしても、少しばかり礼を失したからといって、「斬り捨て」を口にするとはいかにも非情と思われるかもしれない。しかし、この事件から、勇躍長州へ向かう月形の心境をうかがうことができる。

五卿は奇兵隊はじめ諸隊が擁護している。彼らの同志の多くが、去る七月禁門の変で戦死あるいは自決している。ついで八月、四国連合艦隊との戦いにも敗れ、今また、幕府の大軍が東西から長州に迫ろうとしている。わずか数百の兵力で、とうてい勝ち目はない。そのうえ、藩政府を握った「俗論派」による追討の動きさえある。藩内外の敵に迫られ、もはや頼るべき何ものもない。幕軍に屈服するくらいなら、五卿を奉じて徹底抗戦し、亡き同志のあとに続こうとしていた。勝敗などはじめから念頭にはない。玉砕するのみである。砲煙弾雨をくぐりぬけてきた勇士たちは、いまや最後の戦いに殉じようとしていた。死ぬことなど、何とも思っていないのだ。

月形がこれから相手にするのは、このような人々だった。満身創痍、孤立無援のなか、死を覚悟した人々だ。生はんかな説得など通じるわけがない。月形をおいて誰がこの説得をなしうるであろう。だからこそ、長溥は月形の特派にふみきったのだ。

長州諸隊は月形らを同志とは見なさないだろう。現に、筑前藩は藩兵を黒崎周辺に集結させ、若松港には二百の兵船を準備し、征長軍総督の指揮を待っていた。単身、敵地に乗り込むようなものだ。下関へ渡れば、激昂した隊士にいつ暗殺されてもおかしくはない。しかし、彼らを説き伏せ、五卿の九州移転を実現しなければ、征長の無血終結は期待できず、長州を救うことはできない。

このように、月形は　命を賭けて、下関へ乗り込もうとしていた。

(それを、この男、下駄の鼻緒などに気をとられながら応対するとは、何ごとか!)

ここで月形の怒りが爆発したのだ。桜屋の主人も月形のただならぬ言葉にさぞ仰天したことだろう。藤四郎は、後の宇都宮正顕《まさあき》である。諸藩の志士と交流があり、桜屋はその会合場所にしばしば使用されたという。のちに「乙《いっ》丑《ちゅう》の獄」に連座、一時拘留されたが、薩摩藩士関山新兵衛の弁護で釈放されたという。維新後「従五位」を贈られていることからして、時勢にうとい平凡な宿屋の主人とは違う。有志の一人であったのだが、福岡城下をほとんど離れたことのない月形とは面識がなかったものと思われる。

この黒崎での一件は、下関渡海直前の月形のすさまじい気迫を伝えている、というべきであろう。

この黒崎で月形はあたかも岩国から帰藩中の早川と出くわした。早川は前日、長府で喜多岡から五卿移転命令のこと、その説得に失敗したこと、およびこれより岩国へ向かう予定と聞かされていた。月形は早川に、自分は小倉で西郷と協議のうえ下関へ渡海するので、早川もただちに長府へ引き返し、喜多岡の岩国行きを止めさせ、自分の到着を待つよう指示した。

小倉に出た月形は、十二月二日西郷と会見する。すでに西郷も喜多岡から説得失敗を知らされており（喜多岡は岩国へは行かず、小倉を経て帰福した）、このうえは五卿奪取のため長州諸隊との一戦もやむなしと覚悟していたところであった。月形は「とても今度の事は、喜多岡らの力の及ぶところではない。自分が行くからには、五卿を早急に黒崎へ移すつもりだ」と述べたという。

月形一行が西郷との事前協議を済ませ、下関へ着船した時、陽はすでに落ちていたようである。下関会所（萩本藩の出先機関）へ到着を知らせるため、月形は今中を同所役人の井上源右衛門方へ、渕上を同じく寺内弥次右衛門方へ向かわせた。二人は、月形も同道していること、後から薩摩藩の西郷も来る予定であることを伝え、旅宿の世話を依頼するとともに、このたび筑前藩が幕府から長州追討の件を「丸々御依頼」されたこと、よって諸藩と相談の上、「鎮静之取計」（穏やかな決着）をめざしていると述べた。ただし小倉藩は他の諸藩と「不和」のため周旋の障害となるので、使者のやり取りなどは控えるよう忠告した。井上と寺内は家老の根来上総《ねごろかずさ》（下関総奉行）へ急報、その指示で、政事堂（萩藩庁）への急書を発した。夜八時頃であった。筑前藩からの使節は前年来、珍しいことではない。しかし今回は、筑前藩単独の使節ではない。幕府軍の命を受けているらしいこと、そのうえ薩摩藩の実力者西郷も下関に来ると聞いては、根来も驚いたことであろう。旅宿の世話は長府藩が持ち、諸雑費は萩本藩が持つことになったという。

月形を待ちかまえていたのが円太である。その時の月形とのやりとりは、長野誠「筑前志士伝」巻二によれば、次のようであったという。円太は諸隊の内情を説明し、「我輩」にしても「条公」（三条）を他藩に移しては、「誰を頼むべき」、「いわんや諸隊に於いておや」と、五卿の九州移転に反対した。また、もし移転を無理強いすれば、身に危険が及ぶぞと忠告したという。すると月形は「黙れ！　円太」と一喝、「そのような愚言を聞くとは思わなかった。天下本藩のために、五卿を移し、兵を解き、民を救わんとの志もなく」、諸隊の説を主張するのかと猛然と反論した。圧倒された円太は、一転「大いに悔悟し」、月形への協力を約束したという。

この記述は吟味する必要がある。月形の気性をよく知る円太のことであるから、説得の仕方次第では、逆上した諸隊に殺される危険があると訴えたのはまず間違いない。しかし、五卿の移転そのものに反対したであろうか。円太はやむなく長州に身を置いているのであって、長州勢の一員となるために亡命しているわけではない。その長州藩もいまでは分裂し、紛乱のさなかにある。彼の目的はあくまで筑前藩を「勤王」に決起させることであった。その点、小藤平蔵のように、忠勇隊に属し、その後高杉に従い、長州内戦を戦い、遊撃軍斥候として生涯を終えたのとは違っていた。その円太が、諸隊に同調して、五卿の長州滞留に執着したとは考えにくい。円太にすれば、五卿が福岡へ移ることは、むしろ筑前藩の「藩論興起」に役立つと思われたであろう。混乱甚だしい長州藩に留まるより、はるかに好ましいことではなかったのか。現に、十一月二十四日付の月形あて書翰で、「条公（三条）御引受之儀」は「いずれ御覚悟」が必要だと述べている。これなどは円太が独自に三条の筑前藩での受け入れを模索していた可能性すら想像させる。性格が激しい点で二人は似ていた。殺気立つ諸隊の実情を熟知する円太が、「迂闊なことを言うと危ないぞ」と忠告するのに対し、満身使命感に燃える月形が「何を言うか！　必ず説得してみせる」と言い返すような場面があったとしても不思議ではない。「筑前志士伝」の記述は、二人の激しいやりとりを誤って伝えたものではないのか。一考を要する。

いずれにせよ、円太が月形に協力を約したことは事実である。その協力とは、五卿勢や長州側に顔の利く者でなければ、なしえられないような性格のものであったはずだ。その協力に月形がどんなに助けられたかは、後述するとおり、円太の不幸な死を知らされたとき洩らした月形の言葉が教えている。

対薩和解の説得

十二月三日、月形は長府入りする。長府在陣の奇兵隊日記に「今晩、筑前より使者来るよし、報知これあり」とある。喜多岡の時と同様、諸隊が面会を求めてきたが、五卿との話し合いが済むまでは面談できないと突っぱねた。月形はまず土方と会おうとしたが、所労で休んでいた。代わりに応接に出た水野正名に使命を述べ、五卿への面会を要望した。水野は久留米脱藩で土方同様、五卿随従の有力者である。ほどなく功山寺へ「参殿」するようにと通知があった。五卿の前に出た月形はつぎのように述べ、筑前移転を促した。

このまま当地に滞留されれば、長州藩をして謝罪の道を失わせることとなる。諸卿方が筑前へ移転されれば、征長軍の解兵が実現する。その後、薩筑両藩で長州処分が寛大となるよう尽力したい。

この月形の口上は、土方の日記(『回天実記』)に見る限り、先発の喜多岡が述べたものとほぼ同様である。五卿側は、九州移転に原則同意を表明しつつ、諸隊の反対を理由に受諾し難いと返答した。諸隊は功山寺周辺の諸寺院に宿営していた。彼らは五卿の移転に猛反対している。その諸隊の意向を無視して動くことは不可能であった。

すると月形はこう反論した。

五卿と諸隊の関係を見ると、「君臣同様」である。臣下が主命に従うのは当然のことである。しかるに家臣同様の者が反対しているからといって、「皇国の御為」を熟慮された上でのことを「御決答」できないとはいかがなものか。「御英断」を伺いたい。

月形の鋭い指摘をうけた五卿勢はしばらく協議した後、「これまで五人は艱難流離の間、起臥を共にしてきた厚誼がある。今後も離ればなれになるのは忍びない」との理由で、「一箇所に移居したい」と返答した。月形はすかさず、それでは移転受諾の旨、書面で回答して頂きたいと迫った。これに応じ、三条は自ら筆をとり、次のような書面を渡した。

天下の御為には如何様とも進退をしたい。しかし有志の者（長州諸隊）が動揺の最中、長州を去れば、沸騰するのは避けられない。長州は三家老らを厳刑に処し、謝罪している。今後藩主父子退隠等の処分がなされず、寛大な長州処分となるならば、長州藩内も平穏となるであろうから、そのための周旋尽力を頼み入る。

長州藩に対する政治処分が寛大となることを条件に、明言を避けながらも、ともかく筑前移転を受諾する意志のあることを書面で明らかにしたのは、やはり喜多岡ら藩の役人とは違う月形の迫力と粘りがものをいったのであろう。

中岡慎太郎（国立国会図書館蔵）

月形の説得に誰よりも敏感に反応したのが土佐脱藩の中岡慎太郎である。当時諸国脱藩の者からなる忠勇隊の隊長をつとめ、五卿随従の有力者の一人であった。中岡は月形のいう薩筑両藩の周旋に長州藩の活路を見い出した。月形の言うことが本当ならば、長州藩を窮地から救うことができる。しかし、あの薩摩藩が征長軍の解兵と寛大な長州処分のために動いているというのは本当なのか。中岡は薩摩藩の動きを自ら確かめたいと考え、西郷との面会を希望する。

そこで月形は四日、小倉の副総督府に報告に行く早川に、中岡を同伴し、西郷に引き合わせるよう指示した。早川の日記（「長州往返日記」）に次のようにある。石川清之助とは中岡の変名である。

土州浪士石川清之助召し連れ渡海、西郷へ引き合わせ候様にと月形指図に付き、小倉へ召し連れ参る。石川、名を改め、寺西（右）貫夫と云う。石川、西郷と会議ありし由、予（早川）は錫屋に逗《とど》まる。

中岡は西郷に対し、長州藩はすでに三家老の首級を差し出し謝罪している、藩主敬親の隠居処分は免れないにしても、世子元徳が毛利家を相続できるよう周旋してもらえないかと打診した。しかし西郷は、元徳は藩兵を率い上京の途中で敗報を聞いて引き返しており、敬親よりむしろ罪は重いので、それはとても出来ることではないと返答する。ついで中岡は、五卿の九州移転が兵威を恐れた結果と見られるのは残念であるから、移転時期は征長軍解兵（撤兵）の後にしたいと要望した。西郷は解兵と同時ということであれば、その線で周旋したいと答えた。中岡は自分も精々尽力したいと応じた。

この会見中、中岡が、これほどまでに薩摩藩から周旋してくれるのであれば、去る七月長州勢が登京した際に周旋してくれたならば良かったものをと述べたところ、西郷は、長州勢が「薩賊会奸」などと唱え、三方より京都へ進入しようとする状況下で、説得周旋などできることではなかったと答えている。

この会見によって、中岡は月形の主張に間違いのないこと、すなわち薩摩藩が征長軍の解兵と寛大な長州処分のために、真剣に動いていることを知った。それは長州人の対薩認識が好転してゆく第一歩であった。一方西郷も「激党」の中に、冷静で話の分かる人物がいることを知った。この時期、諸隊は関門海峡を「薩賊」の「三途の川」だと息巻いていた。その「薩賊の巨頭」西郷と密かに会見したことが、殺気立つ諸隊の間に洩れたならば、ただではすまない。中岡がいかに勇気ある人間だったかを想像されたい。

西郷は、いったんはあきらめていた五卿移転が、月形の奮闘によって実現しそうになったことを喜び、筑前芦屋に滞陣中の家老喜《き》入《いれ》摂津《せっつ》へ、次のように報せている（十二月四日付）。

月形よりの一左右相分かり候処、よほど議論も能《よ》く相立ち、五卿方は弥《いよいよ》長防を御離れ相成り候処だけは御断決相成り、（中略）是より月形、激党の者共へ説得に打ち懸かる賦《つもり》、（中略）喜多岡の説とは大いに模様相変り、事の成りそうな向きに相聞かれ申し候

しかし諸隊の間では動揺が広がっていた。筑前藩は五卿を無理に奪い取ろうとしているとか、五卿は「心変わり」して、月形のいうことを「大正義」と思い込んでいると噂された。十二月六日夜のことと思われるが、危機感をつのらせた諸隊は、今後の行動方針をめぐって沸騰した。ある者はもはや断然と五卿を奉じ、萩へ進出し、「俗論派」藩政府に対抗すべしと主張し、またある者は小倉方面の征長軍に一戦を挑み、「長防武士の気魄」を見せつけるべしと叫んだ。これに対し五卿は軽挙するなと鎮撫にあたった。見かねた三条は諸隊の歎願を採用するよう藩主に申し入れるため、単騎で萩へ行くと言い出した。それを今度は諸隊が思い止まるよう説得していたところへ、騒ぎを聞いた月形が早駕籠で下関からかけつけた。三条へ拝謁した月形は、そのようなことをされては、長州周旋のため藩命を帯びて長州入りしている自分の面目が立たないと述べ、すでに諸隊の要求を受け容れるよう藩政府を説得するため、筑紫衛を萩へ派遣しており、その一報があるまでは泰山のごとく「鎮座」されたいと、萩行きを見合わせるよう訴えた。これに三条らも納得し、騒ぎはようやく収まったという。

翌日下関へ戻った月形はこの一件を藩庁へ注進する書翰で、今夕は諸隊長と談論する約束であること、何としても諸隊の動揺を鎮め、五卿を受け取らずには帰藩しないこと、命ある限り「君命を辱める」ようなことはしないので安心されたいと述べている。

この日、月形は今中と林を連れ、下関会所へ行き、根来との会見を申し入れた。林八郎右衛門方が会見の場に指定された。月形は根来に対し、自分たちが下関へ来たのは、征長軍総督が五卿の九州移転の取り計らいを筑前藩へ委任したことによるもので、藩主長溥の内命をうけてのことであると、あらためて伝えたうえで、すでに三条に拝謁し、九州移転の意志は直筆の書面で確認していること、ただ諸隊が反対しているので、萩藩庁と協議のため、筑紫を萩へ派遣していることを明かした。

そして、薩藩の協力を得るため、西郷隆盛を下関へ呼び寄せたいと述べ、根来の考えを質した。根来が、当たり障りのない返答をすると、月形は、諸隊に対する説得は自分たちも行うが、もし、諸隊との調停案を萩藩庁が受け入れない場合、自分も主命を帯びて来た以上、そのまま帰藩したのでは面目が立たないので、しばらく下関にとどまり、「神州之御為」、周旋を続ける覚悟であると不退転の決意を示した。

突然の話に驚いた根来は、萩藩庁へ急報し、対応に困っている旨伝え、「国論」(藩論)を承知している者を、下関へ急派するよう要請した。月形はこの時の印象からか、根来を中立的人物とみたようで、後に岩国藩へ諸隊支援、萩藩庁人事改造を要請したとき、留任然るべき家老の一人として根来を指名している。

いよいよ諸隊の説得に移る決意をした月形は、十二月七日夜、下関に諸隊長を招集した。五卿随従からは少なくとも水野正名が参加している(土方は病気で欠席)。月形は諸隊長らを前に、次のように訴えた。

第一、薩藩は大藩にして、智力兼備の人物の多い国である。貴藩(長州藩)が天下のために図ろうとするならば、互いに協力することこそ得策である。

第二、「京師の戦争」(禁門の変)で薩人が会津を助けたのは、御所防衛のためであって、これをもって薩藩が貴藩を敵視しているとみるのは、甚だしい誤りである。

第三、今や貴藩は不幸にも「尊攘の誠意」、上下に貫徹せず、かえって朝敵と見なされ天下に孤立している。

しかし、独り薩藩のみは「旧怨」を棄てて、「貴藩の救解」に尽力している。「是豈私心を挟むものならんや」

このように、天下を動かそうとするならば薩摩藩との提携が必要であること、薩摩藩の禁門の変での行動はことさら長州藩を敵視したものではないこと、いま薩摩藩は過去を水に流し、長州藩救助に尽力していると述べ、対薩敵視を改めるよう厳しく諭した。

さらに「姑《しば》らく忍び難きを忍び」、「速やかに五卿を西航」せしめ、「薩藩と和解」して「機に乗じて恢復《かいふく》を謀る」ならば、「貴藩の素志は貫徹」するであろうと論じた。つまり征長軍総督の要求する五卿の九州移転を受け容れ、ひとまず幕軍の攻撃をかわした後、薩摩藩と和解提携して、運動を再建するならば、長州藩の目的も達成されるであろうと訴えたのである。最後に、「もし我々が言を容れずんば、是自ら斃れて止るに至らん」と、猛省を促した。

このように五卿移転の説得と対薩和解の説得は表裏の関係にあったのである。しかし長州人にしてみれば、いま薩摩が征長中止に動いていると言われてみても、にわかには信じがたいことであった。禁門の変直後、薩藩家老小松帯刀《こまつたてわき》は慶喜に即時出兵を進言し、薩摩はその先鋒をつとめたいとまで述べていた。西郷も「早く御征討これなく候わでは如何の姦謀も謀り難し」と大久保利通に述べていた。禁門の変で勇敢に戦った薩摩勢は、征長戦の主力軍とみられている。その薩摩が一転して、征長中止に動いているという。もしそうだとするならば、その裏には何か策謀が隠されているのではないかと諸隊は疑っていた。

また、諸隊は萩藩政府に対抗するために、五卿の威光に頼ろうとしていた。五卿を奉じて萩へ示威行動を起こし、藩論を回復しようとしていた。その五卿を手放すわけにはゆかない。こうしたことから、諸隊長らは月形に同意せず、話は平行線のまま、ただ酒を飲むばかりだったという。

同じ七日、萩では、筑紫と渕上が藩主毛利敬親および家老らと会見していた。二人が下関を発ったのは十二月五日と思われる。下関会所の寺内が付き添ったようである。月形の萩藩庁工作の第三弾である。すでにみたように第一弾は十月の小金丸一行、第二弾は十一月の筑紫一行である。今度の目的は、五卿は九州移転に原則同意していることを伝え、移転の障害となっている諸隊の動揺を鎮めるためには、彼らの歎願を受け入れ、前田孫右衛門、楢崎弥八郎ら正義派を赦免し、藩庁へ復帰させるよう説得することであった。

会見は萩城ではなく天樹院（藩祖毛利輝元の菩提寺）で行われた。敬親は天樹院で蟄居していると征長軍総督へ届け出ていたからである。この日午前十時前、敬親は萩城を出て天樹院へ出向いた。前回の冷淡なあしらいとは打って変わって、宍戸《ししど》備前《びぜん》、毛利《もうり》筑前《ちくぜん》、毛利《もうり》能登《のと》、井原《いばら》主計《かずえ》ら家老らを従えて姿を現し、筑紫の言う事に真剣に耳を傾けた。会見後、筑紫と渕上は明倫館で饗応をうけ、金十両ずつ贈られている。それもそのはずで、筑前藩の背後には征長軍総督徳川慶勝が控えている。小倉では薩藩西郷らが筑前藩士の活動を注視しており、近々下関入りするという。鄭重な待遇に一変したのは当然のことであった。

敬親は天樹院から萩城に戻ると、使節への返答について協議するため「大御会議」を開いた。毛利宗五郎（支藩長府藩世子）、毛利讃岐（支藩清末藩主）のほか、家老らが集められ、その意見を聞いた後、さらに藩庁役人、支藩の家老・用人らを集め、その意見も聞くという念の入れようだった。散会したのは、深夜十二時過ぎだったという。相当慎重に検討されたことが分かる。

しかし、寺内によって伝えられたその回答は完全な拒絶であった。そればかりか、諸隊との和解など今さら不可能だとし、是非兵力をもって討伐するというものであった。萩城内での長時間にわたる「大御会議」では多少の異論は出たであろう。しかし、「正義派」諸隊を蛇蝎《だかつ》のごとく嫌う「俗論派」の強硬論が他を圧したのである。

九日、筑紫と渕上が下関へ帰ってきた。その絶望的な報告を聞いても、月形はあきらめなかった。小倉には出番を待つ西郷がいる。征長軍総督に対して大きな影響力をもつ西郷が、長州に乗り込んで説得するならば、長州藩内対立の調停に大きな力を発揮するであろう。そのとき五卿の移転も可能となるとみていたのである。

ついに月形は西郷を下関へ呼び、五卿随従らと会談させることにした。この間、中岡を通じて、五卿勢の間には薩摩藩への一定の信頼と期待が生まれていた。西郷を下関へ呼び、会談させるだけの環境が整ったのである。また筑紫がもたらした萩情報をもとに西郷と協議する必要もあった。この機会に西郷自身の口から直接、五卿随従に薩摩藩の基本方針を説明させ、併せて薩摩藩が萩政府と諸隊の和解調停工作に意欲的であることを伝えることで、五卿勢の薩摩藩への疑念と不安を払拭し、筑前移転を促そうとしたのである。

十一日朝、月形は林泰（元武）を小倉へ派遣し、西郷に下関渡海を要請した。薩摩勢の間で藩兵の護衛を付けるべきだという声があがった。しかし西郷は吉井幸輔と税所篤《さいしょあつし》の二人だけを同伴して大坂屋での会談に臨んだ。筑前藩からは月形のほか筑紫、林らが出席、五卿随従からは水野、中岡ら四五人が出席した。彼らは筑前移転を解兵後にしたいと要望した。西郷もこれに異論を唱えなかった。また五卿勢は自分たちが長州を去れば、諸隊が萩政府から苛酷な仕打ちを受けるのではないかと懸念していた。これに対し西郷は、諸隊を苛酷にあつかわぬよう萩政府に働きかけることを約束した。もしこの言葉を疑うならば吉井を人質として下関に残してもよいとまで述べている。薩摩藩の影響力は筑前藩の比ではない。その薩摩藩が萩政府に圧力をかけることで、諸隊への抑圧が止むことを、中岡は期待したであろう。長州藩内対立の「調和」が実現するならば、移転することに支障はないと答えている。西郷が京都の小松帯刀に宛てた書翰（十二月二十三日付）がある。

小松帯刀（国立国会図書館蔵）

私にも一篇は下之関へ罷り渡りくれ候様、月形より申し遣わし候に付き、吉井・税所両士聞き入れず同道にて罷《まか》り渡り候処、諸浪の内四・五輩も参り、一夜議論もこれあり候。諸浪の隊は一同帰順の運びにも成り行き、隊長の者とは両度も論判仕り候処、合点も出来、一向《ひたすら》五卿の御開きも相尽き候次第にて、実に大幸の事に御座候。

ここに「諸浪」とあるのは脱藩浪士を指す。したがって「諸浪の隊」とは忠勇隊であり、その「隊長」とはすなわち中岡のことである。事実、越前藩家老本多修理は、この時の西郷の報告を記した日記のなかで、「激輩の隊長寺石貫夫（中岡の変名）」と書いている。西郷が中岡と会うのは、四日小倉での会見についで、これが二度目だった。だから西郷は「隊長の者とは両度も談判」と書いているのである。従来、この「隊長の者」は長州諸隊の隊長らを指すと解され、あるいは高杉だといい、あるいは赤袮武人ではないかといわれてきた。しかし、以上のとおり正しておきたい。

月形が出席を要請した高杉は、会談の相手としては現れなかった。ただ会場に姿を現したのは事実である。同席した林の回顧談によれば、酔った高杉が仲間を引き連れ、突然会場に現れ、名乗りもせず、西郷に向かい、「貴様が薩摩の芋掘り武士か！」などと散々罵倒し、「こんな所にいるのも穢《けが》らわしい」と吐き捨て、引き上げたという。見かねた者が「あの者は酒を飲みますと、ああいう癖があるから…」と取り繕ったという。誰も「あれが高杉です」などとは口にしない。西郷もこれが「激党」の連中かくらいに思っただろう。事実、維新後、薩摩人の池上四郎から、「先生は生前に高杉にお会いになりましたか」と尋ねられた西郷は、「自分は会ったことはない」と答えている。高杉は、月形の要請をむげに断り切れず、ともかく西郷との対面だけは果たそうとしたものと思われる。この頃の高杉には、西郷との会見をどうしても控えねばならない事情があったことは後述するとおりである。

この会談に、高杉や赤袮など長州人は参加しなかった。それでも西郷が「合点も出来」「実に大幸の事」と述べたように、薩摩藩の誠意を五卿勢に浸透させるうえで極めて大きな役割を果たした。月形はこの会談によって五卿勢の対薩認識を一新させることに成功した。

下関から戻った西郷は、副総督府に「五卿引渡等の事」は「大概見込」が立てば、「跡は筑前へ御任せ」、解兵しても良くはないかと述べている。つまり五卿の移転完了前に解兵してかまわないというのである。西郷は解兵を急いでいた。十二日、西郷は経幹を通じて萩政府に諸隊抑圧を止めるよう働きかけるため、岩国へ向け、小倉を発とうとしていた。そこへ越前藩家老本多修理が広島から着き、総督府が五卿問題の処理を急がせるため、若井鍬吉（尾張藩士）を小倉へ派遣しており、まもなく到着すると知らされたため、岩国行きを見合わせた（若井の小倉着は十三日）。喜多岡の五卿説得が不調に終わったことを総督府が知ったのは七日、そこでテコ入れのため、若井を小倉へ派遣することにしたのである。彼らは、長州諸隊が、追いつめられた野獣のように手強い相手だとは想像していなかった。征長軍十数万、「激徒」（長州諸隊）たかだか千、何を恐れることがあろう。現地の実情にうとい総督府は、「勇平、恐れて遁《のが》れ帰り候次第、馬鹿なること」と嘲笑していた。

同じく十二日、月形は早川を連れ、功山寺の五卿を訪れ、前夜の大坂屋会談の内容を伝え、重ねて筑前渡海を促した。三条は次のような書面をもって回答した。

西郷隆盛との「極密談合」のことは承知した。長州藩の内紛が鎮静次第、「筑藩へ渡海」するので、西郷には早々小倉を出帆し、岩国に立ち寄り、萩藩政府「反正」（正常化）の説得を尽くし、広島へ行き、征長軍総督に対する周旋（解兵工作）に尽力するよう通達を頼み入る。

この書面は、藩内対立の鎮静化次第という条件付きながら、筑前渡海を明記しており、三日の書面より踏み込んだ内容である。この書面を持って早川が小倉に渡った。十三日朝、副総督府に着いた早川は肥後藩の長谷川仁右衛門を伴い、西郷へこの書面を示した。西郷は、これで良しとして、今日明日にも小倉を発とうとした。岩国で経幹を通じて藩内対立の鎮静化を働きかけるとともに、広島へ急ぎ、総督へ解兵を決断させるためである。

ところが長谷川がこの書面には渡海期日が明記されておらず、これでは解兵は困難だと異議を唱えた。西郷も

毛利敬親
（山口県立博物館蔵）

これに同意し、渡海期日を確答させるよう月形へ要請することになった。早川がすぐさま下関へ渡り、月形へこれを伝えた。

翌十四日、月形は土方を下関へ呼び、ここで一世一代の熱弁を振るった。「なぜ移転が遅れているのか、最早断然と移転されるよう周旋を頼む」。土方は「五卿はこれまで長州藩と交誼がある。その長州は国中に敵兵を引き受け、内乱も起こりかけている。長州藩主へ忠告を尽くし、それでも五卿の主意が行われないならば、移転もやむを得ないが、これまでくらいの周旋で、ただちに移転したのでは信義が立たない」と即時移転を拒絶した。長州藩の正常化を藩主敬親へ十分働きかけたうえでなければ、移転はできないというのである。この発言は、五卿自身の積極的意志というよりも、五卿の威光を背景に藩政府に対抗しようとしている諸隊の意向を踏まえたものである。五卿は命知らずの諸隊に擁されており、その意向を無視して動くことはほとんど不可能であった。

これに対し、月形は「然れば、長州藩のことだけを考えて、空しく移転を延期し、そのため天下のことはどうなってもいいのか」と厳しく反論して譲らなかった。激論のすえついに土方が折れた。土方の日記に「追々激論に相渉《わた》り候処、遂には和談に相成、跡にて頻《しきり》に酒共相傾け歓談、今夕は遂に一泊す」とある。月形の弁論が相当のものだったことがわかる。

明けて十五日昼、長府へ帰った土方は、五卿らと会議を開き、いよいよ筑前渡海を決議した。その夜、月形は今中と伊丹を功山寺へ派遣、「七日以内に決然と転座してほしい」と書翰を送り、その旨「御墨付」（正式な書面）にして頂戴したいと念を押している。ついに三条は次のとおりの書面を渡した。

此方共移転の儀、明十六日より十日の猶予を以て、萩表反正の成否に拘《かか》わらず、必ず其藩へ渡海せしめるべ

く決定に付き、解兵の儀、早々周旋これありたく頼み入り候事

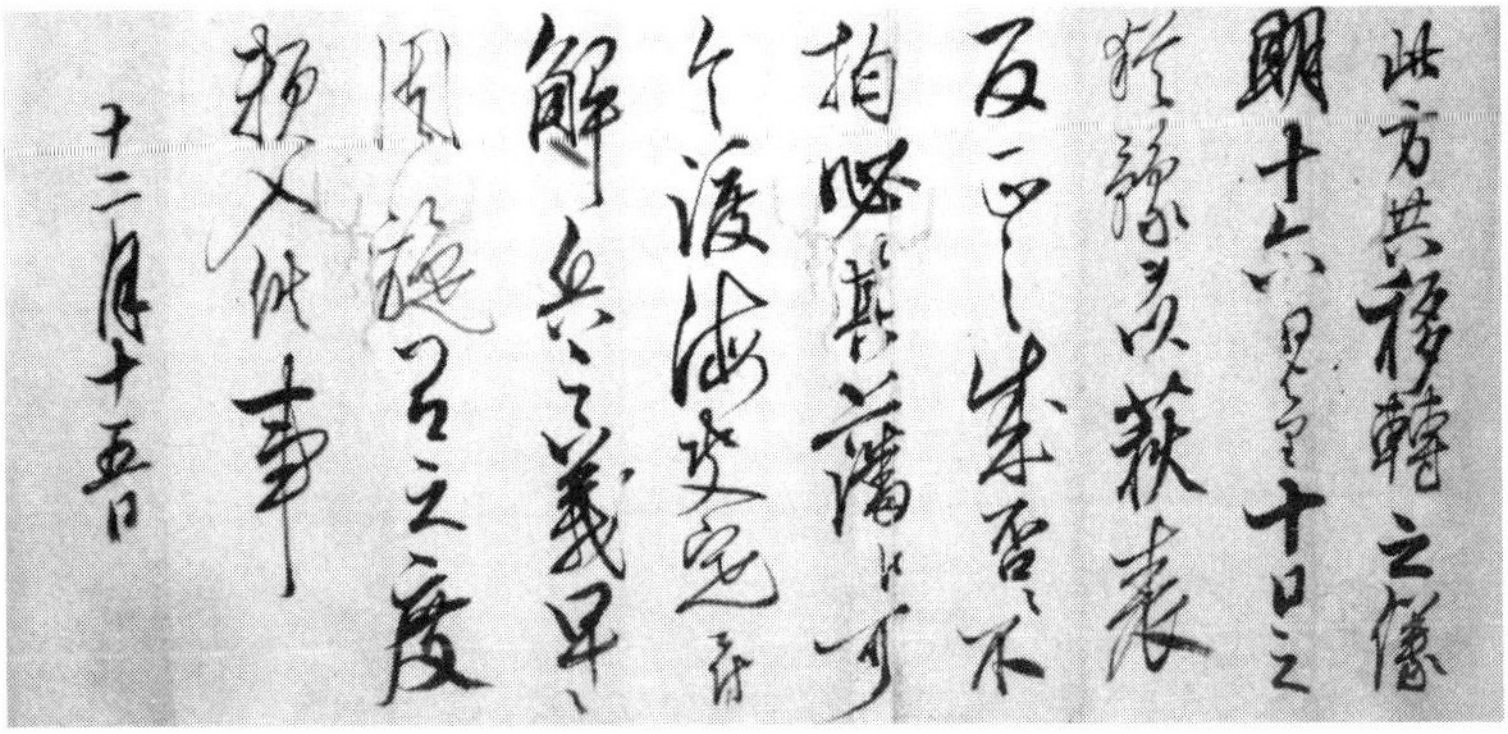

三条実美の筑前渡海承諾書（個人蔵）

すなわち明十六日より十日以内に、萩藩政府の正常化の成否にかかわらず、必ず筑前へ渡海するので、解兵となるよう早々尽力してほしいというものである。十日の猶予を設けたのは、諸隊と共に萩政府に対する最後の働きかけをするためであった。諸隊はいよいよ五卿をかついで萩へ進出し、藩政府に対し、最後の示威行動を起こそうとしていた。

そのわずか数時間後、功山寺に現れたのが、高杉である。深夜二時頃、五卿らをたたき起こした高杉は、すさまじい勢いで「遂に諸卿の御方々を筑前へ移し奉るに至った事は残念の至りなり。今宵は暇乞いのために参上したので、御盃を賜りたい」と言上、差し出された冷酒を二三杯あおるや、「これから長州男児の手並みを御覧にいれたい」と告げて去ったという（東久世通禧『維新前後 竹亭回顧録』）。本堂の前には約八十人の同志が整列していた。いわゆる功山寺決起である。高杉は藩権力奪回をめざす義挙を開始した。奇兵隊ほか諸隊主力は、時期尚早としてこれに賛同しなかった。高杉らは下関へ出て、いったんここに割拠した。

この高杉の言動は、月形との間に密接な連絡があったことを物語っている。これより前、月形は高杉に何回となく五卿の筑前移転を承諾するよう迫っていた。高杉自身は五卿の移転はやむをえないと判断していたが、それを口にすれば諸隊の反感を買い、彼らを義挙に動員することは不可能となる。それでなくとも決起に賛同する者はいなかったのだ。高杉は表向き反対を唱えねばならなかった。月

形はその深意を測りかね、執拗に説得を続けた。ついに高杉は「俗論も防がねば相済まぬ。私は是から其辺の世話をするから、諸君は然るべく尽力ありたし」と述べたという。つまり自分は「俗論派」打倒、藩論回復を図るから、月形らは五卿移転、解兵に尽力してくれということである。

早川が伝えるこの頃のエピソードがある。月形と高杉にはそれぞれ幼い一人息子がいた。ある日会飲の最中、ふいに高杉は「自分は良い死に方はしないだろう。月形君の気性もまたそのように見受ける。しかし早川君だけは長寿を保ち、将来功を立てるであろう。願わくは、我々二人の孤児を早川君に託したい」と涙ながらに語ったという。高杉は討死を覚悟していた。月形とて同様である。藩重臣に宛てた月形の書翰の一節に「私儀、今日迄は先々異無く、存命相勤め申し候」とある。殺気立った長州諸隊の前で「薩摩と和解せよ」とか「五卿を渡せ」などと主張することが、何を覚悟しなければならなかったかを想像されたい。小金丸兵次郎は維新後、往時を回顧して「月形洗蔵などは度々白刃を以て迫られて、余程危険でありました」と語っている。

月形はこれまで萩藩政府と諸隊との和解実現に望みを捨ててはいなかった。しかし筑紫から萩藩政府の諸隊討伐の動きを聞き、また高杉も決起した以上、藩の内戦は不可避との認識を深めていた。

諸隊主力は高杉の義挙には同調しなかったものの、十六日夕刻、萩へ向け移動を開始した。御楯隊だけは五卿の護衛として長府に残留した。十八日、三条西季知・四条隆謌も長府を発ち、吉田で諸隊に合流、十九日夕刻、伊佐へ進んだ。この行動を山県有朋は後年、「実は三条西・四条の二卿を奉じて萩政府に迫らんとせしなり」と回顧している。それは藩論回復をめざす最後の示威行動であった。高杉はこれが失敗に終わることをとうに見抜いていた。高杉の決起部隊と奇兵隊ほか諸隊主力との合流は時間の問題であった。

五卿渡海延期要請

五卿の筑前移転承諾書は、十六日昼、早川が小倉へ届けた。待ちかねていた西郷は、ただちに今中を連れて岩国へ出発した。五日前の下関会談で約束したこと、すなわち萩政府に対し、諸隊を苛酷に扱わないよう、岩国の経幹を通じて働きかけるためである。

こうして五卿の渡海はスムーズに実現するかに思われた。ところが、ここで思わぬ問題が浮上した。それが五卿の筑前同居問題である。

総督は五卿を一人ずつ五藩に分離するよう命じていた。しかし五卿は五人同居を要望している。もし月形が総督命令に固執し、五人同居の要望を拒絶したならば、五卿に渡海を決断させることは不可能であっただろう。五卿勢は五人同居を当然のことと認識していた。五卿の渡海を急ぐ月形は、この問題にことさら触れることを避け、五人同居に支障はないかのような素振りだったと思われる。

本多修理
(『越前藩幕末維新公用日記』)

小倉には広島の総督府から尾張藩士若井鍬吉が来ている。西郷が去った後の小倉（副総督府）での議論は、若井（尾張藩）、吉井幸輔（薩摩藩）、長谷川仁右衛門（肥後藩）、それに副総督府の本多修理（越前藩家老）らによってリードされていた。五卿受取工作は総督が長溥に命じたものであり、この問題で筑前藩は副総督府から指揮を受ける関係ではなかった。総督府を代表する若井が小倉入りしてからは、五卿関係情報は若井や吉井、長谷川に伝えられ、それから本多ら副総督府の耳に入るのが常であったようだ。司書も本多ではなく若井と突っ込んだ議論をしている。これは本多ら副総督府が若井より強硬な考えを持っていたからでもある。小倉で総督府を代表する若井の存在は大きかった。

月形は五卿を一ヵ所に同居させるべきことを、十六日小倉へ渡った早川を通じて、初めて若井や長谷川へ明らかにした。すなわち、五藩分離をしばらく猶予し、その間筑前同居を容認すること、そしてこの件については副総督より命令してほしいと要望した。翌日若井はこれを本多ら副総督府に伝え、しばらくの間、五卿同居も構わないとしなければ、かえって「五卿抜取」に支障が生じるだろうと述べている。本多らもこの点をそれほど問題視せず、おそらく五卿の説得に苦労した月形らの「権謀の言」であろうと理解を示した。筑前同居はごく短期間に終わると楽観していたためでもある。

ところが、この動きを知って驚いたのが司書である。司書が第一回の広島行から帰藩したのが十一月二十九日、休む間もなく十二月一日再び広島へ向かった。今後、長州藩に下されるべき政治的処分について、筑前藩(長溥)の考えを総督に伝えるためであった。この任務を終えた司書は十二日朝、尾張藩の蒸気船で若井とともに広島を発ち、翌十三日小倉へ着き、復命のためいったん福岡へ帰り、十七日の朝、再び小倉へ着いたところであった。

十七日若井の旅宿を訪れた司書は次のように抗議した。

元来筑前は五卿の渡海を周旋するだけでも、すでに諸藩の嫌疑を受けている。そこへ今また五卿全員を筑前で預るということになれば、藩内に必ず物議を起し、容易に折合わないであろう。したがって長溥も決してこれを承諾しないであろう。

この司書の発言は、筑前藩の五卿移転工作がぎりぎりの線で行われていたことを物語っている。月形らの活動はもとより藩命にもとづくものである。その藩命は総督命令の執行である。したがって諸藩から非難されるべき何ものもなかった。月形らの活動は、征長軍総督の権威に支えられていたのである。藩内の長州周旋反対派が五卿移転工作に公然と反対できなかった最大の理由もここにあった。沈黙を余儀なくされた反対派は、広島へ行く司書の旅費支給をしぶったり、月形が要請した乗馬の搬送を、理由を設けて実行しないなど陰湿な妨害を加えていた。もし月形らの活動が総督命令から少しでも逸脱するならば、ここぞとばかりに公然たる非難を加えるであろう。

筑前藩は文久三年（一八六三）九月に始まる長州周旋によって、幕府諸藩から「長州同気」とにらまれていた。国内対立の激化を食い止め、内乱回避をめざす長溥の長州周旋は、あたかも長州藩の立場を擁護するものであるかのような印象をあたえていた。五卿移転工作にかける筑前藩の本心は、総督命令の遂行という形式によってカモフラージュされているのではないかと勘ぐられていた。その筑前藩が総督の承認もなく、五卿全員を自藩で預かることにすれば、その疑いはいよいよ深まるであろう。長州周旋・五卿移転工作に内心反対の者は、総督命令を逸脱するとの理由で、一斉に異を唱え、公然と反対を叫ぶであろう。そういう事態となれば、長溥も五卿の筑前同居を受け容れないであろう。司書はこのように予想したのである。

司書の抗議をうけた岩井は、そもそも五卿同居のことは月形らが五卿の要望を受け容れた結果である、異論があるならば、筑前藩から五卿に断るのが筋ではないかと反論した。そこで司書は「それならば本藩より御断りにおよぶべし」と応え、その日（十七日）の夕刻、真藤登を下関へ向かわせた。司書は月形から五卿交渉の実情を聞いておらず、五藩分離を強いれば、移転自体が困難となることをまだ認識していなかった。

月形は十六日、功山寺で五卿へ渡海を督促している。十七日も筑紫を派遣し、重ねて督促していた。真藤が下関に着いたのは十七日深夜から翌十八日早朝にかけてと思われる。事情を聞いて驚いた月形は、真藤の功山寺行を差し止め、ただちに小倉の司書のもとへ向かった。月形と司書との話し合いはおそらく激論に近いものであったろう。月形にしてみれば、今さら筑前同居の内諾をひるがえすことなどできない。やっとの思いで渡海を承諾させたのだ。司書も月形の話を聞き、実情を飲み込んだものと思われる。結局、二人は予想される藩内の反対論を抑えるため、副総督および尾張、薩摩、肥後各藩代表の名において、長溥へ五卿の筑前同居容認を働きかけてもらうことで一致した。月形はすぐに若井を呼び、このことを伝えるとともに、五卿一同は大宰府へ移し、五藩による共同守衛としたいので承知されたいと述べている。すなわち五藩分離ではなく、五藩共同守衛による筑前大宰府同居である。

そのいっぽうで月形と司書は、五卿全員を筑前で預かるにあたっては、征長全権を握る総督の新たな命令が必要だと考えたであろう。それは、五卿の筑前同居が先の総督令の変更を意味するという理由からだけではない。五卿の筑前同居が、「五卿の要望」から「幕軍総督の新たな命令」に転化すれば、藩内の反対論は抑えられる。諸藩の疑惑にも対抗できる。長溥も決断せざるを得ないからである。そのため司書が総督府工作にあたるということが、二人の間で合意されたであろう。

十九日、副総督松平茂昭の名で長溥あて要請書が作成された。起草したのは肥後藩の仁右衛門である。曰く、「御転座の儀、彼是《かれこれ》差し縺《もつ》れ、遅緩《ちかん》になっては、皇国の御為にならない。何分一旦は、是非貴藩（筑前藩）へ五人共引き受けていただきたい。このことは僕（茂昭）から総督へ伝え、貴藩に嫌疑がかからぬようできる限り尽力したい」。即日これを持って薩摩藩の吉井らが福岡へ急行した。西郷の竹馬の友である吉井は、西郷が小倉を去った後の薩藩代表であった。副総督府では、これで長溥もすぐに決断するだろうと楽観していた。

司書は以上の経緯を長溥へ説明し、指示を仰ぐため、帆足弥次兵衛を福岡へ向かわせた。おそらく吉井の福岡行きの案内役を兼ねて同行させたものと思われる。帆足は月形と司書の協議の場に同席していた人物である。司書は藩首脳部に対し、五卿は筑前同居を渡海の条件としていること、これについて総督の指示を仰ぐため近々広島へ発つ予定であること、そのため五卿へ渡海延期を申し入れることにしたことを伝え、承認を求めたものと思われる。

広島の総督から正式な命令を引き出すには日数を要する。そのため二人は、筑前同居問題に対する藩首脳部の反応がどうであれ、しばらく五卿の渡海を延期せざるをえないという結論に達したと思われる。それは藩首脳部の指示を見越した措置であると同時に、新たな総督命令獲得までのいわば時間稼ぎでもあった。

下関へ戻った月形は二十日、三条らに対し、筑前渡海の延期を申し入れた。延期理由は、「幕軍解兵」、「長州藩の無削封」、「総督府が長州藩の内紛調停に当たる」、この三点について総督の確約を得るため司書が広島へ向かっている、その結果がわかるまで待ってほしいというものであった。これは突然の渡海延期要請を不審に思われるのを避けるための苦しい口実である。三条らにすれば、このこと自体に異論はない。しかし、「何を今さら」という思いはぬぐえなかったであろう。

これより前、総督は解兵後に下されるべき長州藩に対する政治処分について出兵諸藩に下問していた。長溥は藩主毛利敬親は「隠居」、世子元徳は「廃嫡」、ただし削封（領地の一部没収）はしないという案を提出しており、司書を通じて強力に働きかけていた。長州藩主父子の「隠居」「廃嫡」処分は諸藩に共通していたが、「無削封」を主張したのは筑前藩だけであった。削封となれば長州藩が黙ってこれを受け容れるとは思われなかったからである。しかし諸藩は大なり小なり、削封然るべしとしていた。総督府内には削封とはするものの、そのまま「御預け」とする考えがあった。つまり形式的な削封である。副総督府はこれを「アイマイの事」と批判していた。いずれにせよ、長州藩に対する政治処分は、軍事面を担当する総督の権限外のことであった。したがって、長州藩の無削封について総督に確認をとるというのは、土台無理な話であった。

月形は、これまで五卿に一刻も早い渡海を促していた。それが突然、延期を申し入れることで、三条らに不審を抱かれるのを恐れ、これまで自分らが述べてきたことは筑前の藩論であり、「君意」を受けたことであると強調しつつ、受入準備は整っているので「即刻御転座」の意志を確認したいとも述べている。延期要請とは矛盾した言い草である。ここに何とかして即時渡海を実現させたい月形の本心が滲《にじ》んでいる。

二十一日暁、司書は、若井が蒸気船で広島へ帰るのに同乗し、小倉を発った。真藤登が随行した。第三回目の広島行である（二十二日朝、広島着）。目的は総督へ解兵を促すことである。若井も解兵を急ぐべきだと考えていた。五卿渡海前の解兵に難色を示す本多らへ、西郷同様、渡海の見込みさえあればそれで良いと述べている。司書のもうひとつの重要な目的は、いうまでもなく五卿の筑前同居を命ずる新たな総督命令を引き出すことであった。小金丸兵次郎が、司書の指示で下関へ渡海し、月形同様の理由をもって、重ねて三条に渡海延期を申し入れたのは二十二日である。

いっぽう副総督の要請に対して、長溥はどう返答したか。二十二日付返翰には、「縷々御懇諭の趣、余儀なき次第」であるから、「皇国の御為」、「暫時弊国（筑前藩）へ引受」けることにするとあり、「一式持切」（筑前藩単独の受持）は「掛念」もあるので、「相請持」（五藩共同の受持）としたいとし、移転（渡海）ができるだけ速やかに実現するよう家来に申し付けるとある。吉井にはそれに加えて、「寓所」は領内三ヵ所に分け、一ヵ所に三条、他の二ヵ所に二人ずつ置きたいと口頭で伝えられていた。

ところがである。藩庁が月形へ五卿の渡海を急ぐよう指示した形跡はない。というのも、二十八日になっても、月形は用人櫛橋内膳ら藩重役五名連名宛て書翰で、「本藩御一藩」の事情で五卿の渡海が延引すれば、筑前藩に対する非難がおこるはずで、「当惑の至り」であると述べ、早急な渡海指示を懇願しているからである。帆足が司書に復命するため広島へ向かう途中、下関へ立ち寄り、月形へ藩首脳部の意向を伝えたのは、その四日前である。その具体的内容を直接伝える史料を知らない。しかし、それがどのような内容であったにせよ、この月形書翰の文面から、ただひとつ、五卿渡海をしばらく見合わせるよう指示したことだけは確かなのである。それは月形と司書が予想したとおり、長溥が五卿の筑前同居に難色を示した結果であった。月形らが藩庁の指示を待たずに行った五卿渡海延期要請は、然るべき措置として、事実上追認されたのである。

副総督の意外な要請に接し、藩庁内で相当議論がたたかわされたと想像されるが、薩摩・肥後の両藩、さらに総督府を代表する若井も同意していると聞かされては、これを拒絶するのは困難と判断され、表向き、先のような返翰内容となったものと思われる。

　そんなことは知らない副総督府は、二十三日、野村東馬（筑前藩用人）がもたらした長溥の返翰をみて、胸をなで下ろした。彼らは、月形らが五卿に渡海延期を要請している事実をまだ知らなかった。その日の夕刻には、五藩代表（薩摩藩吉井、筑前藩熊沢三郎右衛門、肥後藩長谷川、肥前藩愛野忠四郎、久留米藩某）を集め、具体的な打合せに入った。もっとも、上陸地の黒崎から三ヵ所への五卿護送は筑前藩で受け持つが、三ヵ所での守衛兵は五藩から出す、その人数の多少については追って協議するという程度に止まった。というのも、筑前藩の具体的な受け入れ案を持ってくるはずの帆足が姿を見せなかったからである。帆足は何をしていたか。司書に復命するため福岡を発った帆足は、小倉を尻目に下関へ直行（二十四日夕）、月形・筑紫・小金丸らに会った後、広島へ急いでいた。そもそも副総督の要請に、いかに返答するかで頭を悩ましていた藩首脳部に、五卿全員を受け入れた場合の具体的な対応策を検討する余裕などなかったであろう。

　月形は早川を小倉へ遣り、五卿に渡海延期を申し入れていることを吉井に明かした（二十四日夜）。併せて吉井の下関渡海を要請した。御楯隊総督の太田市之進と野村靖が、「五卿は禁門の変とは無関係である（したがって、長州征討とも無関係である）から、その長州滞留が許されるよう総督へ歎願したい」と、月形へ申し入れたのはその前日であった。月形はこれを思い止まらせるべく、吉井と共にその説得に当たろうと考えていた。

　以上のことを二十五日朝、吉井から知らされた副総督府は驚き、長谷川らも加え、対策を協議する。その結果、長州処分は「天幕」（朝廷と幕府）が決定することであり、総督の権限ではないこと、したがって司書の帰りを待っても無駄であることを月形へ説明するとともに、太田らへは副総督府・薩摩藩・肥後藩より萩政府へ諸隊抑圧を止めるよう働きかけることを伝え、歎願は断念し、五卿移転に同意するよう説得することとなった。そのため吉井がただちに下関へ渡海した。

月形は何とかして五卿を早急に渡海させることはできないものか思案していた。

ここで、三条西・四条の両卿を擁して萩へ向かっていた諸隊主力の動きを見ておきたい。十二月二十日朝、彼らは萩へ向け伊佐を出発しようとしていた。そこへ萩の使者重見太仲・秋里直記が来て、両卿に諸隊が随行して萩入りすれば、諸隊と政府軍との間に混乱が生じるとして、萩行きの中止を求めた。そこで両卿は二十二日までに家老の宍戸備前か毛利伊勢を伊佐へ出張させるよう依頼した。しかし二十二日、備前は「病気」、伊勢は「御用繁」と称して来ず、名代の益田孫槌《まごつち》が来て、「強て萩へ御越しになれば、あるいは如何様の御不礼に及ぶやもしれない」と申し立て、重ねて萩行き中止を求めた。これに怒った両卿は「左様の事にては、所詮忠告も無益であるから、最早何事も申し述べず」と言い切り、早々帰萩の上、この旨復命せよと追い返した。そこへ前田孫右衛門ら「正義派」七人が萩で斬首されたこと、萩政府が諸隊へ人馬・米銀・食物その他一切用立てるなと領民へ厳命しているとの情報が届く。さらに二十五日、「諸隊追討の論、弥《いよいよ》相決し、近々兵を差し向け候様子」との情報が入る。ここにおいて諸隊主力は平和的交渉の道が完全に断たれていることを悟った。こうして彼らは、下関の高杉の部隊同様、萩政府との武力対決を覚悟するのである。三条西・四条の両卿は諸隊主力と別れ、長府功山寺へ引き返した。

このような状況をにらみ、月形は藩の指示をよそに、非常手段で五卿の渡海を実現しようと考えていた。そこへ吉井がやって来る。月形は、諸隊がその赦免を要求していた前田ら七人が斬首されるようでは、とても諸隊の説得どころではないと述べている。吉井も太田らに対する説得をあきらめた。その話し合いの最中、今中が西郷の書翰を持って岩国から戻ってきた。西郷も岩国で萩政府が前田らを処刑し、諸隊討伐を決めたことを知り、こ

吉井友実（幸輔）

うなったからには、調停工作をあきらめ、広島へ向かうとあった。西郷は長州藩の内戦が始まろうとも、とにかく征長軍の解兵を急ぐ腹であった。

月形は五卿渡海問題について吉井へこう述べている。「福岡（藩庁）から、長州処分が軽典（寛大）となる見込みが立たないうちは、五卿を受け取るなと言ってきているので、手を下し難いが、このまま五卿を受け取らないとなっては、筑前藩は諸藩に対して面目を失う。この上は五卿に迫って筑前への脱走を勧めるほかない」。征長に動員されている諸藩兵は厳寒の中、長期間、他国での不自由な宿営を余儀なくされていた。そのための藩費も莫大であった。彼らは五卿移転が実現すれば、「御討入」とはならず、遠からず「諸軍御解放」（解兵）となるものと期待していた。もしここで、筑前一藩の事情で五卿問題が片付かず、そのため解兵が延期されることになれば、筑前藩は諸藩に対して面目を失うというのである。なお、福岡藩庁からの指示を取りつくろっているのは藩の内情を悟られないためである。

結局二人は「脱走の節は、必ず御楯隊らが制止するであろうから、密かに長府藩に船を用意させておき、萩政府軍が迫るその混乱に紛れて、五卿に筑前脱走を勧める」ことに決した。つまり、藩庁の意向を無視して、五卿の自発的行動（脱走）という形で筑前渡海を実現しようと考えたのである。

吉井は二十六日朝、小倉へ戻った。吉井の報告を聞いて、いよいよ不審を抱いた副総督府の本多は、熊沢三郎右衛門へ、すでに渡海期限の二十五日を過ぎている、筑前藩では司書の報告あるまで五卿を受け取らないという説があるが、これは「如何の次第に候哉」と詰問し、早々福岡藩庁へ問い質すよう依頼した。熊沢は司書の留守中、小倉で藩を代表していた。この時小倉にいた細川護美《もりよし》（肥後藩主の弟）は親密な久光へ宛て、「筑狸、相変わらず言語に絶し申し候、呵々」と書き送り、はっきりしない「筑狸」（筑前藩）の動きを嘲笑している。
二十六日と思われるが、月形は三条に迫り、長府に残留する御楯隊も、萩政府軍との決戦に備え、伊佐の諸隊主力に合流させるよう促した。これは五卿渡海の障害となる御楯隊を五卿から遠ざける措置でもあった。そうして月形の意を受けた長府藩家老三好内蔵介《くらのすけ》が、五卿へ筑前脱走を働きかけた。しかし五卿は、当然のことながら筑前藩の正式な指示を待つことになっており、「脱走等の如き曖昧の所置は致し難し」と答え、動こうとはしなかった。こうして苦肉の策も失敗した。もはや司書の帰りを待つしかない。
いっぽう下関に割拠する高杉の部隊は、伊佐の諸隊主力と連絡をとりつつ、正月早々にも萩政府軍と決戦する準備をしていた。二十八日早朝、高杉は軍資金援助を求める密使を、山口の大庄屋吉富藤兵衛のもとへ急派した。同日、月形も伊丹を連れ、長府・徳山・岩国の各支藩に諸隊支援を要請するため、下関を発した。出発直前、櫛橋内膳・野村東馬ら藩庁要人へ宛てた書翰で、こう述べている。

五卿の受け入れを延引すれば、筑前藩は「寄手の兵」(征長動員の諸藩兵) および「万民の苦しみ」にも構わず、平然としていると悪評が立つのではないかと当惑している。筑前藩だけが五卿移転を拒んでは「以の外」である。諸隊も移転を押し止めないよう「策略」を施しているので、直ちに移転は可能である。「御差図」(藩の指示) あり次第、「一身をはめ、又々尽力」する「覚悟」である。

筑前領内には、筑前勢が黒崎、佐賀勢は木屋瀬、唐津勢は直方、薩摩勢は芦屋に宿営しており、周辺住民は彼らのため自宅を宿舎として提供させられ、各浦は多くの船と働き手を軍用船や水夫として徴用されていた。農民は筵・薦・縄・草鞋などの製作が割り当てられていた。さらに多勢の諸藩兵が集結したため、諸物価は騰貴していた。庶民もまた大きな負担を強いられていたのである。月形はこの「苦しみ」から「万民」を解放するためにも、一日も早く五卿の受入れを決断し、解兵実現を図るべきだと、藩庁に迫ったのである。征長に動員された諸藩兵は約十五万人に達する。その長期にわたる滞陣が、藩兵のみならず各地域の庶民に強いた負担を想像するならば、月形のいう「万人の苦しみ」が決して誇張ではないことが理解されるであろう。このような庶民生活への高い関心は、月形を一貫しており、これまでにみたとおり修猷館での均田制の建言、「弾正縄」批判、麦作への新年貢に反対する建言、町方取締り強化に対する異論などにあらわれている。武士身分にしては珍しい特徴である。

月形と伊丹が岩国へ着いたのは正月二日である。岩国藩士横道八郎次らが応接した。月形は萩藩政府の諸隊追討の動きを非難し、根来上総や井原主計のような中立的人物を萩藩政府の要路に登用すること、徳山・長府・清末の三支藩と申し合わせ諸隊と連合（「一和」）すること、窮迫している諸隊へ七八千両ほどの資金を援助するよう要請した。その「議論、甚だ激烈」であったという。岩国側は、同じ筑前藩士でありながら、従来接触していた喜多岡とは明らかに異なる月形の主張に当惑したであろう。協議の結果、当然のことながら事実上の拒否を回答した。岩国で吉井幸輔と落ち合い、萩へ行く予定であったが、吉井がなかなか到着しないので萩行を断念し伊丹を岩国に残し、吉井の到着を待たせ、月形は一人下関へ戻っている。この岩国行きは五卿対策の任務から離れた勝手な動きと藩庁ににらまれ、後に月形攻撃の材料のひとつとされた。

征長軍解兵

いっぽう司書が広島に着いたのは、十二月二十二日朝である。その夜、西郷も岩国から広島入りした。翌二十三日、萩政府の諸隊追討届書が総督府へもたらされた。これは五卿の引き渡しに応じない諸隊を追討するというものである。これより前、総督は長州藩伏罪の現況を見届けるため、名代石河光晃《いしこみつあき》・幕府目付戸川鉾三郎ら約五百名からなる大査察団を派遣していた。二十四日、山口および萩城内の巡見を終えた石河から、長州藩の伏罪を見届けたとの報告が届いた。

萩政府は降伏恭順の立場をとっているものの、諸隊がこれに応ぜず、五卿の引き渡しにも反対しているため、藩内戦が始まろうとしている。五卿の九州移転は不透明である。総督府はこのような状況での解兵に躊躇した。

しかし西郷は五卿の筑前移転以前に解兵となっても不都合はないと強硬に主張し、もし出兵諸藩がしびれを切らし、勝手に兵を引き上げるような事態となれば、それこそ総督の威光にかかわると、早急な決断を迫った。司書も五卿の受け取りは必ず成し遂げると述べ、解兵を急ぐよう進言した。

加藤司書画像（節信院蔵）

当時総督府にいた八木銀次郎（尾張犬山藩士）は、後年、史談会でこう回顧している。「私共が広島に居った時分、加藤さんなどが尽力でござりました。大宰府五卿移転はお引請け申すから、是非陣払になるようにと総督へお迫りでした」。総督が解兵を決断したのは、二十五日である。この日の朝、帆足は下関を発船したばかりであるから、藩首脳部の指示は、司書の言動に影響することはなかったことになる。その二十五日の夕方、総督府に呼ばれた司書は、石河ら査察団が広島へ帰着する予定の二十七日に解兵を正式発令するとの内意を伝えられた。西郷も同様だったと思われ、この日広島を発ち、小倉へ向かっている。しかし司書はまだ広島を去るわけにはゆかなかった。五卿の筑前同居を命ずる総督命令を引き出さなければならなかったからである。
西郷の征長に対する基本方針は早期無血決着であった。それは長州問題以上に重大な問題が浮上しつつあったからである。日本の国内事情について認識を深めた英仏蘭米の駐日代表は、攘夷の動きを封じ、通商条約の完全履行のためには、通商条約の勅許を得る必要を感じており、そのための共同行動を起こそうとしていた。西郷が三月に入京して以降、絶えず気にかけていたことはこの問題であった。事実、八月二十六日、下関遠征を終えた英仏などの艦隊十二隻は、横浜帰還の途上、その威容をはじめて大坂湾上に現した。翌日退去するが、むろん攘夷論の京都朝廷に対する無言の軍事的圧力であった。駐日英国公使らは朝廷の存在の大きさに気付きはじめ、それまでの幕府相手の交渉を修正し、朝廷を視野に入れた交渉に移ろうとしていた。この新たな外交攻勢に対処するには、征長などの国内問題にいつまでも時間を費やすわけにはゆかなかったのである。

当初、西郷は長州に対する軍事進攻と、厳しい長州処分を想定していた。禁門の変で自ら長州勢と戦った体験からしても当然のことであったろう。しかし、徐々に長州の内情が分かるにつれ、その姿勢を軟化させてゆく。十二月二十日、岩国で経幹と会見の際、萩で幽閉中の前田孫右衛門ら（「正義派」）について「何れも有用の人材」であり「国家のため惜しむべき人物」であるから、処刑してはならないと発言したことなどはその表れである。このような長州認識の変化を促したのは、何といっても長州藩首脳部が攘夷論から開国論へ転換したという事実であろう。

長州藩指導部が外国貿易への意欲を表明したのは、早くも下関講和談判の席上においてである。八月十四日、四国連合艦隊代表キューパー提督（英国艦隊司令官海軍中将）が長州藩主は領内の港を外国貿易のために開く意志があるかどうかと質問したのに対し、長州藩代表の家老宍戸備前は、「藩主は大そう開港を望んでいるが、現在国内の状態が不安定なので、朝幕関係がもっと平和的見通しをもつに至るまで、天皇や将軍の承認を得られないのではないかと恐れている」と答えている。この宍戸の意外な発言は、敬親をはじめとする長州藩首脳部が元来開国論であったことを教えている。下関戦争の敗北は、彼らが尊攘派に奪われていた藩の指導権を取り返すきっかけとなった。長州藩は尊攘運動で一貫していたかのように誤解されているが、久坂玄瑞ら尊攘派が藩の指導権を半ば握っていた時期は、せいぜい二年間のことにすぎない。その後、下関は外国船の寄港地と化し、遅くとも年末には、下関で外国交易が行われていると広くささやかれるに至っていた。こうして、長州を無謀な攘夷論者として毛嫌いする理由は消えてしまっていたのである。

解兵発令の翌日（二十八日）、総督は筑前藩に対し、「五卿は直ちに各藩へ分離できない内情もあるようなので、当分の間、筑前領内に置くこと」を命じた。また五卿の守衛等は五藩の「相請持」とするよう他の四藩にも命じた。文面からして司書の進言を容れた結果であることがわかる。この新たな総督命令をもってすれば、藩内の反対論を抑え、延期している五卿渡海を実現できる。司書は福岡へ急帰する。

西郷が小倉へ着いたのは元日の朝である。解兵令もこの日、小倉へ到着している。西郷は翌二日下関へ渡り、月形の留守を預かる筑紫へ、五卿渡海の件を尋ねた。筑紫は「まだ藩から何とも指示がないので動けない」という。西郷は長州の内戦が始まれば、諸隊に五卿を奪われるかもしれない、「激徒」(長州諸隊)に擁せられるのは五卿の本意ではなかろう、その線で五卿を説得して早く渡海させよと急き立てた。藩命との板挟みとなった筑紫は、ならば西郷より五卿を説得してくれと頼む。しかし西郷は担当の筑前藩の意に逆らって、薩摩藩が取り扱うことはできないと答え、とにかく筑前藩で早急に決断するよう言い残して、小倉へ引き上げている。

福岡へ解兵令が伝わったのは二日である。五卿が渡海していないのに解兵が発令されたことは藩首脳にとって意外だったかもしれない。とにかく、解兵令が出たからには、五卿の受け入れをぐずぐずしているわけにはゆかない。長溥を含む藩首脳部は、五藩分離をあいまいにしたまま、とにかく五卿を早急に渡海させることに決した。そのため三日、熊沢が福岡を発ち小倉へ向かった。矢野は月形あて書翰(三日付)でこう伝えている。

「当時の都合」(現在の状況)では「最早一日も速やかに五卿御渡海然るべし」との「御決議」となったので、いつ五卿が渡海しても聊かも差し支えないので、承知されたい。

矢野はこの書翰で、長溥が月形の速やかな帰藩を命じていることを伝えている。月形が要請していた江上・万代らの下関派遣や、いったん帰国していた今中・林らの再度の下関行きも差し止められていた。長溥が月形一党を五卿対策からはずそうとしたのは、五卿の渡海はゴーサインさえ出せばすぐに実現すると甘く考えていたことにもよるが、月形召還を決めた最大の理由は、月形の行動に強い警戒心を抱いたからである。

月形の決死の奮闘なくして五卿の九州移転承諾は得られなかったであろう。五卿や諸隊が、月形の主張に耳を傾けたのは、月形が長州に思いを寄せ、一命をなげうってでも長州を救おうとしている者と思えばこそであった。かりに総督府や副総督府の使者が、その権威をかさに、とおりいっぺんの説得を試みたところで、死を決する長州諸隊の誰が耳を貸したであろう。「五卿御渡海一件の御周旋、御功労著し」とする矢野の月形評価は、決して誇張ではなかった。

しかし長溥の目には、月形らは長州の「激徒」（諸隊や脱藩士ら）に必要以上に近づいていると映っていた。五卿の筑前同居要望を勝手に内諾したばかりか、それを副総督の要請という形で長溥に要求したこと、廃嫡処分が当然視されている長州藩世子（毛利元徳）の毛利家相続を副総督府に働きかけたこと、また五卿随従で久留米脱藩の真木菊四郎と渕上謙三に、密かに筑前藩の船印をあたえ、広島の西郷に会いに行かせたことなどは許し難い行為であった。また下関を離れ、岩国へ向かったことなどにも神経をとがらせていた。

矢野は長溥の命を伝えてこう述べている。

「黒崎湊の五卿上陸の地」の碑

> 五卿渡海後の萩府の処置等の事は、先ず相閣《お》き、兎角速やかに御帰郷然るべしとの是亦《これまた》、思召に御座候。

五卿渡海後の長州藩内問題に関わることは止めて、速やかに帰国せよというものである。しかし、五卿の渡海は、長溥の想像するようにすんなりとは進まなかった。

五卿の筑前渡海

司書が広島から小倉に着いたのは正月三日である。ただちに総督の五卿筑前同居命令を副総督府へ伝達するよう帆足に指示し、福岡へ急行した。四日福岡へ着き、筑前同居令を伝えた。長溥は当惑したであろうが、筑前同居が暫定的措置とされていることから、あくまで五藩分離を五卿に説得するため、翌五日、建部・戸川佐五左衛門・万代を、五卿の上陸予定地黒崎へ派遣した。

小倉では、四日夕、熊沢と帆足が、小倉大坂屋に四藩代表（薩摩藩西郷、肥後藩長谷川、佐賀藩愛野忠四郎、久留米藩今井彦四郎）および副総督府の酒井十之丞らを招集し、五卿受け入れの手順について説明した。この時熊沢が四藩代表に示した書面では、黒崎で五卿を一人ずつ、各担当藩に引き渡し、筑前領内五ヵ所（赤間・二日市・甘木・雑餉隈・宇美）へ分居させる予定とある。熊沢が福岡を発ったのは三日、すなわち筑前同居令が届く前日であるから、藩首脳部は五卿の要望を受け入れるにしても、一ヵ所同居を避け、領内五ヵ所に分けることにしていたものと思われる。あくまで各藩の受け持ちを明確にするためである。

六日朝、福岡から小倉へ出た司書は、下関の筑紫へ五卿渡海のゴーサインを伝えるため、帆足を下関へ派遣した。月形はまだ岩国からもどっていない。七日夜、筑紫と早川が、長府功山寺で五卿に渡海準備が整ったことを告げた。ところが五卿は、藩主の正式な受入れの挨拶を受けたいと言い出し、そのため筑前藩重役の出迎えを要求した。五卿にすれば当然のことである。年末、月形や小金丸が渡海延期要請の理由としてあげた確認事項をあいまいにしたまま、渡海する気にはなれなかったであろう。二人は「福岡では重役たちが繁雑の最中で、すぐに長府まで来るのは難しい。重役が来なくとも疎略なことはしないので、早々に渡海してくれ」とがんばるが、五卿は承知しない。やむなく下関へ引き返した。

八日若松では、五卿一行を海上で出迎えるべく伊藤権兵衛らが乗船して待機していた。そこへ午後二時頃、早川が来て、昨夜の一件を伝えた。ついで黒崎へ向かい、建部と河村主鈴へも同様に伝えた。河村は小倉の熊沢（大組千石・小姓頭）を藩重役として五卿のもとへ派遣することにした。早川が小倉でこれを熊沢へ伝え、了承を得て、下関へ戻った。

翌九日、月形が岩国から下関へ戻ってきた。早川が帰国命令を伝えたが、近い内帰国するとだけ告げて応じなかった。月形は土方と水野を下関へ呼び、筑紫・早川とともに渡海を促した。しかし土方らも「藩主の直翰か、国事関係重臣の出迎えはあるのか」と問い質した。月形らは「われわれを疑っているのか」と詰め寄り、押し問答となったが、熊沢が功山寺へ来ることで土方らも納得したようで、あとは「酒を呼び、愉快に会飲」と土方の日記にある。

十日の午後四時頃、熊沢が帆足と筑紫を伴い、功山寺で五卿へ面謁を求めた。帰国を命ぜられている月形は公的な場に出るのを避けた。早急な渡海をすすめる熊沢に対し、三条は、諸隊とも相談のうえでなければ返答できないので、今しばらく待つよう述べたという。業を煮やした熊沢は「このように渡海を遅らせるようでは、定めし渡海の意志はないものと察する。もはや周旋はできないので、その旨藩主へ復命し、朝廷・幕府へ届け出るほかない」と迫ったが、五卿は「期限は追って」と答えるにとどまった。ここで熊沢はあっさり説得をあきらめ退出したという。

これを聞いて驚いたのが、五卿の渡海を護衛するため萩から派遣されていた柳沢備後・粟屋四郎右衛門、そして長府藩家老西小豊《にしこぶんご》後らである。ただちに五卿のもとへ押しかけ、必死になって渡海を迫った。それでも応じなかったため、柳沢らは長州藩も筑前藩同様、副総督府に届け出るほかはなく、そうなれば、長府は支藩であるから、これからは五卿の世話をするのは困難となろうと告げ、再考を促した。

五卿勢および諸隊は、すでに本藩（萩政府）からの財政手当を切られていた。彼らの長府滞在費用は、やむなく長府藩が負担していた。諸隊士は一回の食事に、握り飯二つと梅干しなどが支給されたが、厳寒中にもかかわらず、炭薪等の手当はなかったという。それでも七、八百人分であるから相当の負担である。五卿が功山寺に着いてわずか数日で、生活用品の準備も含め、五百両もの出費を強いられていた。五卿に対してはそれ相応の待遇をせねばならない。その滞在費用は巨額であった。それを打ち切るというわけである。この言葉は応えたであろう。味方してくれるはずの諸隊はすでに長府を引き払っていた。こうして五卿も、ついに折れて明十一日に、筑前の使者へ渡海期日を回答すると約束した。深夜二時頃であった。すでに熊沢は長府を去っていた。

以上は、長州側の記録（『吉川経幹周旋記二』）や、副総督府の本多の日記（『越前藩幕末維新公用日記』）に拠っているが、この両史料には重大な点が欠落している。早川の「長州往返日記」によれば、五卿は熊沢に対し、「天朝恢復、長州無削封、五卿一所に引受」等について筑前藩が尽力するとの誓詞を書面で差し出すよう求めたが、熊沢はこれに応じず、引き取ったとある。五卿が筑前藩重役の出迎えを要求したのは、たんに形式的な礼儀にこだわったからではない。渡海を前に、筑前藩主の心底を確かめておきたかったからにほかならない。長州側の記録や副総督府の本多の日記に、この誓詞の一件が見えないのは、熊沢が彼らにこのことを口外にしなかったからである。熊沢はこの件を伏せて報告したのである。「諸隊と相談の必要あり」と五卿が述べたという熊沢の言葉は、誓詞についての問答をカモフラージュするための方便だったのである。その理由は、後述するとおり、この誓詞が政治的に重大な内容を含んでおり、このやりとりが表沙汰となれば、筑前藩に対する「長州同気」の疑惑を一層深める結果となることを、熊沢が恐れたためであろう。

十一日、月形は、誓詞の件は「いずれ、君公（長溥）へ申し上げる」とする書面で乗りきるよう筑紫へ指示した。しかし五卿が「この文言では宜しからず、君公の存意なりと認めよ」と迫ったため、対応に窮した筑紫はやむなく独断で書き改めて差し出してしまう。すなわち次のとおりである。

一、天朝御恢復の事
一、防長削土に相成らざる事
一、同国内（長州藩）鎮撫の事
一、公卿様方弊藩（筑前）の土地に御引請け申し上げ候事
右四ヵ条の内、第二条・第三条は猶亦尽力仕るべし、第四条は已に決議仕り、根元第一条を目当に仕り、諸藩申し合わせ周旋仕り候、寡君（長溥）存意に候事。

（『東久世通禧日記 上巻』）

第一条は朝廷を文久政変以前の状態に戻すこと、第二条は長州処分が無削封となること、第三条は長州藩内抗争の調停、第四条は五卿の筑前一藩での受入れを指している。筑紫は、第二条・第三条は引き続き尽力する、第四条は決定済みとし、とりわけ第一条の実現をめざして諸藩と協力して尽力する、このことは「寡君存意」（長溥の意志）であると書面で誓ったのである。

これを受けて、五卿は渡海を十四日と内決し、翌十二日に正式に発表した。この報せは、十二日夕方五時頃、小倉を引き上げる直前の副総督松平茂昭に伝えられた。九州の諸藩兵もすでに撤兵帰国を開始していた。

五卿は、現在の長州藩および自分たちを取り巻く情勢からみて、月形ら筑前藩有志の主張に従い、筑前へ移転することが正しい選択であることをよく理解していた。そうする外に活路はなくなっていたというべきかもしれない。月形らの誠意にも疑いはもっていなかった。ただ懸念されるのは、月形らの言葉が本当に藩主長溥の意を体したものなのかということだった。十二月下旬、真木菊四郎と渕上謙三を月形に頼んで密かに広島の西郷のもとへ派遣したのも、筑前渡海後の処遇に不安を感じたからであった。西郷は、真木らに筑前渡海後のことは心配するな、もし筑前藩で苛酷な措置が予想される場合は、その阻止に薩藩が尽力すると述べており、これは五卿へ

伝えられていた。

しかし肝心の筑前藩はどうであろうか。その不安は無理もないことであった。文久三年（一八六三）九月以降、筑前藩の長州周旋は確かに好感のもてるものであった。しかしその一方で、長溥は三条や長州藩主の働きかけに対し、常に一線を画す立場を崩さなかった。また前年四月、福岡へ派遣した土方や佐久間らの報告で、月形らの勢力が、円太の吹聴するほどには藩庁内に強固な基盤をもっていないことが分かっていた。いったん渡海してしまえば、月形らの言葉は反古とされ、苛酷な仕打ちが待っているのではないかという不安をぬぐいきれなかったのである。

月形は筑紫が独断で先の誓詞を提出したことを知り激怒した。第一条の「天朝御恢復の事」とは、朝廷を文久政変以前の状態、つまり長州勢が朝廷を掌握していた頃の状態に戻すという意味である。長州追討を命じた朝廷の現状を非とし、「正常」な姿に戻すということである。いうまでもなく五卿および長州諸隊の政治的立場である。これに長溥が尽力するということは、とりもなおさず彼らと手を結ぶということである。これが藩庁内で表沙汰になれば、それでなくとも月形らの活動を陰で妨害している反対派が、ここぞとばかりに猛然たる非難を開始するのは目に見えている。第一、長溥の逆鱗にふれるであろう。月形は「口舌ならばともかく、書面にするとは何ごとか」と厳しく筑紫を叱責した。筑紫は「一時の権道（方便）で書いた。もし藩主の忌諱にふれたなら切腹する」と述べたという。苦肉の策はただ踏んだ者のみが知るといったところであろう。後日、早川が密かに三条に事情をうち明け、返却してもらったという。

これをとりあげて、「月形洗蔵は少々俗論があった」と述べたのは、故平尾道雄氏である（『中岡慎太郎陸援隊始末記』昭和四十一年）。これは月形一党と長溥の関係、月形がどのような制約のもとで、五卿移転工作を進めなければならなかったのか、さらに月形にとってこの時点で取り組むべき最大の課題は何だったのかについての認識不足によるものである。長溥が元来政治的立場を異にする月形らを敢えて長州工作に投入したのは、征長中止実現に彼らの力が不可欠だったからにすぎない。その限りでのことであった。長溥と月形らとの関係は、当面の共通課題である征長中止の一点で、かろうじて保たれていた。しかしすでに解兵が実現したいま、長溥にとって月形らの利用価値はなくなっていた。それどころか月形らを警戒しなければならなくなっていた。月形に速やかな帰国を命じたことや鷹取に謹慎を命じたことがそれを物語っている。月形一党の藩庁での立場は危うくなりつつあった。月形にとっても、「天朝御恢復」は取り組むべき政治課題であったであろう。しかしそれは将来の課題である。目前の課題は、五卿の筑前移転を一刻も早く実現し、すでに始まっている征長軍解兵の名分を完全ならしめることである。月形が長溥との関係の呉越同舟的性格をどの程度自覚していたかは分からないが、少なくともこの時点で「天朝御恢復」などを軽々に口にするべきでないと考えていたことは言うまでもない。

だいたいこの時点で、「天朝御恢復」など唱えたところで、いったい誰が相手にしたであろう。薩藩の西郷とて同様である。長州藩主父子の官位復旧・長州藩削封の撤回等を、越前・薩摩・土佐・宇和島四藩が共通意見として表明するのは、慶応三年（一八六七）五月になってからである。しかもそこに至るには、第二次長州戦争での幕軍の惨敗と、それに伴う諸藩の急速な幕府離れという情勢の激変が横たわっているのである。

変化する政治情勢に応じた具体的課題から離れて、硬直した信念をただ一本調子で貫けば、それで済むというものではない。全国政局をにらみながら、一藩を誘導しつつ、一歩一歩、現実の運動を進めようとしていた月形は、「忍び難きを忍ぶ」ことを知っていた。けっして単純血気の志士ではなかったのである。

長州藩はすでに内戦に突入していた。正月六日夜半、伊佐の諸隊主力は銃砲隊など二百余の兵を絵堂へ潜行させ、宿営中の萩政府軍の前軍に対し、奇襲攻撃をかけた。月形が岩国から下関へ急いでいた時である。開戦の報せを受けた下関の高杉は、十一日、兵を率い、海路下関を発ち、埴生へ上陸、吉田を経て、十四日伊佐の諸隊主力に合流した。月形は早川と相談のうえ、藩の工作資金の中から百両を軍資金として高杉に贈ったという。

諸隊は八百人足らず、政府軍はその倍であった。開戦前、大挙南下する政府軍を目撃した中岡は、いかに諸隊でもこの多勢には対抗できないのではと心配したという。月形も大坂の渕上へ、「長州家も、とふに一戦、本のままにて相成、誠に気の毒千万に御座候」（正月十七日付）と知らせている。この内戦がどう決着するのか、誰にもわからなかった。

月形は五卿の上陸地を若松辺とすることなどを指示し、正月十四日、諸士従者等十五人と共に黒崎へ帰着した。五卿および随従士等が黒崎に上陸したのはその翌日である。こうして十一月三十日以来、四十余日に及んだ五卿移転工作の使命を終えたのである。この間、工作資金として少なくとも千数百両の藩公金を費やした。これを聞いた矢野が、大音（財務担当家老）が泣くだろうよと言ったところ、長州では大金を使い果たしたが、薩長和解と高杉支援に役立ったので、まんざら徒費でもあるまいと応じたという。

維新後、土方は史談会の席で「秘密に薩長連合の端を開いたのは、長府に三条さんが御在《い》でになっている所へ筑前の月形洗蔵が来て、言い出したが初めだ」と述べている。また渋沢栄一は、「薩長二藩の和解は既に前役（第一次征長）の終期に萌し、其事に顕れたるは、筑前藩士の斡旋によりて、長藩の激徒が五卿を西郷吉之助等に託することを甘諾せるにあり」（『徳川慶喜公伝』大正六年）と的確に指摘している。

西郷隆盛（国立国会図書館蔵）

元治元年（一八六四）十月、薩藩西郷の動きは、長州藩に対する「旧怨」を棄て、救助の手を差し延べるに似ていた。早くもここに薩長和解の可能性を見てとった月形は、五卿移転工作を通じて、長州人に薩摩藩の新たな動きを伝え、対薩敵視の非を諭し、進んで提携すべきことを訴えた。これに応じたのは、わずかに中岡や土方ら五卿随従士にとどまった。しかし、やがてそれは中岡の目覚ましい活動によって木戸孝允、伊藤博文など長州藩の有力者の間に急速に浸透してゆく。下関における月形の対薩和解の説得は薩長連合への序幕をなしていた。

第八章　藩論分裂

謹慎そして復職

難航した五卿の筑前移転も実現し、征長軍の軍事行動は無血のうちに終結した。征長を中止させることは、月形一党にとっても長溥にとっても当面の課題であった。長溥は征長中止のために月形一党を動員した。しかし征長中止が実現したいま、彼らの力は必要ではなくなった。それどころか、月形らの活動が、長溥の許容できる限度を超えていることが明らかとなった以上、むしろ警戒すべき対象となった。

長溥は、月形らが「激徒」（長州諸隊）に必要以上に接近し、彼らを支援していると見ていた。たとえば長州諸隊が願う長州藩世子の家督相続を長溥の頭越しに副総督府に働きかけたり、五卿の筑前同居要望を内諾し、その承認を副総督の名を借りて長溥に要求するなど、たとえそれが五卿の筑前移転説得に必要であったにせよ、主君の意向を無視する、家臣にあるまじき言語道断の行為であった。こうして月形らは五卿対策から遠ざけられた。

長溥の不興を買った月形は、福岡に帰着後まもなく自ら謹慎することを余儀なくされた。長女幸が生まれたのは正月十八日であるが、この時月形は「憐れむべし。この児またわが墓前に来り、泣く者の一人なるか」と洩らしたという。最悪の場合も覚悟していたことが察せられる。

月形の謹慎中、不幸な事件が起きている。円太の死である。円太は、長州滞留中の月形の活動を側面から助けていたが、いよいよ五卿が筑前へ渡海する段階となり、円太自身その去就を迫られた。円太は五卿のブレーンの一人として重きをなした人物である。彼が最も望んだのは、おそらく土方や中岡のように五卿随従として筑前入りすることであった。しかし脱獄脱藩の罪を犯した身ではそれはかなわない。このまま長州に残るか。しかし円太は現実から遊離した過激な言動によって、すでに長州人の信頼を失いつつあった。白石正一郎も円太の借金の申し出を断っている。高杉との関係も筑前行き以後、微妙に変化していたであろう。功山寺決起後、一時高杉と行動を共にした形跡はあるものの、すぐに離れている。円太は藩外にあっても、常に筑前藩を動かすことを忘れなかった。というより自藩を動かすために脱藩した男である。たんに長州勢の一員としてとどまる気はなかった。それだけの気概の持ち主であった。しかし今では、長州に身を置くことすら、困難となりつつあった。五卿が長州を去れば、活動の足場を失う。円太は追い詰められていた。

月形は早くから円太に薩摩亡命を勧めていた。混乱続きの長州に留まるより、薩藩に身を寄せるのが、円太にとって良いであろうし、今後、薩藩との関係強化を図るうえでも好都合と思われたであろう。あるいは過激に走る円太の頭を冷やそうと思ったのかもしれない。しかし円太は昨日まで「会薩討つべし」と叫んでいた男である。現に、西郷と会見した中岡を「吾輩に取りて考ふるに、義薩人に面すべからず」と批判していた。その薩摩の世話になる気にはなれなかったであろう。

正月十一日、高杉が兵を率いて下関を去る時、円太はこれに従軍せず、訣別した。この日、月形は円太へ「少しは難詰したいこともあるが、差し控える。推量してくれ」という手紙を添えて、約束していた金を送った。かなりの大金で藩の工作資金から融通したものである。これまた藩庁の知るところとなり、後に月形攻撃の材料にされた。

二十日頃、円太は立派な身なりで、見事な大小を差し、下関から芸妓二人を連れ、博多に現れた。驚いた筑紫や江上ら有志は、長州へ戻るよう説得するが、聞き入れない。「姦首を見れば去らん」とうそぶいたという。お前たちは「姦物」(反対派)を斬る勇気があるのかという意味である。行く所なく、留まる所もない円太は自暴自棄となっていた。脱獄脱藩の身でありながら、白昼人目もはばからず太宰府天満宮にも姿を現し、同志の松屋の主人孫兵衛を驚かせている。

このままでは円太が藩吏に捕縛されるのは時間の問題である。もし捕縛を許せば、円太の破獄、牧暗殺など有志が関係した過去の密事が暴かれるであろう。そうなれば有志の立場はいよいよ苦しくなる。もはや猶予ならずとみた江上らは、二十八日夜、円太を博多報光寺へ連行し、切腹を迫った。江上はかつて鹿児島密行を共にした仲である。しかし拒絶されたためついに斬殺してしまう。享年三十一。安政六年（一八五九）四月脱藩以来、その果敢な言動によって在藩有志を鼓舞してきた男の痛ましい最期であった。藩庁へは、円太が「前非を悔悟し、屠腹して其の罪を謝せん」と願ったので介錯したと届け出た。謹慎中で円太を救うことができなかった月形は、同志のこの行為を厳しく叱責した。薩藩の吉井も、円太の死を「残念の事」と西郷へ報せている。

しかし中岡が月形へ書き送ったように、円太の死は「自ら招くの災」(自業自得)というべきものであった。中岡もかつて、円太同様、薩摩藩を敵視し、在京中、久光要撃の機会をうかがったほどの男である。しかしいまやその薩摩藩と急接近しつつあった。それとは対照的に円太は硬直した信念からついに脱却できなかった。酷な言い方かもしれないが、円太にとって、禁門の変あるいは下関戦争での戦死こそが、最もふさわしい最期だったように思われる。いわば死所を逸した感がある。

黒崎に上陸した五卿一行は、十八日に赤間茶屋へ移された。黒崎で各藩に一人ずつ引き渡し、領内五ヵ所に分居させる案は、五卿勢に拒絶されたものと思われる。十九日、司書が初めて五卿へ会い、筑前入りに対する長溥の挨拶の言葉を伝えた。この時司書は帯刀のまま五卿に対座した。これを東久世は日記に「頗る朝威を軽んずる態度だ」と書いている。武士が対面するばあい、佩刀は次の間に預けるのが礼儀であったからである。しかし東久世は、自分たちはいま「無官位の庶人」であり、この「無礼」をもって罪とすべきではない、「勤王の藩においてすらこうである、「察すべし」と続けている。もっとも司書にすれば、五卿に敬意を表したくとも、この頃の藩の空気ではそれをあからさまにするのは憚られたであろう。いずれにせよ五卿は長州藩を離れてみて初めて、自分たちが置かれている立場を思い知らされたようである。

藩庁は、あわてて五卿全員を一所に預ることとなったため、赤間茶屋の八畳敷に五人を同座させることになった。ほかに七十人ほどの随従士らがいる。その全員を建坪百三十坪足らずの赤間茶屋に収容するには無理があった。さらに門戸を閉ざし、番兵をおき、随従者も含めその外出を禁じたため、待遇は「頗る無礼を極め」るものとなった。また藩はあくまで五人を分離し、各藩の受持を明確にするため、赤間周辺の五つの寺に一人ずつ分居させようとしていた。

このような待遇に憤激した五卿勢は協議のうえ、藩庁に抗議するため中岡を福岡へ派遣した。正月二十五日中岡は小金丸と会い、待遇改善を要求した。小金丸は御用部屋の役人で月形派であるが、一己の力ではどうすることもできない。二十七日夜、早川も中岡に会いに来るがこれも同様であったろう。

この事態を一変させたのが、薩藩大久保利通の福岡入りであった。吉井、税所と共に、鹿児島を蒸気船胡蝶丸で発った大久保が福岡に着いたのは二十八日夜である。翌二十九日、吉井と共に長溥へ拝謁を願うが、病気を理由に断られ、代わりに慶賛と会う。前年来、薩軍が筑前領内に滞陣し世話になったことへの礼をひととおり述べた後、吉井と共に五卿の処遇を改善するよう要望した。慶賛は長溥と相談の上、五卿が安心するよう処置したいと答えている。薩藩の実力者大久保らの働きかけは、長溥に対する大きな圧力となった。

その夜、大久保の旅宿に今中、伊丹そして中岡が訪れている。月形は謹慎中のため会うことはできない。吉井は中岡へ、近々西郷が上京の途上、福岡へ立ち寄り五卿へも会うこと、また長州問題解決のため朝幕工作に尽力

大久保利道（国立国会図書館蔵）

することは薩藩の「国論」であると伝えている。中岡と吉井はすでに旧知の仲である。勇気づけられた中岡は、翌三十日、藩庁へ書面をもって長溥への謁見を要望、取り次ぎに出た小金丸を相手に大いに論じ、待遇改善要求に対する決答を促した。二月三日、ついに小金丸から五卿の大宰府同居を認める藩庁の回答が伝えられた。無事使命を果たした中岡は、この日月形へ書翰を送っている。月形や筑紫らが「引入」（謹慎）となっている理由が分からないとしながらも、「此頃、些《いささ》か政府（福岡藩庁）の御模様も動き申すべく哉に承り、大慶此事に御座候」とあり、福岡藩庁が五卿の大宰府同居を認めたことを喜んでいる。

四日夜、中岡は福岡を発ち、五日朝赤間で五卿へ復命した。吉井も五卿へ拝謁し、福岡の様子を報告した。土方の日記に「（福岡の）俗論も大分鎮静の由」とある。こうして五卿勢の薩藩に対する信頼は格段に高まった。また中岡が西郷・吉井らについで、薩藩の有力者大久保と面識を得たことは、その後の中岡の京都潜行と中央政局の探索を容易にし、長州人の対薩認識を好転させるうえで大きな力を発揮した。五日夜、中岡は休む間もなく、土方と共に吉井に同行し、赤間を発ち、京都薩摩藩邸へ向かった。

五卿の処遇をめぐって藩庁がごたついていた頃、家老の播磨・矢野らは司書を家老に登用するよう長溥に働きかけていた。旧年末広島へ三度も派遣され、長溥の意を体し総督府との交渉に当たったのは司書であった。長溥の長州無削封案を粘り強く働きかけたのも司書であった。今後、政局の焦点は長州に対する政治的処分をどうするかという問題へと移る。その時、朝幕に対し藩の意向を最もよく代表しうる者は、広島での政治経験を積んだ司書をおいては考えられない。播磨らはこう判断していたと思われる。

播磨が司書の家老登用の件を長溥に打診したのは、正月二十四日である。御用部屋は賛同するが、案の定、家老讃岐が反対、長溥も聞き容れなかった。

播磨は長溥に対し「それでは外に見込みはない」と露骨に不満を洩らしている。長溥は、司書の才幹と胆力を認めてはいた。家老でもない司書を広島へ派遣したのもそのためであった。しかしその後、司書が想像以上に月形らとつながっていることを知り、警戒心を強めていた。二十六日、矢野もまた長溥へ意見書を提出し、司書の家老登用を訴えた。

長溥の胸中は複雑であった。昨年来の征長中止運動において、家老の信濃や讃岐、用人の東馬、納戸頭の一角らは、朝幕の嫌疑を恐れ、積極的に動こうとはしなかった。それればかりか、裏で妨害工作に回っていた。まったく役に立たない彼らに代わって動いたのが、家老では矢野・大音・播磨であり、用人では司書である。そして最も危険かつ困難な長州工作に身を挺して従事したのが月形一党であった。かつて幽閉、流罪等に処した連中である。彼らの政治思想は、もとより長溥とは相容れないものである。しかし彼らの力を動員することなしには、五卿移転工作は不可能だった。

この間、月形一党および彼らとつながる司書の活動はともすれば長溥の統制から離れがちであった。この状態を放置すれば、それがために筑前藩長州周旋は、長溥の趣意とは裏腹に、朝幕および諸藩から思いも寄らぬ誤解をうける恐れがあった。

二月三日、長溥はしぶしぶ司書の家老登用を内定した。司書の広島での活躍は藩内に広く知られていた。福岡の庶民の間でも、「尾張様（徳川慶勝）大に御感伏致され、天晴《あっぱ》れなる使者振り御称美の余り、葵の御紋付きたる陣羽織、次に御刀一腰御拝領に相成り」と、司書の名声が高まっていた。広島では、その堂々たる風貌も手伝ってか、すでに筑前藩家老と間違えられているほどであった。播磨や矢野らの推挙をむげに斥けることは困難だった。

こうして二月十一日、司書は正式に家老を命ぜられた。本来ならば、他の家老も列席のうえ、長溥の面前で、直々に何かしら激励の言葉をかけられるところであろう。しかし長溥は姿を現さず、代わりに慶賛の前で、讃岐から申し渡されている。播磨ら家老の列席もなかった。司書は長溥の心底を見る思いであったろう。一般の目には、司書は広島での功労を認められた結果、昇進したものと映っていた。しかし内情は以上のとおりであった。

二月二十二日、長溥は用人の郡左近に、司書の家老登用は家老たちの要求に従ったまでのことで不本意なものであることを明かし、いずれ司書、月形、鷹取らは解任するか、処罰する考えだと洩らしている。また重役の中で頼りになる者は、家老では林丹後、用人では郡だけであると語ったという。この頃すでに有志勢力の排除を決意していたのである。しかし藩庁の実権は半ば播磨・相模・因幡・司書に握られており、長溥の思いどおりになる状況ではなかった。大久保や、次にみる西郷の福岡入りも、長溥への圧力となっていたであろう。

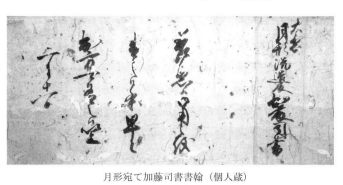

月形宛て加藤司書書翰（個人蔵）

上京を急いでいた大久保は、二月二日、吉井を残して蒸気船胡蝶丸で博多を出発した。それと入れ替わるかのように福岡入りしたのが、西郷である。大久保も吉井も鹿児島の西郷へ書翰を送り、五卿の大宰府移転を見届けるよう要請していたからである。西郷は、月形が五卿勢に約束した筑前同居を何としても実現しなければならないと考えていた。これを等閑にすれば、五卿勢の信頼をたちまち失い、それこそ長州人の倍旧の怨みを買うであろう。五卿随従の中岡や水野らと接触していた西郷はこのことをよく理解していた。二月六日急ぎ鹿児島を発ち、十二日福岡城内で播磨と会見している。福岡着はおそらく十一日であろう。あたかも司書が家老に就任した日である。

月形が藩庁復帰を果たしたのも、同じく十一日であった。五卿対策のために福岡入りした西郷が、まず一番に会見を求めた相手は、月形と司書だったはずである。この日、司書が月形へ宛てた呼出状がある。「差し急ぎ候御用の儀、これ有り候条、早々出方これ有るべく候」（二月十一日付）。急ぎの藩用があるので、早々に登城せよというものである。月形の謹慎解除と復職は、おそらく司書の働きかけによるものであろう。大久保に続く西郷の福岡入りは月形らを勇気づけた。

長溥はできるだけ早く五卿の五藩分離を実現しようとしていたが、その前に立ちはだかったのが薩藩だったのである。その薩藩と月形らは結びついている。長溥は薩藩に強い不快感を抱いていた。西郷へなかなか会おうとしなかったのはそのためであった。

五卿江戸護送令

五卿一行は、二月十二日赤間を出発、箱崎で一泊し、翌十三日昼過ぎ、大宰府の延寿王院に到着した。随従者は五卿の家臣が十七人、土佐・久留米などの脱藩者二十人、ほかに小者頭が五人、その下に馬丁などの小者二十五人がいた。総勢七十人余となる。三条の家臣戸田雅楽《うた》（後の尾崎三良《さぶろう》）によれば、大宰府では五藩からそれぞれ十人内外の武士が警護に当たり、五卿勢に対し五藩から一ヵ月千両（一藩当たり二百両）の滞在費用が支給されたという。こうして五卿問題は、五藩分離を先送りした形で、当分の間、大宰府同居・五藩共同警備とすることで一応の落着をみた。

征長軍解兵後、総督はじめ諸藩の見通しは、いずれ幕府が長州藩に対し何らかの政治処分を下し、これによって長州問題は最終的に決着するというものだった。長溥も同様である。また会津藩や小倉藩などはともかく、総督をはじめ薩藩を含む諸藩の望む長州処分は程度の差はあるものの、寛大とすべしという点で共通していた。長州藩主はすでに謝罪降伏しており、京都暴挙の責任者として三人の家老を切腹させ、参謀の四人を斬首し、その後さらに七人を斬首していた。長州藩主の恭順の意志は疑う余地なく明白である。その長州藩に対し、余り苛酷な処分（藩主父子の切腹など）を下せば、必ず反発を呼び、国内争乱を招きかねないと考えられていた。そもそも小倉藩を除けば、出兵諸藩に、長州に対する私怨があったわけではない。ただ幕命に従ったまでのことである。岡山藩や鳥取藩などは、攘夷戦を決行した長州藩に対し尊敬の念すら抱いている。とにかく巨額の出費を強いられる出兵など迷惑というのが、諸藩に共通した本音であった。

しかし、江戸幕閣は征長の無血終結に反発し、総督を江戸へ呼びつけ、その生ぬるさを詰問しようとしていた。いっぽう長州藩は対幕恭順の姿勢を装ってはいたが、藩内戦で諸隊が勝利し、「正義派」勢力が復権を果たし、藩庁内の勢力交代が進んでいた。それは遠からず長州藩の対幕服従姿勢に影響するであろう。幕長双方に、新たな動きが生まれつつあった。そのため長州問題の前途には不透明感が漂っていた。

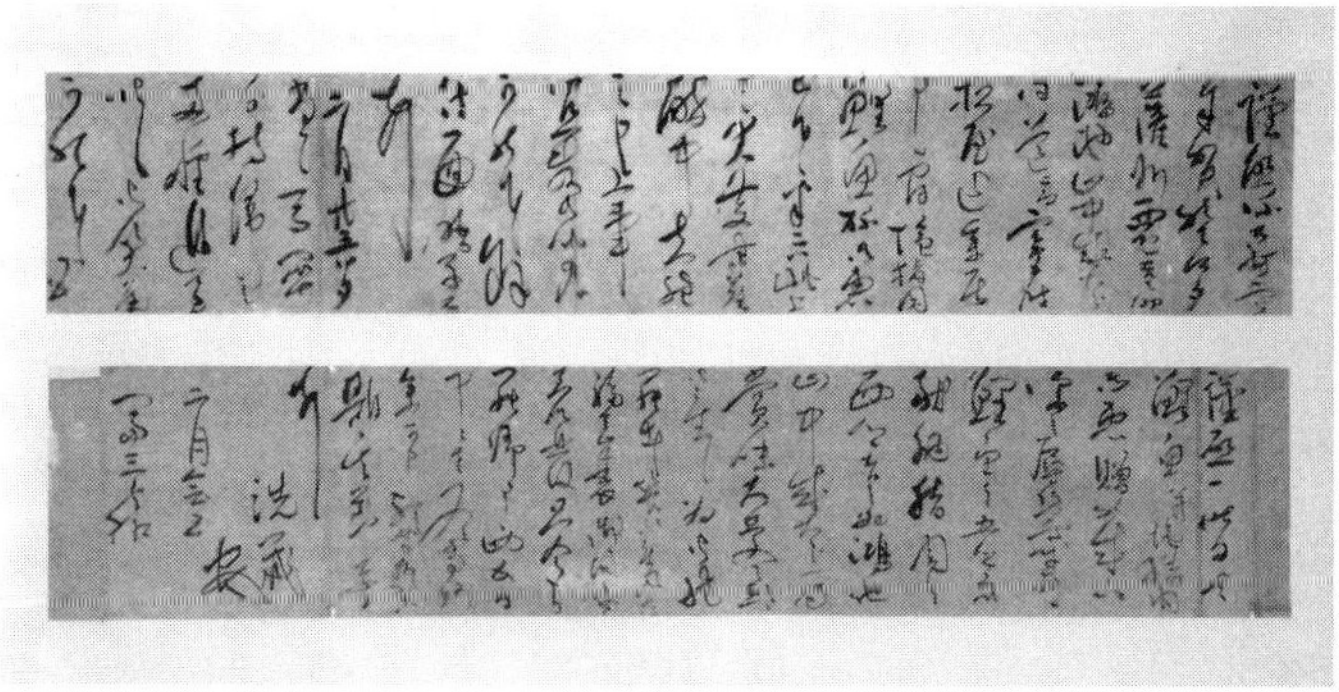
月形洗蔵が松尾富三郎に宛てた手紙（個人蔵）

復職した月形は、真木外記《げき》ら五卿随従士と、五卿の待遇に関する問題の処理にあたっていたと思われる。二月二十一日には、大坂から来ていた山中成太郎の招きで、博多掛町の織屋で西郷、渕上、真木らと会飲している。西郷は博多中島の甘木屋を旅宿としていた。

そこへ、江戸幕閣から意外な命令が下った。筑前藩ほか四藩に対し、五卿の江戸護送を命ずるものであった（二月五日付）。これは五卿の九州五藩預かりを命じた総督令の否認を意味する。同時に、長州藩主父子についても江戸召喚を決定した。父子護送の指揮は幕府大目付駒井《こまい》朝温《ともあつ》と目付御手洗幹一郎が当たるとし、総督慶勝へは尾張藩兵を大坂で待機させ、両人の指揮下におくよう命じた。これまた総督による征長終結条件を無視するものであった。

月形と西郷は対応策を協議するため、大宰府に五卿守衛の五藩代表を招集することにした。二月二十三日の夕方、月形は西郷と山中を連れ、大宰府の松屋に着いた。松屋は薩藩の定宿である。三人で一酌歓談しているうちに、ふと思いついたらしく、酔中筆をとり、近くに住む松尾富三郎へ手紙を出し、塩漬けの猪肉と鯉を所望した。かわりに下関土産を贈っている。松尾はかつて幽閉中、世話になった人物である。庭内の石張りの池で鯉が飼われていたという。早速届けられた鯉は五卿へ献納し、猪肉は西郷らと賞味したという。

翌二十四日昼、五藩代表が御供屋に集まった。薩藩は西郷・三原次郎左衛門・関山新兵衛、肥後藩は和田権五郎・古閑富次、肥前藩は張幸之允、久留米藩は伴勝三郎・大塚処平、筑前藩は月形・筑紫・万代・三坂小兵衛・林左兵衛である。ひととおり挨拶の後、西郷がまず発言した。「今回の幕命の内容から察すると、幕閣は解兵について何か不平を抱いているようである。五卿の処遇についてはいずれ総督府に伺い、その差図を待たなければならない。もっとも朝臣たる五卿の御進退は、朝廷の権限に属することであり、それを幕府が取り扱おうとするのは問題である」と発言した。一同これに異論はなく、結局、この問題を朝廷へ伺うため、五藩からそれぞれ代表を上京させることに決まった。なお、この幕閣の動きが、外から五卿勢の耳に入れば、随従士が騒ぎ出す恐れがあった。そこでただちに月形が三条へ会い、会議の結果を報告し、動揺することのないよう伝えた。三条は謝意を述べ、なお一層の尽力を依頼した。

二十五日福岡へ戻った月形は、藩庁へ前日の大宰府会議の決議を伝えた。即日、倉八権九郎・戸川佐五左衛門・浅香・早川に上京が命ぜられた。

そこへ今度は、京都の総督から筑前藩に対し、あらためて当初の命令どおり、五卿を一人ずつ各藩へ引き渡すよう命じてきた。他の四藩に対しても筑前藩より一人ずつ受け取るよう命じた。三条は筑前藩、三条西季知《さんじょうにしすえとも》は肥後藩、東久世《ひがしくぜ》通禧《みちとみ》は久留米藩、壬生《みぶ》基修《もとなが》は薩摩藩、四条隆謌《しじょうたかうた》は肥前藩である。これは江戸幕閣が五藩へ五卿の江戸護送を命じたことを知った総督が、あわてて命じたもののようである。実は前年末、江戸幕閣は総督の生ぬるさに苛立ち、長州藩主父子および五卿を江戸へ護送するよう命令を発していた。これが総督のもとへ到達したのは、明けて正月五日、つまり総督が広島を引き払い、京都へ帰還の途中であった。総督は征長全権委任を楯に、この命令を拒絶していた。こういうことから、寛大に過ぎるとの非難を避けるため、当初の命令どおり五藩分離を急ぐよう命じたものと思われる。

つまり江戸の幕閣は江戸護送を命じ、京都の総督は五藩分離を命ずるという、幕府方の命令が両端に分かれる事態となったのである。そこで二十七日頃、再び五藩代表の会議がもたれた。ここで、二十四日に決めた朝廷へ伺う方針を改め、まず総督の考えを質すことに決した。このとき西郷は総督を通じて幕閣に働きかけても良かろうと述べたという。つまり総督を味方につけて、五卿江戸護送の企みを阻止しようとしたのである。

いっぽう京都では、すでに薩摩藩邸が江戸幕閣の動きを阻止すべく、精力的に活動を始めていた。大久保の入京が二月七日、吉井が中岡と土方を連れて京都薩藩邸入りしたのが十三日夜である。大久保と吉井は家老小松とともに、朝廷および総督に働きかけた。その結果、総督は先の五藩分離令を撤回した（二月二十二日）。朝廷は京都所司代へ勅書を下し、長州藩主父子および五卿の江戸召致をしばらく猶予するよう命じた（三月二日）。また阿部正外《まさと》・本荘宗秀《ほんじょうむねひで》の両老中が三千の兵を率いて入京し、朝廷を独占しようとしたのを、大久保らは二条関白を動かし、追い返していた。中岡はこれら京都薩摩藩邸のめざましい奮闘ぶりを目の当たりにして、大坂から薩藩の蒸気船胡蝶丸で九州へ下った。三条へ復命するためである。中岡の報告によって、五卿勢の薩藩に対する信頼が一層高まったことはいうまでもない。

それ以上に重要なことは、その後長州へ派遣された中岡の報告によって、木戸孝允ら長州藩指導部の対薩認識が一変したことである。木戸はその驚きを「薩州一新」と表現している。中岡情報の意義は極めて大きい。前年末、五卿勢および長州諸隊に、薩摩藩は長州救助に動いていると説いた月形の言葉は、いまや中岡が目の当たりにして伝えた京都薩摩藩邸の現実の行動によって裏付けられたのである。引きつづき、中岡は薩長両藩をつなぐパイプ役としてめまぐるしく奔走している。長州人の薩摩に対する敵意を氷解させたのは中岡である。薩長連合工作に先鞭をつけた月形、その直接の継承者はまぎれもなく中岡といわなければならない。

ここで、政体変革運動が新段階に移っていた点にふれておきたい。安政年間以来、薩藩は他の雄藩とともに幕府改革運動を進めてきた。しかしそれは既述のとおり、元治元年（一八六四）初め、最終的な壁にぶつかっていた。「徳川家の幕府」を「雄藩諸侯も含めた幕府」へ再編するという運動は、当然のことながら当の幕府（徳川家）によって拒絶されたからである。このことを、西郷はアーネスト・サトウへこう語っている。「天皇が大名中のある人々（雄藩諸侯）を京都に召集されたとき、それらの人々は政治にあずかるものとばかり考えていた。今になって、幕府にそんなつもりのないことが分かった」。久光ら雄藩諸侯は、幕府とりわけ一橋慶喜に失望して京都を去っていた。

こうして運動が挫折し混迷状態に陥っていたとき、新たな方向に目覚めたのが西郷であった。元治元年（一八六四）九月十一日、西郷は初めて勝海舟と会見する。勝の意見は、「明賢侯四、五人」が「会盟」し、横浜鎖港問題でごたついている外交問題を片付ければ、「天下の大政」「国是」も定まるであろうというものであった。この「明賢侯」とはいうまでもなく、久光・春嶽・宗城・容堂であり、慶喜も含まれるであろう。この勝の構想に西郷が「実に感服」したと大久保へ書き送ったことはよく知られている。なぜ「感服」したのか。

雄藩諸侯は幕府改革を現状打開のための唯一の道と考えていた。幕藩体制は、彼らにとっていわば自明の政治的前提である。大名としての彼らの地位も権力も、その正当性の源泉は、最大の大名たる将軍家（徳川家）との臣従関係にある。したがって彼らが徳川家と共に「国難」を克服しようと考えたのは極自然のことであった。それは幕府改革すなわち雄藩諸侯の幕政参加をめざす運動となって現実化した。しかしその要求は、西郷が言うように、「参預会議」期の幕閣によって事実上拒絶された。それは、そもそも幕藩体制と雄藩諸侯の幕政参加とは原理的に両立しえないということを手痛い現実によって教えるものであった。しかし雄藩諸侯は、幕府改革に呪縛され、それに代わるべき新たな道を見いだし得ず、途方に暮れていた。

勝の構想は、彼自身の認識がどうであったにせよ、挫折した幕府改革運動に代わる雄藩連合政権への道を暗示していた。西郷は大久保への書翰中、勝のことを「勝先生」と呼び、「どれだけ智略のあるやら知れぬ」人物と激賞している。「実に感服」の一語は、幕府改革という呪縛からの解放がいかに困難であったかを教えている。勝の構想は、西郷にとって新たな国家構想への突破口となったのである。

「明賢侯」の合議によって外交問題が解決されるならば、それは実質的に日本を代表する権力としての性格を帯びてくる。それにつれて幕府は形骸化する。「明賢侯」の「会盟」は、幕府の貿易独占を打破し、諸藩に貿易参加への道を開くであろう。開鎖問題であいまいな態度に終始する幕府に愛想をつかしはじめている駐日四国代表は、この動きを支持するであろう。

こうして薩摩藩の幕府離れが始まる。その一方で長州藩への接近が開始される。それを促した最大の理由は、既述のとおり長州藩の開国論への豹変である。元治元年（一八六四）八月十日、第二回目の下関和睦交渉の席上、長州側は「以後、西洋諸国と懇親を結び、追々西洋の蒸気器械・航海術・軍法等にいたるまでその諸技術を授かりたいのでよろしくお願いする」と申し入れている。ここに長州藩と列強との敵対関係は友好関係へと劇的な転換を始めた。薩摩藩と並んで他のどの藩よりもエネルギッシュな長州藩が、薩摩藩同様、海外貿易を通じて富国強兵を進める道に転じたことは、薩長対立の原因を消滅させるのみならず、長州藩が薩摩藩の最も有力なパートナーとなる可能性を生み出していた。慶応元年（一八六五）八月、大久保はこう述べている。「長州、戦争（下関戦争）以往、所謂《いわゆる》暴論過激の徒、大抵眼を豁開《かつかい》し、攘夷の成すべからざるを弁別、大に国を開くことを唱え候人心に相成り候」、この頃、すでに薩藩は幕府の嫌疑もいとわず、長州藩への軍事支援を開始していた。

幕薩離反と薩長接近という二つの潮流は渾然一体となって、慶応元年（一八六五）以後の幕末政治史を特徴づけている。幕府改革運動（広義の「一橋派」運動）が挫折し、ついで尊王攘夷の熱狂が冷める中、政体変革運動は、新たな段階に移行しつつあった。それは雄藩連合政権への道であった。

倉八は上京に際し、新任の京都聞役を命ぜられた。当時筑前京都藩邸は用人の大音兵部、聞役の東郷吉作らによって牛耳られており、福岡の藩庁と対抗関係にあった。月形らはこの機会に、倉八を東郷と交代させ、京都藩邸での勢力拡大を図ろうとしたものと思われる。解兵後、政局の焦点は再び京都に移っている。今後、対幕運動を進めるには京都藩邸を掌握しなければならない。これまでのように京都藩邸を兵部の意のままにしておくわけにはゆかなかった。いっぽう長溥も、五卿の処遇について幕府方がまったく別個の二つの命令を出してくるようでは、動こうにも動けない。これまでの経緯からして、まず総督の意向を質さざるをえない。京都への使節派遣に同意したのもそのためである。

西郷は、当然のことながら上京使節の一員として月形を推薦した。五卿周旋最大の功労者であり、長州藩の内情に最も通じていたからである。西郷が真藤登に「月形氏の志気英果なる、筑前においては無双といふべし」と語ったのはこの時である。しかし続けて、「官職の経験に乏しく、他国を見聞していないので、世事に不馴れで、時勢に通じない事が多い」と欠点も指摘している。そして「願わくは共に四方に周遊して、その才を成就させたい。もしこの事が果たされれば、今の世に及ぶ者はないであろう」と称したという。高杉も月形を「その気骨稜々たるものあり」と評しているが、さすが西郷は斉彬時代から広く他藩との交渉に従事し、政治経験に富んでいるだけあって、その人物評にも深みがある。

このエピソードは、何とかして月形の上京を実現させようとしていた西郷の苦心を伝えている。同時に、西郷の目には月形の政治的自覚が不十分と見えていたこともうかがわせる。その最大のものはおそらく攘夷論から脱していない点であったと思われる。

下関戦争講和後、長州藩は外国への接近を始めていた。下関は半ば開港されており、英国船も寄港していた。月形はこの動きを「豈《あに》、危殆《きたい》ならずや」と危ぶんでいた。事実、下関和睦後の長州藩は、目を覚ましたが如く、一転して下関開港の可能性を探ろうとしていた。自藩領内の開港は、対外貿易が藩財政の再建にとって有効であることを理解していたどの藩も内心望んでいたことであった。しかし朝廷・幕府をはばかり、公然とは主張できずにいた。長州藩のこの注目すべき新たな動きこそ、おそらく西郷の長州観を一変させた最大の理由である。手の付けられない「分からず屋」といった従来の長州観は急速に改められた。長州藩は薩摩藩同様、対外貿易を通じた富藩強兵の方向へ急転回しつつあった。下関開港は、元来自由貿易を望んでいた英米蘭三国によって当然のことながら支持されていた。このような動きは、対外貿易の幕府独占を打ち破るものであり、幕府による諸大名統制に対する事実上の挑戦であった。こうして長州藩は幕府にとって、真に油断のならぬ敵として立ち現れようとしていたのである。西郷は砂糖・煙草などの薩摩の国産品をもって生糸を大量に仕入れ、幕府の監視を無視して長崎港から輸出しようとしていた。こうして、長州藩の開国論への転換は、薩長対立の最大の原因を消滅させるのみならず、両藩を対幕連合の線で接近させてゆく。

月形は薩摩藩の対長州政策の変化をいち早くキャッチし、これを長州人に伝え、対薩和解を訴えた。しかし薩摩藩の変化を促した背景について深く認識してはいなかった。あくまで尊攘の雄とみる薩長両藩を提携させなければならないという段階にとどまっていた。薩摩藩の指導部がその実、開国論であり、長州藩も攘夷論から開国論に転じている事実を十分には認識してはいなかった。

西郷は、京坂へ出たこともなく諸藩士との接触の経験も少ない月形を、この機会に上京させることで見聞を広めさせ、その目を開かせようとしていたのである。しかし長溥は月形の上京を許さなかった。月形が上京すれば、何をしでかすかわからぬと思っていたであろう。上京一行に筑紫が追加されたのは、月形の代わりとして許されたものであろう。

三月五日西郷は福岡を発し京都へ向かった。翌六日倉八一行も京都へ向かった。

月形解任

西郷と倉八一行を見送った月形は、一息ついたのか、五卿を慰安のため天拝山ふもとの湯町（二日市温泉）や武蔵寺に遊覧させることを計画した。天拝山は、かつて大宰府に左遷された菅原道真が、自分の無実を天に訴えるため登ったことで知られる。道真と五卿の境遇を重ね合わせ、案内しようと考えたものと思われる。三月九日、これを肥後藩守衛の面々へ伝えると、彼らは総督が五卿の近辺遊歩を禁じているのを理由に反対した。しかし翌十日、月形は野村助作を通じて、今日五卿は馬上で遊行されるはずだと告げた。肥後藩は重ねて反対し、薩藩の意見も聞くよう返答した。すると、まもなく薩藩の三原が来て、今日五卿は遊歩することに決したので、各藩より二名ほど守衛に出すよう告げた。驚いた肥後藩が久留米藩守衛へこれを急報すると、やはり同意見だったため、両藩とも守衛を出さないことにした。

しかし月形は、肥後藩・久留米藩を無視して、五卿を湯町、武蔵寺へ案内した。東久世の日記三月十日の条に、「天判（拝）山江参詣、各乗馬、湯街へ立寄」とある。中岡の日記にも、「午後五卿様、武蔵湯町及武蔵寺に御成」とある。この遊行は、前年十二月以来、筑前移転をめぐって気の休まる間もなかった五卿にとって、久し振りに過ごすおだやかな春のひとときであったろう。

しかし、このような強引なやり方が、月形の足をすくった。十一日には福岡へ呼び戻され、二十六日に五卿応接の役職を解任された。総督の指示に反し、五卿を勝手に連れ出した責任を問われたのである。西郷が福岡を去った後、月形失脚の機会をうかがっていた反対派に、格好の攻撃材料を与えたかたちとなったのである。対馬藩士五十嵐昇作の問い合わせに対し、二十六日解任されたこと、今後は、同志のうち森勤作、伊丹、今中らと相談してくれと伝えている。

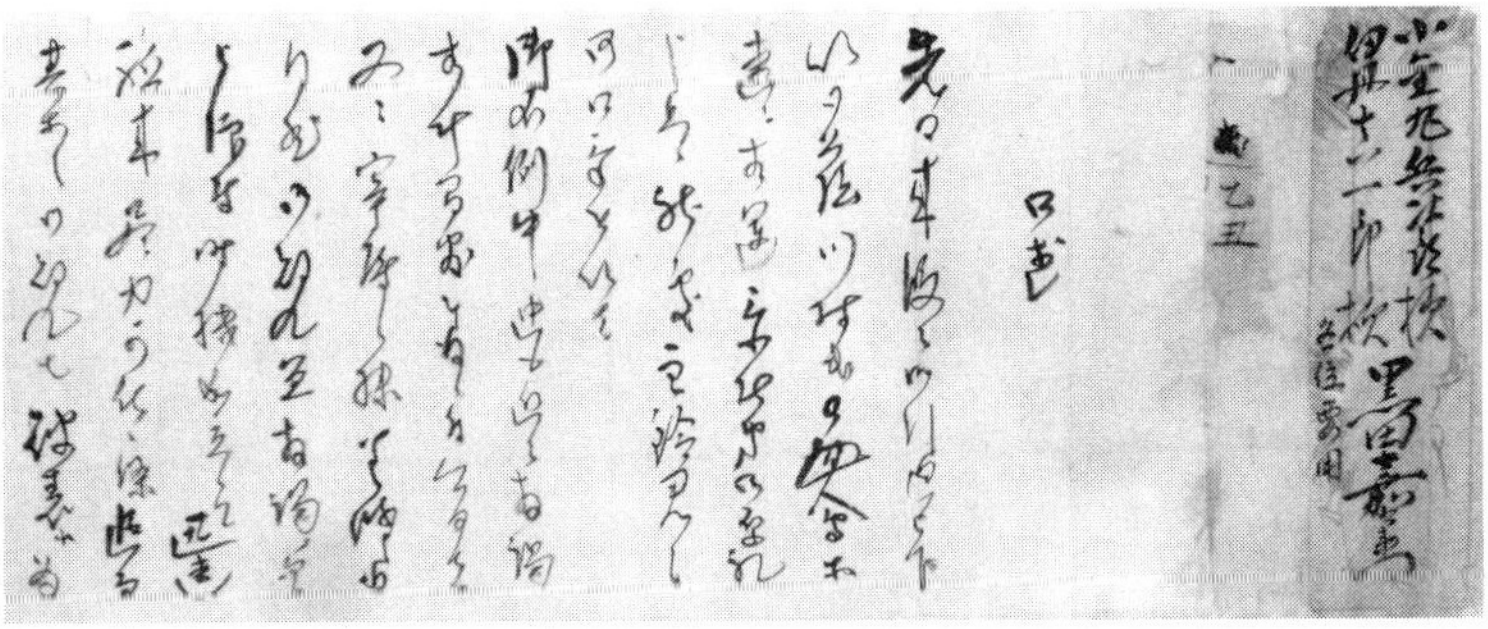

小金丸兵次郎・伊丹真一郎宛て黒田清綱（嘉右衛門）書翰。慶応元年４月７日。月形救助に尽力する旨伝えたもの。（個人蔵）

四月一日、家老の黒田大和が月形の「不心得一条」について取り調べを始めた。この頃福岡入りしていた薩藩黒田嘉右衛門（清綱）が月形の復職を要望するため長溥へ拝謁を求めたが、長溥は例によって病気と称して会おうとはしなかった。七日、嘉右衛門はやむなく大宰府へ引き上げるが、小金丸と伊丹へ、たとえ拝謁がかなわなくとも、「月形君救助の良策」があれば、できる限り尽力したいので、大宰府まで知らせてくれと依頼している。

清綱は西郷と特に親しく、前年軍賦役となり、福岡へ来て、征長薩軍の筑前芦屋滞陣の準備をした後、分遣隊と共に小倉に出張している。この間月形とも面識を得ていた。維新後、元老院議官、枢密顧問官を務めている。明治二十五年八月、史談会の例会で、「月形洗蔵は勤王の人で、其れに附いて居る仲間の人が沢山ありました」と思い出を語っている。

藩論分裂

江戸幕閣の五卿江戸護送命令は、総督による征長終結を否認するものであり、長州問題の穏当な決着をめざす薩筑両藩に対する挑戦であった。もしこの幕閣命令に従い、五卿を江戸へ送るようなことにでもなれば、たちまち五卿勢および長州藩の憤激を呼び、長州問題の平和的決着は吹き飛ぶ。

三月四日、播磨ら家老は長溥に対し、藩論基本の確立を求める建議書を提出した。それは倉八一行の京都派遣を前に、幕閣の理不尽な動きに対抗しうる藩論確立を要求するものであった。

建議書は、まず現下の情勢を「思わず知らず、終《つい》に乱世と相成候」と述べている。「乱世」とは戦国乱世という言葉があるように、中央政権が存在しない状況をさす言葉である。幕府の存在を否定するも同然である。次に、「天幕（朝廷と幕府）の御厳令」を「遵奉」するのは当然のことではあるが、最近は「公武御一和」とも言い難く、その「御処置振」も「人望」に背くことがあるので、「条理」の立つことは「幕府の御嫌疑」を避けることなく、「御掛引」をすべきであると主張する。つまり朝廷・幕府の命令に無条件に従うのではなく、「人望」「条理」に沿った自主的行動をとるよう訴えている。さらに、有事の節は、九州に「独立」「割拠」するくらいの覚悟を持つべきであると述べている。これは徳川家への臣従の否定につながる主張である。以上、一言でいえば、幕府からの自立を要求するものであった。

長溥はこの時点、すなわち慶応元年（一八六五）三月の段階では、幕府の嫌疑を避けず行動すること自体に反対ではなかった。「乱世」とか「独立」「割拠」などの表現には不快感を抱いたであろうが、長州問題の平和的決着を図るためには、幕府に対し、言うべきことは言わねばならないと考えていた。現に江戸の幕閣と京都の総督が、五卿の処遇について異なる命令を出すような状況だったからである。二日後、長溥は「一々尤ものことで、自分の考えに相違するところはない。ただ長州風にさえならなければ、外に異論はない」と返答している。

これを受けて、藩論基本の策定作業が始まる。しかし長溥と家老は、藩論基本を家中に公示すべきか否かをめぐって対立する。藩論の核心は「幕府の嫌疑に拘泥せず」という点にある。しかし長溥はこの藩論基本は家老・大目付あたりまでが承知していればよく、藩士一統に公示する必要はないと主張した。もし公示すれば、藩内有志はそれを根拠に、発言力を増大させ、「長州風」となり、長溥の統制がきかなくなることを恐れたからである。しかし、播磨ら家老は、藩論基本を家中に徹底させなければ、人心疑惑を生じ、かえって藩内の動揺はさけられないと主張してゆずらなかった。

四月十八日、倉八一行が帰国する。滞京十日足らずで帰国したのは、兵部ら京都藩邸の妨害と威嚇によるもの

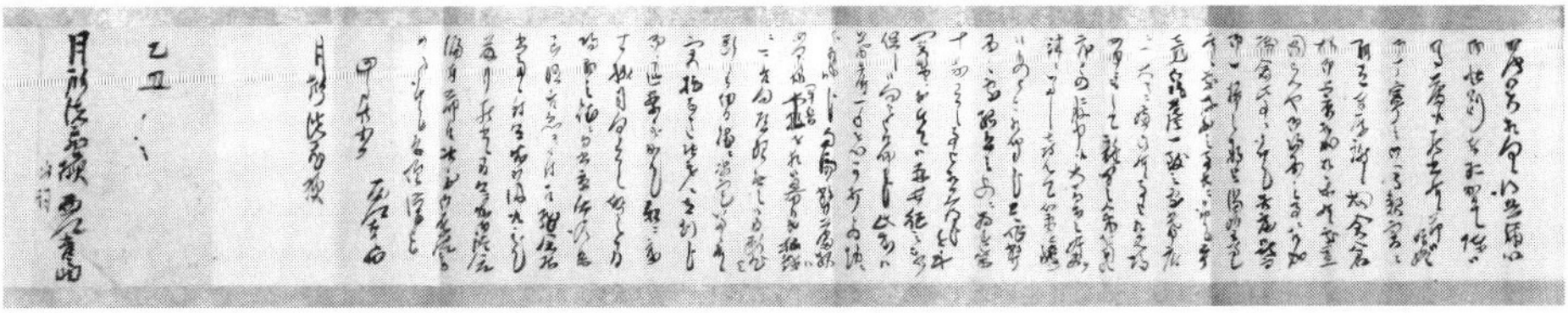

月形宛て西郷書翰（個人蔵）

であった。倉八一行の上京に危機感を抱いた兵部は、一橋家の重臣黒川嘉兵衛・原市之進・川村正平と結託し、彼らの口をかりて筑前藩は朝幕の嫌疑を受け、「不都合千万」であるから、長州周旋から速やかに手を引くよう圧力をかけた。穏和な性格の倉八はノイローゼ状態となった。兵部は、もし月形が大坂辺りまで来ているならば捕縛するよう、一橋家を通じて密かに大坂町奉行へ依頼している。こうして倉八一行は京都退去を余儀なくされたのである。

これを知った西郷・小松ら京都薩摩藩邸は、兵部の動きに対抗し、筑前本藩有志を支援するため、近衛忠熙（前関白）・近衛忠房（内大臣）から長溥へ親書で働きかけてもらうことにした。「筑前藩が朝幕の嫌疑を受けているようことはないので安心されたい」というのが親書の趣旨であった。さらに四月十九日、小松が近衛家の使者として二条関白に会い、近衛家から長溥へ親書を送るので、二条家からも同様の趣旨の親書を送るよう要請した。

こうして近衛・二条両家の親書をもって、薩藩士藤井宮内（良節）と相良藤二が小松の代理として福岡へ向かった。しかし四月三十日、長溥は病気と称して会おうとしなかった。代わりに出た慶賛に、藤井は親書は長溥へ直接渡すよう命ぜられており、それがかなわなければ京都へ持ち帰ると述べ、あくまで長溥への拝謁を要望した。やむなく翌日、長溥は病床で藤井から親書を受け取った。

しかしその直後、二条からあらためて親書が届く。そこには、先に送った親書は薩藩に迫られ、やむなく書いたものであること、本心は「過激の輩」ばかりを登用することに懸念を抱いていると書かれていた。薩藩は朝廷を動かしてまで、藩内有志を支援している。長溥の薩藩への警戒心は一層高まったであろう。

四月十九日、江戸幕閣は長州再征のため五月十六日を期して将軍が江戸を進発すると布告した。再征の理由は長州藩に「容易ならざる企てがある」という何とも漠然としたものであった。この動きをみた西郷は、四月二十五日、月形へ次のような書翰を送った。

倉八一行の帰国は、幕府が「筑薩一致」を嫌い、薩藩を孤立させるため、「離間の策」を用いた結果である。江戸幕閣は再び長州征伐に動いているが、これは「私戦」であり、薩藩は幕府の出兵要請に対しては断然これを拒絶する。藤井を派遣するのでよく話し合ってほしい。

この書翰は、再征反対の薩藩の立場を裏付けるものとして諸書に引用され有名であるが、この時点で、出兵拒絶はまだ薩藩の方針ではなく、西郷周辺の考えにすぎなかった。いずれにせよ、このような内密のことを他藩の者に知らせたということは、西郷が月形を盟友としていかに信頼していたかを物語っている。

この間、藩論確定が進まぬ状況に苛立つ有志の間に、信濃ら守旧派を暗殺しようとする動きが強まる。これを知った信濃ら中老十三名は、五月十二日連署して、内訴書を長溥に提出した。曰く、「有志と自分ら双方を取り調べ、公平の処置を命ぜられたい。もし彼らから不法の振る舞いを受ければ、暴行の者共を臨機取り押さえる覚悟である」。信濃はすでに二月二十六日、家老を辞職、讃岐も四月一日辞職していた。この間、信濃らは長溥と距離を置いていたが、藩論確定問題を機に、攻勢に転ずる時期が来たと判断したものと思われる。

倉八一行の帰国および藤井らの来福、さらに過激派の不穏な動きは、長溥の藩内有志に対する警戒心を一層高めた。五月十一日、長溥は林丹後・黒田大和・矢野相模の三人の家老を呼び、胸中を明かした。播磨や司書が長溥を「蔑《ないがし》ろにし」、「不分かり者」と評していると述べ、「播磨・司書只今の心得、実々以て如何の次第、以ての外」と激しく非難し、然るべき処分が必要と述べている。また主君の考えと合わないからといって、「沸騰」を叫び、「党」を結ぶ者どもは「国賊」であると述べ、藩内有志に対する怒りを露わにしている。こうして同日、司書の行動を内偵するよう大目付へ指示した。

これを察知した司書は、長溥が老齢で健康も勝れぬことを理由に隠退を勧めるよう、慶賛に働きかけた。それは司書にすれば藩論確立のための最後の手段であった。しかし、同時にそれは藩主廃立を画策していると言われかねない危険な進言でもあった。慶賛はこれを拒絶する。一縷の望みも絶たれた司書は、この後自ら謹慎する。家老辞職に追い込まれたのは、五月二十三日である。

月形もすでに謹慎に近い状態におかれていた。これを反対派の仕業とみなす望東尼は、「長州の御周旋は、かの人（月形）の力なりしを、その事、御聞きはてで、少しの枝葉をもて、かく押し込めしは、実にも憎き事ならずや」と憤慨している。その一方で「君公あきらけくおはしませば」（長溥は賢明であるから）、やがて事態は好転するだろうと楽観していた（五月二十七日付、文英あて書翰）。しかし現実には、破局の時が近づいていた。

最　期

六月二十日長溥は、いよいよ藩内有志に対する一斉弾圧を開始する。いわゆる「乙丑の獄」である。それは筑前藩長州周旋が最終的に打ち切られたことをも意味していた。国内対立の激化を防ぎ、挙国一致実現のため、最も熱心に長州問題に取り組んできた長溥、そのためには「（朝幕の）嫌疑を避けず、及ぶかぎり尽力したい」と、並々ならぬ決意を示していた長溥、その長溥がこの六月下旬の段階で藩内有志と手を切り、長州問題から手を引いたのはなぜか。

その理由を一言でいえば、長溥がすすめてきた長州周旋の前提が消滅したからである。長溥は幕藩体制の政治秩序の枠内で長州問題の解決を図ろうとしてきた。過激な攘夷論を掲げ、幕府と対立してきた長州藩ではあるが、禁門の変後、長州藩主父子は征長軍総督が示した服罪要件を受け入れ、幕府に謝罪文を提出し、政治的処分に服すことを表明していた。これが長溥の長州周旋の前提である。長溥が「長州同気」と疑われながらも、征長中止のため尽力を惜しまなかったのは、まさにこの前提が存在していたからにほかならない。長溥の立場は、自ら罪を認め、徳川家への臣従を表明している者を討つ理由はないというものであった。つまり諸大名の徳川家への服従を根幹とする幕藩体制の政治秩序の中で、長州問題を決着させようとしていたにすぎない。

ところが明けて慶応元年（一八六五）四月十九日、長州再征・将軍進発が布告された。長州藩に「容易ならざる企てあり」という何とも知れぬ理由を掲げて、長州再征を叫ぶ幕府の動きを長溥は憂慮したであろう。五月二十八日、兵部と交代するため京都に向かう吉田主馬に対し、将軍進発は「皇国」のためにならず、今後状況次第では長溥が建白することもあるので、その旨心得ておくようにとの指示が、月番家老林丹後によって伝えられている。この指示が、たとえ家老の専断的行為だったとしても、この時点では長溥の意に反するものでなかったことだけは確かである。

五月十六日江戸を進発した将軍は、閏五月二十二日入京した。朝廷は「長州処分は滞坂して評議を遂げ、公平無私の処置案を言上すべし。また征伐は国家の大事であるから、軽挙するなかれ」という趣旨の勅語を下した。将軍らは大坂城に移ったものの、評議らしきものは開かれず時が過ぎてゆく。幕威を過信する幕閣は将軍進発と聞けば、長州藩はすぐにでも屈服するものと高をくくっていた。彼らは長州の藩内情勢をまるで把握できていなかった。また多くの大名の長州問題に対する共通認識とも大きくかけ離れていた。

将軍進発が布告されて二ヵ月を過ぎようとしても、長州藩は平然として何の反応もみせなかった。しかし閏五月二十日になり、山口に本藩主および支藩主が会同し、幕軍に対する決死防戦の方針を決定した。その内容は六月五日付で藩内に布告された。もし幕軍が「弁解」を聞きいれず、「理不尽」に「乱入」すれば、やむをえず「一戦」となるので、「何れも決心」いたし、「今日より戦場」と覚悟せよという内容である。これが将軍進発に対する長州藩の回答であった。ここに長州藩は前年と打って変わって、幕府への服従ではなく、抗敵の道を選んだのである。

幕府と長州藩は公然たる敵対関係に入った。幕長開戦は不可避である。長州藩の幕府への服従を前提とする長溥の長州周旋の余地は失われた。事実、この敵対関係に変化はあらわれず、翌年六月ついに幕府は長州攻撃を開始するのである。

「服従」から「抗敵」へ転じた長州藩、それを陰で擁護する薩摩藩、この両藩と結合しようとする藩内有志、これらはいずれも幕藩体制の政治秩序に対する反逆者である。長溥の政治的立場とは相容れない。このことが明らかとなった段階、すなわち六月下旬、「乙丑の獄」が開始されるのである。

六月十六日、兵部が京都から帰国する。藩内有志に対する断然たる処分をうながすためである。兵部がもたらした二条関白の長溥あて書翰には、「鎮定御所置」(有志に対する処分)が済めば、その報告のため、急ぎ兵部を上京させてほしい、そうすれば筑前藩に対する「嫌疑」も晴れるであろうとあった。同じく京都所司代松平定敬の書翰も、「貴藩にも激論を唱え候者もこれあり」と聞いている、もし事実なら「御為にも相成らず」と深く心配しているとあり、暗に有志に対する処分をうながすものであった。

十八日、長溥はこの二条と定敬の書翰を播磨と矢野へ示した。前年の参預会議解体後、朝廷が幕府へ「庶政委任」したことで、京都朝廷は慶喜(禁裏守衛総督)・松平容保(京都守護職)・松平定敬(京都所司代)の勢力下にあった。薩摩藩の影響力は低下していた。諸藩も幕府の動きを注視するだけで、目立った動きに出ていなかった。そのため播磨らは今後の情勢を見通すことができずにいた。二人は、長溥に抗して意見を述べることもできず、ただ恐れ入って退出したという。

このような兵部ら中老の攻勢に対抗すべく「義挙」を企てようとしたのが衣非であった。六月十八日夜、大和の屋敷を訪れた衣非は、大宰府の五卿を一時、三奈木(大和の父播磨の知行地)へ移し、「義旗」を立て、福岡の「佐幕党」を掃攘し、君側を清め、一藩を挙げて「勤王正義」の方途に立て直し、薩長両藩と連合すべしと訴えた。

すでに播磨の賛同も得ているかのような口振りで、大和の賛同を求めた。日ごろ温厚で寡黙だったという衣非の、この時の言動は、追い詰められた有志の焦燥と危機感を物語っている。

驚いた大和は、うまくその場を取り繕い、翌朝これをただちに長溥へ伝えた。驚いた長溥は、ただちに信濃と一角を呼び、不穏な動きに備えるよう命じた。ついで翌二十日、衣非・建部・斎藤五六郎を遠慮処分、河合茂山を一族預けに処し、次のように宣言した。

「同気相集まり党を結び、甚だしきに至りては、或いは密々他藩へ通じ、主命を蔑《ないがしろ》に致し、我意を主張し、又は流言を以て衆人を恐怖いたさせ候類、以ての外に存候」「右様の輩、之《これ》あるにおいては、容赦無く厳重申し付くる」

ついで二十四日、月形は「遠慮」を命ぜられ、一族の監視下におかれた。他の同志三十数名も「遠慮」「一族預け」「牢居」などの処分をうけた。この頃のエピソードがある。月形を監視に来た人々はその退屈を紛らわすため囲碁をしていた。その様子を見た叔父長野が、囲碁の優劣は勝敗により一目瞭然であるが、人物の正邪を知るのは容易なことではない、それが囲碁のように容易ならば、小人の讒言《ざんげん》を憂えることもなかろうにと口にした。すると月形は、叔父は天下の英俊と交わっていないからそう言われるが、「西郷隆盛の如きは一見のうち、言葉を交わさずとも、並みの人間ではないことはすぐに分かる」と語り、西郷の偉大さを称揚したという。

その翌日未明、またして不幸な事件が起きた。喜多岡の暗殺である。襲ったのは伊丹、藤四郎、戸次《べっき》彦之助である。喜多岡は、月形派と基本的に立場を同じくしていたが、以前から月形派の有志とは意思の疎通を欠いていた。そのため、有志に対する弾圧が始まるや、それに手を貸しているものと邪推されたのである。有志が一斉に処分されるなかにあって、ひとり藩庁役人にとどまっていたからでもある。喜多岡もそれを察し、まさに二十四日、翌日より登庁を止め、辞職することを決意した矢先の出来事であった。明治三十年、旧同志を代表して倉八隣（権九郎）、小田部為雄（龍右衛門）らが、県知事岩村高俊に対し、喜多岡の名誉回復、贈位の執り成しを請願したが、ついに実現しなかった。

六月二十八日矢野が辞職、七月一日播磨も辞職した。大音はすでに六月三日辞職しており、これで司書を含め、有志の家老四人全員が藩庁から姿を消した。

八月、月形は次のような趣旨の藩庁への歎願書を認めている。

> 五卿渡海の件は、専ら薩藩の西郷・吉井らと相談して周旋したが、朝幕の嫌疑を受けているのならば、同志三四人を上京させて弁解してほしい。もし長州周旋が不都合ということになれば、われわれの罪を明らかにして、藩内一致で進んでもらいたい。この旨、御聴（長溥の耳）に達するよう歎願する。

むろん、このような歎願が受け容れられるはずもなかった。

この頃、月形の密書を西郷へ届けるべく京都へ向かったとされる人物がいる。博多の豪商石蔵屋の石蔵卯《う》平《へい》である。その墓誌（博多「万行寺」）によれば、「月形洗蔵、密かに書を裁して君（石蔵）に嘱し、西郷吉之助（隆盛）に致さしむ。時に西郷京師に在り、君（石蔵）治平及び高橋正助と謀りて、身を変じて京に上り、西郷に見《まみ》え使命を致して帰る」とある。白石正一郎の日記に拠れば、石蔵が八月初め、下関入りし、その後京坂へ向かったことは事実であるが、この時月形が西郷への密書を託したのか、またその密書が西郷の手に届いたのか、これらを裏付ける史料を知らない。ただ、月形が何とかして西郷と連絡を取り、薩藩の救援を求めようとしていたことは言うまでもない。

在京の西郷はすでに筑前の雲行きがあやしくなっているとの情報を得ており、鹿児島の大久保へ宛てた書翰（八

木戸孝允（国立国会図書館蔵）

月二十八日付）で、五卿の護衛を強化するため、大宰府へ藩兵を増派し、併せて筑前の「俗論」を挫く機会をうかがうべきだと述べている。

中岡慎太郎も筑前問題について西郷と協議するため上京している。下関を発する前、木戸孝允へ宛てた書翰（八月十一日付）で、「先ず差し当たりたる大懸念」というほどでもあるまいと述べており、深刻には考えていなかった。しかし、月形ら筑前の同志に最期の時が刻一刻と近づいていた。西郷も中岡も事態の深刻さに気付いていなかった。

九月六日未明、自宅（中央区天神一丁目）で一族の監視下に置かれていた筑紫が、隙をついて脱走した。那珂川を渡って、対馬藩蔵屋敷に逃げ込もうとしたようであるが、不幸にして河口で潮に流され水死した。三日後、遺体は箱崎の海浜で発見されたが、藩庁は葬式を許さず、博多柳町に仮埋めとなった。近現代人の感覚からすれば、筑紫の行動は、政治的信念に生きる人間の果敢な行動として理解されるが、封建社会の武士の道徳からすれば、主君の命に背くあるまじき行為であり、そのうえ命を惜しむという、武士として最も恥ずべき行為でもあった。しかもそれが大組千石という門閥出身者の所業となればなおさらだった。

驚いた長溥は、九月八日、月形ら二十四名に牢居（座敷牢）を命じた。それぞれの一族には座敷牢を早急に設け、嫌疑者を厳重に監視すること、もし座敷牢が整うまでの間、脱走の恐れがあれば手足を拘束するよう命じた。

同時に家老に対し、月形らの取調べを急ぐよう命じた。六月下旬からすでに二ヵ月を過ぎていた。長溥は取調べの遅延に苛立ち、「表に勤王正義を唱え、裏に私局を企て、主命に戻り、他藩（薩長を指す）へ内通」していることが明白ならば、それは「国典」（藩法）を犯すもので、「罪軽からず」となし、それ以上の取調べは無用、早々に決罪せよと急き立てた。しかし、ついこの間まで藩命により各地に派遣され活躍していた「勤王家」たちが突然意外な仕打ちをうけていることに対する一般の理解が得られていたとは思われない。取調べが遅々として進ま

桝木屋獄跡（唐人町北公園）

なかった背景には、嫌疑者たちの頑強な抵抗もさることながら、一転して気の毒な境遇に突き落とされた人々に対する、広範な庶民を含む同情が存在していたであろう。

九月二十九日の夜、月形は自宅の座敷牢から「揚り屋」（未決囚牢）に移され、十月初旬には、桝木屋獄に新設の獄舎に投ぜられた。それでも、流罪程度で済むものと楽観していたようで、流罪先で使うわらじを準備するよう、獄中の同志に指示していたという。

十月九日朝、長溥のもとへ大坂藩邸からの早便で、驚くべき情報（「容易ならざる御都合に相成候趣」）が伝えられた。日程から推して、それは在坂の将軍家茂が将軍辞表を朝廷に提出したことをさすであろう。前月以来、九隻からなる艦隊に護られ兵庫沖に現れた英仏蘭米四国代表は、通商条約の勅許を強硬に要求していた。幕府は朝廷の攘夷論との間で板挟みとなった。進退窮まった幕府は、ついに、勅許が得られなければ将軍が辞職するという、脅迫とも自棄ともとれる態度に出たのである。

長溥に詳しい事情は分からない。ただ将軍の辞職が取り沙汰されるということ自体、月形らとその支持者を勇気づけるであろう。もたもたしていれば意外な事態ともなりかねない。そこで長溥は、即日家老に対し、万一どのような事態になろうと、「此節の処置」（月形らに対する処分）の方針は不変だとし、彼らの罪は「国典」（藩法）を犯したことにあり、「公幕」（朝廷・幕府）に関係することではないと断じ、処分を急げと発破をかけた。

十月二十三日夕刻、ついに月形は桝木屋獄の刑場で、次のとおり宣告をうけ、ただちに斬首された。

先年、重く御咎《とが》仰せ付け置かれ候身分、相謹まず、同気相語らい、奸曲《かんきょく》の所行多く、不届き至極に候。これにより死罪申し付け候事

刑に臨んで、「吾等同志の如き正義を唱ふるものを誅するは、其当を得ざるなり。斯《か》かる順逆を弁ぜざるの藩府は滅亡眼前にあり」と声高に叫んだという（林元武「幽閉備忘誌」）。また「筑前は三年の内に、焦土となるであろう」と二度高唱したとも伝わる。時に三十八歳。

母正は獄中の寒冷を思いやり、自ら縫った衣服を差し入れようとしていた矢先、処刑の報せを受けとったという。この日、同じく斬首された者、海津幸一、鷹取養巴、江上栄之進、伊丹真一郎、今中作兵衛、今中裕十郎、安田喜八郎、森勤作、伊藤清兵衛、中村哲蔵、佐座健三郎、瀬口三兵衛、大神壱岐の十三名。ついで二十六日未明、博多天福寺で加藤司書と斎藤五六郎が切腹。明け方近く、安国寺で建部武彦と衣非茂記が切腹。同日夜には、正光寺で尾崎総左衛門、万代十兵衛、森安平が切腹となった。そのほか投獄・流罪等々の処分を受ける者実に百名を超えたという。ここに、いわゆる筑前勤王党は壊滅した。

悲報が大宰府の五卿勢へ伝わったのは二十五日、土方の日記に「一昨二十三日の夜、当藩正議家十五人、陰々密々斬首これあり候由、然るに未だ姓名等は相分からず。形勢この如し、慨歎の至りなり」とある（『回天実記』）。この日暮頃より会議がもたれ、五卿の使者として中岡慎太郎と清岡公張《たかとも》が福岡へ急行することとなった。

木戸孝允が「筑前内輪騒動」の噂を耳にしたのは十一月四日朝、山口でのことであった。木戸の問い合わせに、下関の高杉晋作は「筑前は月形洗蔵その外二十余人切腹、討首の由に候、慨歎至極に御座候」と報せている。

西郷は京都にいた。大坂の黒田嘉右衛門が書翰で報せている。「筑前の形勢、近来言語道断」、「月形洗蔵以下六十余人割腹斬首、（中略）誠に慨嘆に絶えざる次第に御座候」（十一月十五日付）。平戸藩士が上坂の途中、大宰府で入手した情報だったという。

月形の伝記を終えるにあたり、あらためて薩長連合の必然性と月形の先駆性についてふれておきたい。

すでに述べたように、薩長連合を必然ならしめた条件は、元治元年（一八六四）中に生まれていた。第一に、薩摩藩による幕府改革運動の挫折である。一橋派運動（安政期）、久光の率兵上洛出府（文久二年）、そして参預会議（元治元年）と、薩摩藩（斉彬、久光）は一貫して幕府改革運動の先頭に立ってきた。改革の主眼は、雄藩諸侯の幕閣参加である。言い換えれば、徳川覇権体制から「大名民主主義」への移行である。斉彬も久光も、この政体変革を成し遂げたうえで、全国諸藩を開国通商路線へ誘導し、日本全体の富国強兵を実現し、西洋列強に対峙できる日本をつくろうとしていた。幕府側の開明派と結べば、この改革は可能だと信じていた。しかし、それは、どんなに国を思う善意に出たものであったにせよ、幕府が幕府でなくなることを意味しており、したがって、当の幕府によって拒絶される運命にあった。

しかし久光はそうは考えなかった。一橋派運動や自身の文久二年（一八六二）の運動が挫折したのは、井伊大老や長州藩尊攘派という邪魔が入ったからにすぎない。しかし文久政変後の状況は違う。邪魔者はいない。それどころか強力な味方となるはずの男が幕府方にいる。慶喜である。久光のおかげで将軍後見職に就き、今では並みいる年輩の老中らを黙らせるほどの実力を発揮し、事実上の幕府代表である。自分はといえば、幕府も手出しできなかった尊攘派を京都から追放した立役者薩摩藩の代表である。今度こそ幕府改革を実現するのだ。文久三年（一八六三）十月、久光は自信に満ち、意欲に燃えて上洛した。やがて慶喜ら幕府首脳も上洛する。

しかしその京都で、久光は慶喜が幕府に対する天皇の信頼をつなぎとめるためなら、どんな大ウソでも平気でつく、恥知らずの曲者であることを知り、唖然となった。こんな男を頼りに、幕府改革など夢のまた夢である。事実、久光ら雄藩諸侯の幕閣入りも正式に認められたが、何も実効は上がらない。前途に希望を失い、やる気をなくした久光に代わって、西郷・大久保の存在感が増し、それにつれて薩摩藩の幕府からの離反が始まる。

第二は、長州藩の攘夷論から開国論への転換である。近年、学界では「攘夷と開国は矛盾しない」とする新説が流行している。これについては、別に発表の機会を得たいと思っているが、私がここで問題とするのは、たとえば長州人が「開国」や「攘夷」について何を語ったかではなく、どう行動したのかということである。「攘夷論」と「開国論」の間に矛盾があろうが、なかろうが、下関敗戦を機に、長州藩の列強に対する現実の行動が「敵対」から「友好」へ百八十度転換したことに誰も異論はないであろう。この豹変を誰よりも早く、目の当たりにしたのは、四国連合艦隊の総指揮官キューパー提督（英国海軍中将）である。よく知られているように第一回講和談判で、この提督の前に姿を現したのは長州藩全権・高杉晋作であるが、イギリス側の記録によると、冒頭「諸外国と緊密な関係を樹立したい」と述べたという。第二回目の全権毛利登人も同じく「以後西洋諸国と懇親を結び、次第に蒸気器械・航海術・兵術などの西洋の諸技術を伝習したい」と述べている。そして最後第三回目の全権宍戸備前が「藩主は大そう（領内の）開港を望んでいる」と、単刀直入に対外和親と通商の意欲を表明したことはすでに述べた。これら西洋人が喜びそうな一連の発言が、勝者のご機嫌をとろうとしたものでないことは、次の事実が物語っている。

駐日英国公使オールコックは、長州藩主が領内の開港を望んでいるとの報告を受けるや、すぐに幕府に対し、下関戦争賠償金の代替案として「下関開港」を提起した。長期的にみれば賠償金より、下関開港による商業上の利益のほうがはるかに大きいからであるが、それ以上に、大名領（下関）の開港が、内心貿易を望んでいる薩摩・肥前・筑前・宇和島などの西国諸大名を勇気づけるとみたからである。開港地は幕府領の横浜・箱館・長崎の三か所に限定されている。それが大名領へ拡大すれば、元来自由貿易を望む列強にとって大きな前進であることはいうまでもない。しかし明けて三月、当然のことながら、幕府はこれを拒絶した。これを知るや、高杉は伊藤俊輔（博文）をつれて長崎へ向かった。そして英国長崎領事ガウアーと会見し、長州藩主は下関の早期開港を望んでいること、その実現のため、長州藩はイギリス本国政府と直接条約を結ぶべく、全権使節をイギリスへ派遣する用意がある旨、駐日英国代理公使ウィンチェスターを通じて外相ラッセルへ伝達するよう依頼しているのである（石井孝『増訂明治維新の国際的環境』）。

元来開国派だった長州藩指導部が、藩論を開国通商（「航海遠略策」）から「破約攘夷」へ反転させたのは、文久二年七月のことである。当時、久光の率兵上洛を奇貨とする尊攘派の活動は、国際情勢に無知な朝廷を攘夷一色に染め上げていた。その結果、孝明天皇はそれまで歓迎していた長州藩の開国論にけちを付けた。天皇には誰も逆らえない。うろたえた藩指導部は、窮地を逃れるため、あわてて藩論を反転させてしまったのである。

その結果、藩内尊攘派の暴走を許してしまうことになる。そのツケが、四国連合艦隊の下関来襲だった。貧弱な下関砲台など列強艦隊の敵ではない。あっけない敗北は、尊攘派が勇ましいだけが取り柄の「物知らず」であることを暴露した。「攘夷」はたわ言である。こうして藩指導部がことさら攘夷派づらする必要も消えた。講和談判は彼らが本心を直接外国側へ伝え、親交を結ぶ絶好の機会に変わったのである。

これを見た大久保利通は長州藩が「攘夷の成すべからざるを弁別、大いに国を開くこと」を唱えはじめたと目をみはった。長州藩が無謀な戦争行為を止め、開国論に復帰した以上、彼らと対立する理由があるだろうか。

薩長両藩の指導部は何を考えていたのか。全国どの藩も自由に外国と貿易を行い、利益を蓄積し、西洋の先進的文化を導入し、藩の富強化をはかることである。そうすることで日本全体の富国強兵を実現し、万国に対峙（攘夷ではない）できる日本をつくろうとしていた。ひと言でいえば、十九世紀世界にふさわしい国家体制をつくるということである。幕府の貿易独占を打破することは新生日本をつくるために不可欠だったのである。しかしその行く手に立ちはだかるのが、いうまでもなく幕府である。長州再征へ動き出す幕府、その長州を陰で支援する薩摩、この薩長と幕府との対立を、駐日米国公使プリュインは「大君（将軍）に独占されている外国貿易」に参加しようとする「大名の闘争」に起因すると明快に分析している（慶応元年四月四日、国務長官スワードへの報告書）。

これこそ、当時、多くの日本人に見えていなかったことであり、見えていた者も大っぴらには口にできなかったことなのである。幕末政治史理解のカギはここにある。

しかしこの対立は、たんなる政策選択の問題ではなく、政体変革の問題である。なぜなら幕府が幕府である限り、その通商政策は、政治的本質（徳川家覇権）から、幕府独占以外にはありえない。けっして薩長の望むものとはならないからである。問題は「開国か、鎖国か」とか「勤王か、佐幕か」などではない。孝明天皇の攘夷論は、幕府にとっても、薩長指導部にとっても厄介なことだったのである。古くさい「勤王運動」などの歴史用語は無内容である。尊攘運動なるものは一時咲き誇っただけで、何も残さなかったあだ花である。問題の核心は、幕府の貿易独占をいかにして止めさせるかであり、それは結局、幕府打倒に行きつかざるをえないのである。

下関敗戦後、長州藩が外国船の下関寄港を歓迎し、急速に親睦を深めている事実は、対岸の小倉藩を通じて逐一幕府へ知らされており、遅くとも元治元年（一八六四）十二月には天下周知の事実であった。すでに薩摩藩は長州追討の意欲を失くしており、征長中止に転じていた。薩摩人も長州人も相手方の重大な変化に気付くべき時に来ていた。まさにその瞬間、月形が登場するのである。月形の長州での決死の対薩和解工作は、まったく時宜を得たものだったのである。もっと早かったならば、相手にされなかったであろう。もっと遅かったならば、西郷が（彼自身述べたように）、五卿の九州移転を強引に実現するため、やむなく長州諸隊と一戦を交えていたかもしれない。そうなれば、薩長間の感情的対立が再燃し、両藩連合の時期はさらに遅れたであろう。

○

思えば、こころある多くの日本人が、幕末日本が直面する民族的課題に向かって、身の危険をも顧みず勇敢に行動した。そのため、獄につながれ、刑場の露と消え、あるいは砲煙弾雨の中で命を落とし、あるいは自決した。これら非命に倒れた人の数は、ペリー来航から大政奉還までの十四年間で、宮内省編『修補殉難録稿』（昭和八年）にその事績を収録されている人だけでも、実に二千四百八十人余に達する。むろん本書の主人公とその同志四十人もその中に含まれる。

歴史の転換期に例外なく出現する有名無名の英雄たち、彼らは果たして何ものなのか。彼らの内に凝縮されているものは何だったのか。その思想と行動が、当時の歴史的課題とどう関わっていたのか。これが明らかにされなければならない。これを「英雄史観」だの「英雄主義」だのと馬鹿にする者がいるかもしれない。しかし、少なくとも、何ものをも恐れず、わが身を犠牲にすることさえ、いとわなかった人々の崇高な精神に、なんらの感動も共感も同情ももちえないような人間ではありたくない。せめて、ゴーリキーのいう「彼ら自身は英雄ではない。しかし、英雄的行動に感激しうる能力をもっている」、そのような人間でありたい。

本書が、たんなる「お国自慢」や「同郷の身びいき」の類に発するものでないことが理解されるよう願っている。

少林寺「月形洗蔵墓石」

月形洗蔵年譜

和暦（西暦）	齢	月形洗蔵事項	関連事項
文政十一年（一八二八）	一	五月五日、筑前福岡城下、追廻新屋敷（現福岡市中央区六本松一丁目）の外祖父宅で誕生。父は筑前藩士月形深蔵、母は正（真瑳）。 ○当時、父深蔵は赤間茶屋奉行。九歳まで父の任地赤間で育つ。	
天保三年（一八三二）	五		七月二十六日、後に妻となる小堀繁、福岡新大工町に誕生。父は筑前藩奥頭取小堀作太夫利貞、母は永島氏。
天保五年（一八三四）	七		十一月、黒田長溥襲封、第十一代藩主。
天保七年（一八三六）	九	十二月一日、父の辞職に伴い、一家あげて赤間より城下鍛冶小屋（現福岡市中央区赤坂）に新築の自宅に移転する。 ○藩校修猷館で頭角を現わす。ある年、藩主の藩校視察の際、貧農救済のため古代中国の「井田制」の実施を藩主へ進言するよう教師に訴える。反対されたため、「書を読み、学を講ずるのは何のためぞ。腐儒の輩、師とするに足らず」と	八月　筑前藩天保改革失敗。

		罵倒し退学。 〇二十歳前後より、しきりに「外夷」のことを憂える。	
嘉永三年（一八五〇）	二十三	三月四日、家督相続、馬廻組百石。	
嘉永四年（一八五一）	二十四	九月、吉田市六（有年）より砲術目録を伝えられる。	
嘉永五年（一八五二）	二十五	十一月、吉留桂次郎（厚）より剣道印状を伝えられる。	
嘉永六年（一八五三）	二十六		六月、ペリー来航。 七月、長溥、幕府に建白、開国通商を訴える。
安政元年（一八五四）	二十七	〇この頃から、家老立花弾正（後の黒田山城）に対する批判を開始、矢野六太夫（梅庵・相模）の家老擁立を図る。	三月、日米和親条約調印。 五月、家老立花平左衛門（弾正）、財用本〆を命ぜられる。
安政二年（一八五五）	二十八	五月三十日、福岡遊学中の秋月藩士戸原卯橘が来訪。 十二月十二日、戸原卯橘が帰藩告別のため来訪。 十二月二十三日、小堀繁と結婚。	二月九日、矢野六太夫、家老就任。 四月二十八日、矢野、家老辞職。
安政三年（一八五六）	二十九	八月三日、江戸遊学中の戸原卯橘へ発信、「閑があれば江戸の状況を知らせてくれ。撫育大司（家老立花）も最近は下々の評判が散々だ」 十月十七日、宗像郡大島の定番を命ぜられる。この時、藩主長溥へ意見書を提出する。 十二月十九日、叔父長野誠（父の実弟）より長沼流軍学許可書を伝えられる。	
安政四年（一八五七）	三十	五月二十一日、家老立花弾正と会見、意見折り合わず。 閏五月、前年の意見書が藩主の手に達す。	五月十七日、長溥、軍制洋式化を宣言。
安政五年（一八五八）	三十一	一月二十八日、次男恒《ひさし》（幼名駒吉）誕生。長男六太郎は夭逝、	

安政六年（一八五九）　三十二

万延元年（一八六〇）　三十三

生没年不詳。

五月十三日、病気を理由に辞職願を出し職務を免ぜらる。

十月、京都の勤王僧月照が薩摩へ逃れるのを鷹取養巴と共に助ける。

三月十七日、井伊大老暗殺を知る。「烈士忠勇を奮い桜田浜に斬戮」（月形洗蔵「倣正気歌並序」）。

五月九日、藩主黒田長溥に参勤中止と藩政改革の断行を要求する建白書（五月六日付）を藩庁へ提出、藩主謁見を要望する。

五月十八日、竹田簡吉・神屋宅之丞より、建白内容について説諭され、承服を装う。

七月、中村円太が立花弾正を暗殺せんとするのを制止す。

八月二日、薩摩藩主に参勤中止運動への助力を歎願するため、同志と協議し、中村円太・江上栄之進・浅香市作の三名を鹿児島へ急派する。

八月十三日、諸役人に準じて城中に召集され、長溥から直書を示され、参勤中止の非を説諭される。

八月十六日、長溥へ謁見、立花らが藩政を専断していると厳しく批判、参勤中止を求め、専ら「関東」（幕府）へ忠節を尽くされるとの伝聞の真偽を問う。長溥曰く、「方今の事、根底帝勅に在り」。これに感激して退座、「思うところに違いはなかった」と語る。

八月十八日、再び長溥の面前に呼ばれ、一昨日来の過激な発

四月、井伊直弼大老に就任。

六月、日米通商条約調印。

九月、安政の大獄はじまる。長溥、参勤中止。

四月、中村円太脱藩上洛。

三月、桜田門外の変。

五月、中村円太、江戸より帰国。

七月、老中安藤信正、長溥に早期参府を要請。

八月十八日、長溥、参勤延期

		言も藩を思ってのことだと許され、同志を鎮め、「粗忽の儀」（暴発）を防ぐよう命ぜられる。参勤延期が発表される。 ○引き続き、立花解任をめざして密かに画策を続ける。 十一月十四日、藩命により、中老毛利内記（元英）に預けられる。駆けつけた同志平嶋茂七へ叔父長野誠への伝言「訊問されても何も知らぬと供述されよ」を託す。父深蔵・弟覚、叔父健も閉門謹慎となる。この処分を立花らの策謀によるものとみる。	を発表。 九月二十五〜二十六日、長溥、藩士一同を召集し、藩庁人事刷新要求の非を諭す。 十一月十八日、長溥、参勤出発。
文久元年（一八六一）	三十四	五月七日、「上を憚らざる所行、重々不届きの至り」として家禄没収、中老立花吉右衛門（増徳）へ預けられる。 五月十四日、御笠郡古賀村（現筑紫野市古賀）の佐伯五三郎宅に幽閉。 七月六日、長溥の中将昇進等を理由とする恩赦により、嫡子恒（四歳）、無足組（切米十五石四人扶持）に加えられ、洗蔵の名跡を継ぐ。 ○幽閉中、柵を隔てて近隣子弟の教育にあたる。 八月十六日、夜、密かに訪ねてきた御笠郡乙金村（現大野城市乙金）の有志高原謙次郎と面会。	二月、ロシア艦、対馬侵入事件。 四月五日、長溥、江戸より帰国。
文久二年（一八六二）	三十五	二月、この頃、病床の深蔵、早川勇を呼び、洗蔵への遺言「坂	一月「坂下門外の変」

文久二年（一八六一）		下門外の義士と同じく、身命をなげうって王事に尽せ」を託す。 四月五日、父深蔵病没、享年六十五。五十日間、喪に服し、毎日自宅から父の墓所少林寺までの道程に相当する歩数を獄内で歩き、冥福を祈る。 十一月二十二日、朝廷、国臣・月形らの幽閉禁錮を赦免するよう筑前藩に要求。	四月、薩摩藩島津久光、率兵上洛。長溥、参勤途上の播州大蔵谷より引き返す。国臣投獄される。 十月、長溥入京ついで江戸へ向かう。
文久三年（一八六二）	三十六	一月、博多崇福寺の蔵書「大日本史」を松尾富三郎の仲介で借りる。 二月、風邪で数日床に伏す。たまたま文天祥「正気歌」を読み、たちまち快癒す。よって「正気歌に倣う並びに序」を草す。 四月、この頃、高原謙次郎より岡部諶助の危篤を知らされ、「今少し存命なれば面白き事もこれ有るべし、死なせたくなき人」と語る。 五月二十六日、密かに訪ねてきた高原と夜を徹して談話、一詩を贈る。 六月二日、幽閉を解かれ、松尾富三郎に付き添われ帰宅。 六月三日、立花吉右衛門宅にて大目付より、長溥参内（二月）を理由とする恩赦により、「中老お預け」赦免、ただし徘徊禁止の旨達せられる。 七月二十七日、秋月藩士戸原済甫が兄卯橘の命で来訪、月形	二月、長溥、江戸より、入京・参内。 三月　長溥帰国。国臣赦免出獄。将軍家茂入京。 五月、長州藩、関門海峡で米商船、仏蘭軍艦を砲撃。

宛て卯橘書簡を持参、秋月藩奮起の策について相談を受ける。「過月より御帰宅の由、千万拝悦。尊藩に比べ弊境は今だに因循、超歎息の至り。侍従様（慶賛）御上京内決の由、誠に結構、尊兄も随従されるものと喜んでいる。詳しくは愚弟の口頭に附す」（卯橘書翰）。

七月三十日、高原が『伝習録』『西域見聞録』の返却に来訪。

八月二十一日、高原が来訪。

九月九日、高原・伊丹真一郎が来訪。

九月二十四日、この頃、長州亡命中の円太より月形・鷹取・浅香・森安平・中村恒次郎・尾崎弥助ほか同志連名宛て書簡届く。円太曰く、「矢野梅庵を押し立て公然脱藩し、内外の周旋に当たられたい。もし矢野が決起しなければ同志一同亡命し、義軍（長州勢）に合流してくれ」。併せて三条実美・沢宣嘉連名の矢野宛密書の伝達を依頼される。しかし矢野が藩主の頭越しに密書を受け取ることを拒絶したため、森安平へ密書を送り、同志衆議の上、取り計らうよう指示する。ところが森が同志に諮らず、密書を小田部龍右衛門を通じて藩庁へ提出しようとしていると聞き、ひとまずこれを見合わせるよう指示。

九月二十七日、密書取扱いの善処周旋を、尾崎弥助の父惣左衛門へ託す。併せて、藩庁に意見書を呈し、密書を等閑にすれば、最近発表された長溥の「尊王攘夷の御厚意」にもとるとし、藩として然るべき対応を促す。

十月一日、平野国臣、生野挙兵を前に月形ら連名へ宛て訣別

七月二日、薩英戦争。

七月十五日、世子慶賛の上京内決を発表。

七月二十五日、円太、再び脱藩上洛。

八月、国臣入京、学習院出仕拝命。

八月十八日「文久政変」

九月二十六日、世子慶賛、長溥の名代として山城・信濃ら九百余名を率い、京へ出発、長州周旋を開始する。

文久三年（一八六二）

の書を発信、「不日一軍の兵勢を挙動し、天下の耳目を驚かして貴覧に入るべく候。よく目を拭い、耳を洗て十五日を待ち給え。再会期し難し」

十月十六日、高原が月形宅に一泊。

十月下旬、早川勇が長州三田尻より帰藩、長州人の対薩感情の悪化を伝え、薩長和解の必要を述べる。これに対し、「世上の言うのは間違っている。薩摩の批難さるゝ所も或いはあろうが、その調和策（薩長和解論）は実に善い」と応じる。

十一月十八日、高原へ発信、『兵要録』『兵法将略』の返却を求め、併せて活動資金援助に礼を述べる。


十月十二日、国臣ら但馬国生野で挙兵。

十月十五日、国臣、豊岡藩に捕らわる。

十月十九日、慶賛入京。

十月二十六日、円太、京都で藩吏に捕縛され、福岡へ護送、投獄される。

十二月二十四日、長州藩、薩藩蒸気船を下関で撃沈。

元治元年（一八六四）　三十七

一月十日、高原が自宅に一泊、密談す。

三月五日か、自宅で筑紫衛・伊丹・早川と薩長問題を論ずる。長州の薩船襲撃事件を理由に、薩長和解は不可能とする筑紫に対し、「すべて物は陰伏すれば長引きて、陽発すればその処分がしよい」と述べ、むしろ和解実現の可能性は高まったと自信をみせる。

三月二十八日、高原が来訪。

四月上旬、藩の内命で円太を追って長州入りした鷹取・江上宛て密翰を対馬藩士へ託す。併せて大神壱岐の長州亡命を援助するよう依頼する。

四月二十一日、長州藩使節佐久間佐兵衛・野村和作、および三条実美の使者土方久元、博多着。面会を希望されるが、徘徊禁止中のため控える。


一月、参預会議開始。

二月十二日、長州人、薩藩貿易船の積荷を焼き、船主を殺害。

三月、参預会議解体。

三月二十四日、牧市内暗殺。

円太、同志の援助で脱獄、長州へ逃れる。

四月二十日、朝廷、幕府に庶政委任。

四月二十一日、京より帰国途上の慶賛一行、長州小郡で長州藩世子と会見。

四月二十八日、来福中の長州藩使節佐久間佐兵衛ら、月形宛て書翰を河合茂山に託す。「此度は屹度拝眉のつもりだったが、叶わず遺憾。とにかく現在のお考えを承りたいので御回答をよろしく」

五月三日、徘徊禁止を解かれ、馬廻組・旧禄百石を恒に復され、晴れて自由の身となる。

○赦免後、たびたび野村望東尼を訪れる。

五月二十一日、四月二十八日付の土方・佐久間・野村連名書翰に対する返翰を認める。「赦免されたのは、尊藩の御周旋、諸君の御力によるもの。以後親睦堅固を願う。私の考えは真木氏（真木外記か）の口占に託し、弊藩の三士に申し含めているので、よろしく取捨してくれ」

六月十一日、在長州の円太より来信、「長州藩大挙登京の報が伝われば、福岡藩も上京するよう働きかけよ。藩が動かなければ同志と共に脱藩上京してくれ」（六月四日付）。

六月十四日、浅香市作・筑紫衛と連名で円太へ返信、「上京策は機会を待ち尽力する。緊要の課題は黒田山城批判を控え、矢野梅庵を家老に推立すること。沢宣嘉または五卿の一人の福岡派遣を図れ。本藩工作は詭激に走るな」

七月二十六日、隠居身分のまま、新設の「町方詮議掛兼吟味役」を命ぜられ、「合力米」年々八十俵宛となる。

七月三十日、格から洗蔵へ改名。

八月二日、黒田山城を訪い、町方詮議掛兼吟味役の職務内容について尋ねる。「咄合熟和なり」（山城日記）。

八月九日、山城と再度会見、町方詮議掛兼吟味役は廃止し、

四月二十六日、慶賛一行、帰国。

七月十九日、「禁門の変」。

七月二十日、国臣、京都六角獄で斬殺。

七月二十三日、朝廷、長州追討を決議。

八月一日、加藤司書、御所守護のため藩兵五百を率い、福岡発船。

自分は元のとおり隠居を命ぜられたいと述べる。

八月二十日頃、長州より久留米浪士・渕上郁太郎が訪ねてくる。自宅に潜伏させ、禁門の変・下関戦争の実情を聞く。禁門の変は長州藩の出先家臣による暴走の結果で、藩主は朝廷に逆意はないとの線で、長州征討を回避するよう長州藩に説くため、使節派遣を家老黒田播磨・大音因幡・矢野相模へ要望するが見合わせとなる。

九月二十二日、対馬藩士五十嵐昇作より発信、「同藩多田荘蔵という者が会見を望んでいるのでよろしく」

九月二十三日頃、多田荘蔵と会見、長州で藩内対立が始まっていることを知らされ、調停工作のため藩の使節派遣に尽力する意向を示す。

九月二十八日、多田より発信、「先夜の御高論に逐一感佩した。この上の御尽力を仰ぎたい。私も明日肥前田代へ帰り、直様黒崎へ向かう。下関渡海のため借船の手配に御配慮頂ければ有り難い」

十月一日、在田代の渕上より発信、「一昨日当地へ着いた。多田より承ったところ、かれこれ符合する点もあり、とにかく至急会って、御高論を拝聴し、愚存も申し上げたい。平田主米と多田はすでに大宰府入りしている。同所まで枉駕を願う」

十月四日、越智小兵太を訪い、太宰府出張について相談。この日京都より帰藩した喜多岡勇平から、薩摩藩が征長中止の線で動いているとの情報を得る。

十月五日、越智より、「大宰府で対馬藩と御会議の件は、昨夕

八月五日、四ヵ国連合艦隊、下関攻撃。

八月七日、矢野、家老再任。

八月一四日、長州藩、四ヵ国連合艦隊と講和成立。

九月二十一日、黒田山城、家老解任。

十月四日、喜多岡勇平、京都より帰国、薩摩藩の対長州政策軟化を告げる。

櫛橋内膳（用人）へ伺いを立てているので、許可済みの上、出張されたし」と伝えられる。

十月七日か、大宰府で渕上、対馬藩士平田主米・多田荘蔵らと長州問題を協議、長州藩に藩内一致および対薩和解を説くため使節派遣で合意。

十月十二日、在田代の渕上より発信、「多田は漸く今朝出発した。長藩で私闘が始まっては大変だ。御密使派遣は長州藩是一致のための大急務である。早急に実現するよう一層の尽力を願う」

十月十三日、黒崎着の多田より発信、「お蔭で今日下関へ渡海の運びとなった。長州情勢を真に心痛している。使節派遣を急いでくれ」

十月十五日、多田より発信、「昨暁下関に着船したが、楢崎弥八郎・赤祢武人らは悉く山口へ帰っている。よって今夕山口へ発つ。詳しくは彼地着の上、知らせる。使節派遣を急いでくれ」

十月十八日、この頃、長溥、長州周旋の続行を決意、月形へ対長州工作の指揮を命ず。「月形先生に長州のことごとみな御まかせとなりしかは、やかて御ひらけなるへしと、よろこひ侍るなり」（野村望東尼書翰、馬場文英宛て十月十八日付）。この頃、藩庁会議で「もし幕府から長州藩に党するものと疑われたらどうするのか」との長州周旋反対論に対し、「本藩の長州周旋は長藩に私するものではない。もし嫌疑が深まり大兵が侵し来るならば、君臣城を枕に死するとも恥じることはない」と昂然と言い放つ。聞き入る者みな慄然
十月二十二日、征長軍総督、大坂城で十一月十八日長州総攻撃の軍令を発す。

となる。この頃、京都情報の提供者馬場文英への礼言を望東尼へ託す。

十月二十一日、藩命により小金丸兵次郎・今中作兵衛・伊丹真一郎と肥前田代へ行き、平田父子らへ対長州使節派遣の藩議決定を伝え、小金丸・平田主米・渕上を使節第一陣として長州へ派遣する。

十一月三日か、深夜、円太が長州より来訪、亡命した高杉晋作を援助するよう依頼される。

十一月四日か、鷹取と共に、博多上鰯町「石蔵屋」の二階座敷で潜伏中の高杉と初めて面会。長州藩「正義派」が解任投獄されていることを知らされる。

十一月四日、在下関の小金丸より発信、「藩主父子は萩にいる。我々の来着を待っている由、よって明五日萩へ向かう。多田によれば長府公も藩内一致論に同意しており、今回の出役は至極都合良し。安心されたし」。同じく渕上より発信、「田北太仲によれば、萩の藩主父子も我々を待っている由。藩内対立の調停を頼む心底かと察せられる。できる限り長州追討が遅緩となるよう尽力願う」

十一月五日、大村藩渡辺昇・長岡治三郎より発信、「急ぎ話したいことあり。今晩から明朝までの間に博多二口屋(旅宿)へ枉駕を願う」。この頃、円太と高杉が佐賀藩鍋島閑叟に過大な期待を抱いている非を諭し激論する。

十一月六日か、長州藩「正義派」の危急を救うべく、小金丸一行の帰国を待たず、使節第二陣（筑紫衛・浅香市作・早川勇・長谷川範蔵）を萩へ急派す。


十月二十九日、筑前藩密使小金丸・平田・渕上、下関へ向け、肥前浜崎を出帆。

十一月六日、夕、博多二口屋で大村藩渡辺昇と会う。同藩家老江頭隼之助と加藤司書ら筑前藩重役との仲介を依頼される。

十一月七日か、肥前田代へ向かった高杉を福岡へ連れ戻すため今中作兵衛を急派する。

十一月八日、江頭隼之助より礼状来る、「今日、藩重役と面会、厚遇された。御厚配に感謝する」

十一月九日、在田代（平田大江宅）の今中より発信、「高杉は今日同道、大宰府に寄り、明日博多まで連れ帰るつもりだ」。

十一月十日、高杉を博多水車橋そばの画家村田東圃宅に潜伏させる。この頃、筑前領内に在陣する薩摩・久留米など諸藩遊説のため、鷹取・森勤作・江上・今中を派遣する。

十一月十一日、高杉を「平尾山荘」へ移し、加藤弥兵太・伊丹真一郎・瀬口三兵衛を世話役とする。森・江上が、筑前芦屋（薩軍在陣）より発信、「今朝、薩士堀平右衛門と会い、御含めのことを話した。福岡で雅兄（月形）らと篤と協議するよう依頼している。薩藩は口では朝幕の命を奉ずると主張しているが、言外に征長を回避する心底が見えている」

十一月十七日、多田、博多対馬藩蔵屋敷より発信、「今晩、主米一同帰着した。小金丸・筑紫らは今日渡海する。至急話し合いたい。明早朝の枉駕を願う」。平田大江より発信、「只今、主米が帰着。尊藩の御方（小金丸・筑紫ら）は明日頃帰着のはず。明日早々御来駕を願う」

十一月十八日、夕、渕上・多田・平田主米より長州情勢の報告をうけ、今後のことを協議する。平田大江より長溥父子へ対馬産の虎皮・豹皮・朝鮮大油紙を献上するにあたり取

十一月十二日、長州藩三家老、切腹。

十一月十三日、長溥、加藤司書を広島へ派遣（第一回目）。

十一月十六日、征長軍総督、広島着。

次を依頼される。江上・森、筑前芦屋より発信、「薩藩田畑平之亟の話からすれば、薩藩も兵争を起こすことは本意ではなく、そのため周旋していると察せられる。今日予定の総攻撃が延期となったことは御承知と思う。明日より当所発足、久留米藩・肥藩の陣所へ遊説の覚悟だ」

十一月十九日、多田・渕上より発信、「藩議はどう決着したか。長州藩は正気消滅、実に歎くべき限りで、もはや施すべき術策も尽き果てた心地だが、今一応の御尽力を願う」。藩議、長府藩と岩国藩へ使節派遣を決定、これをうけて藩より活動資金二百両を交付される。夜早川を自宅に呼び、不平の顔色で「せっかく長州へ派遣されながら、そのかいもなく、おめおめ帰国するとはいかにも済まず」と詰り、岩国探索を命じる。

十一月二十日、長府派遣組の筑紫・森安平・伊丹・安田喜八郎と岩国派遣組の林泰・瀬口三兵衛ら一同を自宅に集め会議する。夜、帰藩する高杉との別宴あり（会場は博多対馬藩蔵屋敷か）。所蔵の『通鑑綱目』を金に代え、餞別として高杉に贈る。渕上に暫く自宅に潜伏するよう促す。

十一月二十一日朝、博多古門戸の継所に駆けつけ、高杉の護衛を兼ね、長州へ向かう筑紫一行の出発を見送る。その際、一行への駕籠・宿泊等の手配を厳命する沿道への「触状」を発す。その「意気軒昂として倒天覆海」の様子を見た高杉、伊丹へ曰く、「月形先生は圭角多く円満を欠くも、その気骨に至りては稜々たるものあり」。渕上より来信、「御懇諭の通り、暫く御厄介になりたい。今夕か明朝にも参上し

十一月十九日、征長軍総督、長州藩に降伏三要件を提示。

十一月二十日、征長軍総督、筑前藩に五卿の九州移転工作を委任。

たい。下関土産の昆布を御家内様へ献呈する。小金丸君へ預けている風呂敷包みを尊宅まで取り寄せておいてほしい」。平田大江のもとへ藩からの進物を届けさせる。対馬藩多田弘恭より、閉戸慎み中の石蔵卯平に寛大な裁許が下るよう働きかけてほしいと依頼される。

十一月二十三日、対馬藩五十嵐昇作からも、石蔵の処分が寛大となるよう懇願される。

十一月二十四日、長州の円太より発信、「当地有志の使者として佐世八十郎(前原一誠)・駒井政五郎・藤村五郎が福岡へ行く。福岡より有志の家老を萩へ派遣すれば、当藩有志の力ともなるので尽力してくれ。萩より桂治人が使者として福岡へ行くが、俗論家なので注意し、今後の戒めのため筑藩中で斬奸に処してくれと諸有志より頼まれている」

十一月二十六日か、五卿に九州移転を説得するため長府へ向から喜多岡勇平と協議する。

十一月二十六日、在長府の筑紫へ発信、「勇平ら三士の長州入りにはさぞ不満もあろうが、協力して当たれ。三条公は是非本藩で引き受けたい。円太は薩藩に身を寄せてほしい。近々来福する西郷らと熟議の上、長州入りするつもりだ。天下分け目の合戦を急ぐな。高杉の行方を桂治人が探索しているので、注意するよう伝えよ」

十一月二十七日、夜、来福中の薩摩藩堀平右衛門より、翌日の面談を要望される。

十一月二十八日、博多東町「豊後屋」に滞在中の堀平右衛門より、重ねて面談の都合を尋ねられる。

十一月二十三日、西郷隆盛、広島より小倉着船。

十一月二十六日、喜多岡、五卿説得のため長府へ向け、福岡発。

十一月三十日、藩命により五卿受取工作のため、今中を連れ、長州へ向け福岡城下を発す。渕上も家来格で同伴する。荘新右衛門（大村藩用人）へ返信、「昨二十九日加藤司書も広島より帰国、尾張公（征長軍総督）より五卿を九州へ移転させるよう寡君（長溥）へ委任された由。そのため小子も内命により今日城下を出立する」

十二月一日、筑前黒崎着、あたかも岩国から帰藩中の早川に出くわし、喜多岡が五卿説得に失敗し、岩国へ向かう予定と知る。早川に「直ちに長府へ引き返し、喜多岡を引き留め、私の到着を待て」と指示。黒崎番所で「桜屋」の主人宇都宮正顕の対応を無礼として激怒する。

十二月二日、小倉で西郷と面談、「この度の事、とても喜多岡らの力の及ぶところではない。自分が行くからには、五卿を早急に黒崎へ移すつもりだ」と述べる。下関へ渡海。

十二月三日、待ちかまえていた円太が五卿の九州移転に反対するが、これを激論により説伏する。長州諸隊が面会を要求するが、五卿へ申し入れが済むまでは難しいと突っぱねる。長府功山寺で五卿へ筑前移転を説く。三条実美より「天下の為なら如何様にも進退するが、長州藩の実情を汲み、長州処分が寛大となるよう尽力を頼む」との書面を下される。

十二月四日、早川へ三条の書面をもって小倉（副総督府）へ渡海するよう指示、併せて五卿随従の中岡慎太郎を同伴し、西郷と引き合わせるよう指示。この日か、長州藩主へ前田孫右衛門・楢崎弥八郎らを赦免し、諸隊と和解するよう説

十一月二十九日、喜多岡、五卿説得に失敗。加藤司書、広島より帰国。

十二月一日、加藤司書、広島へ向け福岡発（第二回目）。

得するため、筑紫と渕上を萩へ派遣。

十二月六日、下関旅宿を来訪予定の長州藩家老根来上総に、後刻是非とも長府へ行かねばならないとし、早めの来訪を促す。併せて馬二頭の借用を願う。円太に「諸隊会議はいつ頃になるか。間もなく根来が来訪する、その後阿弥陀寺に参詣することになるかも知れず、そうなると機会に遅れはせぬか」と発信。

この日夜か、「諸隊大沸騰」の風説に接し、早駕籠で長府へ行く。諸隊が五卿を擁して萩へ進出するか、小倉の征長軍に一戦を挑むべしと騒ぐのを、三条が制止し、代わりに三条自ら単騎で萩へ行き、藩政府を説得すると言っているのを見て、萩の筑紫から報せがあるまで泰山の如く鎮座ありたしと説き伏せる。

十二月七日か、藩庁要人宛て注進状を認める、「前夜、諸隊沸騰を鎮静化させた。本藩脱藩の者が死力を奮って協力してくれている。今夕は諸隊長と談論の約束あり。とにかく五卿を受け取らずには帰国しない覚悟である」

十二月七日、夜、長州諸隊長及び五卿側近の水野正名らを下関に召集して曰く、「薩摩藩は長州救助に動いている。速やかに薩摩藩と和解し、五卿の九州移転を受け入れ、ひとまず征長軍の攻撃をかわし、然る後、薩筑両藩の援助を得て、天下のため大いに謀るべし」。在黒崎の納戸頭河村主鈴より発信、「急用に備えて渡海船二艘を差し回す。大里・小倉とも昼夜に限らず着船できるよう小倉藩担当者と打合せ済みだ」


十二月七日、加藤司書、広島着。

十二月八日、円太より来信、「大坂屋には少々不愉快なことあり、以後行かぬことにした。恐縮だが今夜中に請求書の通り支払っておいてくれ。詳しくは明日会って話す」。この頃、高杉晋作に五卿の九州移転に同意するよう何度も迫る。ついに高杉、「これから自分は萩の俗論派を討つ。諸君は然るべく尽力ありたし」と応じる。

十二月九日、萩より下関へ戻った筑紫から、萩藩庁は諸隊と和解どころか、討伐する考えとの報告をうける。

十二月九日か、朝、建部武彦・喜多岡・浅香が広島行の途上、下関へ寄る。協議のうえ、萩へ回り前田孫右衛門・楢崎弥八郎らの登用を働きかけるよう依頼する。

十二月十日か、在黒崎の用人吉田主馬へ発信、「萩の使者佐竹三郎右衛門（先手物頭）が是非福岡へ行くといっている。止めたが言うことをきかない。黒崎まで来たら、長州対策は月形に任せてあると諭し、差し返してくれ」

十二月十一日、朝、林元武を小倉へ派遣、西郷に下関渡海を要請する。夜、下関大坂屋で西郷・吉井幸輔・税所篤と水野正名・中岡慎太郎ら五卿随従士とを会談させる。席上、西郷は五卿の早期渡海を促すいっぽうで、萩政府に対し長州諸隊を苛酷に扱わぬよう働きかけることを約束、もし疑うなら吉井が人質に残ってもよいと述べる。この会談で薩摩藩の真意が五卿勢に浸透する。深夜、真木菊四郎・渕上謙三より、「少々議論したい事あり」と、大坂屋か旅宿での面会を求められる。

十二月十二日、功山寺で五卿へ、前夜の大坂屋会談の内容を

十二月八日、加藤司書、征長軍総督へ長溥の長州処分案を呈す。

伝え、筑前渡海を促す。五卿より、「長州藩内の紛乱が鎮静化するめどがつき次第、筑前藩へ渡海するので、西郷へ一層の周旋尽力を依頼する旨伝えてくれ」と書面で回答。

十二月十三日、朝、早川を小倉へ派遣、前日の五卿の書面を示す。西郷はこれで良しとし、解兵を説くため、直ちに広島の総督府へ急ごうとしたが、渡海期日が明記されていないことが問題となる。そこで西郷は渡海期日を確答させるよう月形へ要請、これを伝えるべく早川が下関へ渡る。

十二月十四日、朝、水野正名・土方久元へ「緊要の事で話がある、下関へ来てくれ」と発信。夜、下関で土方と会談、「長州藩のことだけを考えて、天下のことはどうなってもいいのか」と、筑前渡海の決断を迫る。双方激論となるが遂に説き伏せる。五卿へも七日以内の筑前渡海を促す書翰を送る。

十二月十五日、夜、今中・伊丹を功山寺へ派遣、三条の渡海承諾書「明十六日より十日以内に筑前に渡海するので、解兵の周旋を頼む」を入手、(これをうけて深夜二時頃、高杉が約八十人を率い功山寺を訪れ、三条らに決別し、下関へ移動、ここに割拠した)。下関に潜伏中の渕上郁太郎より、「私の進退について議定の結果を知らせてくれ」と督促の来書。

十二月十六日、朝、早川を小倉へ派遣、五卿の渡海承諾書を伝える(これをうけて西郷が今中を連れて小倉を発ち、岩国へ向かう)。併せて在黒崎の納戸頭河村主鈴あて書翰を早川に託す。多田荘蔵より返信、「高杉に面会したところ、御

十二月十二日、加藤司書、越前藩蒸気船で小倉へ向け、広島発。

十二月十三日、加藤司書、広島より黒崎着、ついで福岡へ向かう。

十二月十五日、深夜、高杉、約八十人を率い、功山寺で五卿と決別、下関へ移動。

十二月十六日、西郷、今中作兵衛を連れ、岩国へ向け、小倉発。長州諸隊、長府より伊佐へ移動開始。

論に至極同意、三条らの御動座も決して拒まず、ただ速やかに斬姦割拠を決意している由。これから諸隊の動きを探索し、後刻帰関の上、報告したい」（この日の夕方、諸隊は御楯隊を残して長府から伊佐へ転陣を開始する）。夜、功山寺で五卿に筑前渡海を促す。

十二月十七日、筑紫を功山寺へ派遣、五卿に渡海を督促する。萩藩物頭役山田重作へ、「薩摩藩への進物（麻幕地・串海鼠・金五千疋など）はひとまず私が預かる。ただ先方が受納するかどうかはわからない」と伝える。この日の夜か、真藤登が加藤司書の命で小倉より下関へ来る。その使命が五卿の筑前同居要望を拒絶することだと聞き、真藤の功山寺行きを差し止め、司書と協議するため小倉へ渡海す。在萩の建部・喜多岡・浅香より発信、「下関で話し合った通り、段々説得したが、前田・楢崎ら登用の見込みはない。五卿の移転遅延等のことで、尾張藩・広島藩等の役人が萩入りしており、近々幕府大小目付も萩入りの予定だ。どうなることか。われわれは明早暁出立、岩国へ寄り吉川公と話し合い、広島へ向かう予定だ」

十二月十八日、小倉で司書に、「五卿全員の筑前一藩引受け」の止むべからざる事情を説明、同意を得る。この事情を司書が征長軍総督へ説明し、五卿五藩分離命令を筑前同居命令に変更させることで合意。併せて若井鍬吉（総督府の使者、尾張藩士）に依頼して、副総督（越前藩主松平茂昭）からも長溥へ五卿筑前同居を承諾するよう働きかけてもらうことにする。萩藩物頭役山田重作より、前日の面会を謝

十二月十七日、加藤司書、福岡より小倉着。

し、「綿二本」を贈られる。

十二月十九日、在黒崎の河村主鈴より発信、「十六日の御手簡は届いた。諸藩も寒中に兵を曝し難渋している。一層の奮闘を祈る。先日拝借要望の馬は福岡からは送らぬことは、真藤よりご承知のことと思う。ただし当地出張の野村助作所持の馬を送ることにした。馬捕はその地で雇い入れてくれ」

十二月二十日、功山寺で三条実美へ「解兵・無削士・藩内鎮撫の三箇条について征長軍総督の確約をとるため、加藤司書が広島へ向かっている。その報告あるまで渡海を延期されたい」と申し入れる。

十二月二十一日、夕、長府藩士熊野九郎へ、五卿随従の浪士が「公卿方御付」として共に筑前へ渡海することに長府藩庁として異存はないかと質す。後刻、異存無し、また五卿渡海と決まれば長府藩から萩本藩へ急報し、速やかに実現するよう周旋のつもりと返答あり。

十二月二十二日、野村望東尼、黒崎在陣の孫助作へ発信、「月形先生のことをとやかく言う者がいるが、いずれにせよ先生である。事々、かの人のかねて言っていた通りになっている」

十二月二十三日、御楯隊総督・太田市之進（御堀耕助）および野村和作（靖）より、征長軍総督へ五卿引渡の猶予を歎願したいと相談をうける。在広島の西郷、在京の小松帯刀へ宛て、月形の奮闘により五卿移転の見込みがたったことを報せる。


十二月二十一日、加藤司書、越前藩蒸気船で小倉発、広島へ向かう（第三回目）。

十二月二十二日、朝、司書、広島着。夕、西郷、岩国より広島着。

十二月二十四日、早川・伊丹を小倉へ派遣、吉井幸輔へ「長州処分が軽典となる見込みを総督に確認のうえならでは五卿の引受はできない。広島の司書からの一報を待って転座のはず」と伝える。併せて太田らの歎願希望のことを伝え、吉井にも渡海して思い止まるよう説得してくれと依頼す。太田・野村より征長軍総督あて歎願書の草稿が届き、添削を依頼される。後刻、両人より「歎願一件を三条公へ報告するため、只今より長府へ行く。夜には必ず帰関するので親しく話したい。その時、赤祢武人も同伴したい」と来信。夕、帆足弥次兵衛が司書へ復命のため福岡から広島行の途上、下関に立ち寄り、藩首脳部が五卿の筑前同居は認められないとして、五卿受け入れ工作をひとまず中断するよう指示していると伝える。

十二月二十五日、下関入りした吉井幸輔に「萩で正義派七人が斬罪となり、諸隊は激昂している。もはや説得しても無駄だ。福岡からは長州処分が寛典と決まらなければ五卿の引受けはできないと言ってきているが、それでは諸藩に対し面目が立たない。五卿へ迫り、自発的脱走の形で筑前渡海を実現したい」と述べる。そこへ今中が岩国より帰関、西郷の書翰をもたらす。西郷曰く、「萩政府が七人を斬罪にし、諸隊追討を決した以上、もはや調停の術計は尽き果てた。広島へ向かう」。水戸人が面会を希望していると知り、清岡公張へ質す。同人より「まだ御地（下関）に滞留していると思うが、居所は知らない。今日あたりお訪ねするのではと思う。今日は水野氏も御地へ行くので、詳しく申しる。

十二月二十五日、征長軍総督、加藤司書へ解兵内定を伝える。

上げるものと思う」と返信。福岡藩船手組大塚源十郎・小田長三郎へ、「当地詰めの十一急用丸付き船頭宗八は所々往来し、仕事に馴れているので、当地での用務が済むまで交代させないでくれ」と発信。

十二月二十六日、吉井より「太田・野村の小倉渡海要望を副総督府へ伝えたが、許容されなかった。両士へは一時身を屈し鎮静していれば、追々主家（毛利家）の為はむろん、皇国の御為、畢生尽力の時は必ず来ると諭してくれ」と発信。在小倉の熊沢三郎右衛門より「太田・野村の歎願の件は思い止まるよう呉々も説得してくれ。私は急用で福岡へ行く」と発信。御楯隊を五卿から遠ざけるため、三条の口を借りて伊佐の諸隊主力への合流を促す。対馬藩士五十嵐昇作より発信、「この程本国より尊藩へ使者を命ぜられ、伺ったところ長州へお越しの由、主人（対馬藩主・宗義達）より尊君への進物（若馬一匹・朝鮮大油紙二枚）を江崎弥忠太に命じて尊宅へ届けるので御承知あれ」

十二月二十七日、筑前藩船手組大塚源十郎・小田長三郎より返信、「船頭宗八は急々御用あり。代船として弐拾急用丸、船頭儀蔵を派遣する。着船次第、宗八を返してくれ」。長府藩用人井上少輔・横目林群平に同藩世子との会見を要望する。後刻両人より来書、「宗五郎殿（長府藩世子）との面会は、明昼後、長府客屋でとなった。御立宿でお控え下されたし」。渕上郁太郎より来書、「漸く今日より出船する。着坂の上、一報する。月形様には明日からの萩行き、寒風烈しい中、御苦労に思う。長々お借りしてきた刀、一先ず返

十二月二十七日、征長軍総督、解兵発令。

元治元年（一八六四）

上する」

十二月二十八日、藩庁要人連名（櫛橋内膳・野村東馬・小河縫殿・久野一角・河村主鈴）宛て書簡で、「本藩の事情で五卿の移転が遅れていると噂になれば以ての外である。御差図次第、一身をはめ、又々尽力する覚悟だ」と、五卿全員の筑前一藩受入れの決断を促す。併せて薩藩吉井幸輔と岩国で落ちあい、萩へ行く予定と報せる。この日、岩国へ向け、伊丹を連れ下関を発つ。

十二月二十八日、征長軍総督、五卿の五藩分離を猶予、一時的な筑前同居を命ず。

慶応元年（一八六五）　三十八

一月一日、徳山の旅宿で忠勇隊幹部長谷川鉄之進より受信、「岩国辺りを探索して帰途、当城下の問屋場で御先触を拝見した。面会したいが、当藩俗論家より嫌疑を受け叶わず。幾重にも御尽力を願う。是より西帰し、決死尽力する覚悟だ」

一月二日、岩国着、夜、同藩用人横道八郎次・塩谷鼎助に会い、萩藩政府の諸隊追討の動きを激しく非難し、三支藩と共に諸隊と連合すること、本藩要路へ根来上総・井原主計ら中立的人物を推挙すること、諸隊窮迫につき七、八千両位の扶助ありたし、以上三箇条を要請する。建部・喜多岡・浅香が広島より帰藩、月形が五　随従の真木菊四郎・渕上謙三に筑前藩の船印を与え、広島へ行かせたことを不適切として家老黒田播磨・矢野相模へ報告する。

一月三日、矢野より発信、「只今の状況では一日も早く五卿渡海させるべしとの藩庁決議となった。いつ渡海となっても差し支えない。萩・長府等よりも渡海を督促しているので最早格別の工作も必要なかろうとの藩議で、江上・万代等

一月一日、西郷、広島より小倉着。

一月二日、解兵令、福岡着。

一月三日、加藤司書、広島より小倉着、帆足弥次兵衛に五卿筑前同居令を副総督府へ伝達するよう指示。

も下関へ派遣しないことになった。今中・林等も下関へ戻す必要もないとの長溥の考えだ。五卿渡海後の長州藩内問題は措いて、速やかに帰国然るべしとのこれ又長溥の考えだ。五卿周旋の御功労は著しく、五卿渡海前に帰国しても不都合はない。五卿渡海後も残留するようなことがあってはならない」。鷹取より発信、「自分は謹慎となった。小奸どもが小才角を廻らしているので自重せよ。対馬の藩内対立は何とか鎮めたいので、多田荘蔵とよく話し合ってくれ。平田大江が急ぎ多田および円太と謀議するため、両人の出博を願っているので伝えてくれ」

一月四日、岩国藩用人横道・塩谷へ、旅館まで来てくれと依頼、両人より「昨今、別して取込中なので今日はお断りする。お急ぎでなければ経幹（岩国藩主）との会見も検討しているので、明日まで待って欲しい」と返答あり。岩国「客屋」にて岩国藩出頭役今田靭負・横道・塩谷より、二日の要請について事実上の拒否回答を受ける。吉井が到着せぬため伊丹を岩国に残し、萩行を止め、下関へ向かう。

一月九日、岩国より下関帰着。帰国命令が出ていることを知る。土方・水野と会談、渡海を前に、藩主の書翰か国事関係の藩重役の出迎えを要求する両人に対し、「われわれでは疑念があるのか」と迫り、頻りに論判、ついに藩重役が出迎えることで合意。この頃、藩の工作資金から百五十両を軍資金として高杉に贈る。また下関で高杉・早川らと会飲の折、高杉曰く「自分は良い死に方をする者ではない。月形君もその気性からして或いは然らん。只早川君は長寿を

一月四日、加藤司書、福岡帰着、五卿筑前同居令を伝える。征長軍総督、京都帰還のため広島を発す。

保ち、将来功を立つるであろう。願わくば死後、余等の孤児を託したい」

一月十日、筑前藩重役として熊沢三郎右衛門が帆足・筑紫を連れ功山寺で五卿に渡海を促す（月形は帰国命令が出ているため公の場に出るのを避けた）。「酉刻」（午後六時頃）長府の筑紫より発信、「今午時より参殿、五卿へ再三言上するも、渡海日の決答に至らず。只今より長府役人と相談し、渡海日の回答を得るべく取り計らう」。円太より「公然西渡することにした。明日中にも御周旋を頼む（金の無心か）。五卿渡海はどうなったか」と来信。矢野へ返翰、「すぐにも帰国すべきであるが、少々体調勝れぬ上、伊丹一人を残しておくのも心外である。伊丹が岩国から戻り次第、共に帰国したい」

一月十一日、朝、熊沢・帆足・筑紫が長府より帰関、五卿が、「天朝御恢復」などの四ヵ条について長溥の真意なりと明記した書面がなければ渡海しないと言っていると知らされる。よって筑紫へ「四ヵ条はいずれ君公へ申し上げる」との書面で乗りきるよう指示するが、後刻、五卿に迫られ、やむなく要求通り書面を書き改め、提出したと聞き、厳しく叱責する。円太へ約束通り金（「二ツ」）を送り、「少しは難問したいが差し控える。推量せよ」と発信。

一月十三日、長府藩家老西小豊後へ五卿の上陸地は大里ではなく若松辺りとしたいと要望。承知した旨返答あり。

一月十四日、付添役家来十五人と共に黒崎帰着。

○帰福、家老矢野へ復命、「工作資金（藩公金）はことごとく使い果たしたが、薩長和解と高杉の支援に役立ったので、まんざら徒費でもあるまい」と述べる。長溥の不興により「引入」(出勤自粛)を余儀なくされる。

一月十八日、長女幸誕生。慨然として曰く「憐れむべし、この子またわが墓前に来て、泣く者の一人なるか」。この頃最悪の場合(切腹)も覚悟する。

一月二十四日、在坂の渕上郁太郎より発信、「去る十九日着坂、直ちに上京、昨夜又々下坂した。尊藩京都藩邸は尊藩が幕府から疑われていると恐怖している由。北小路ら二条家の者の脅しによるものだ。三日ほどで探索を終え、山中成太郎を説き伏せ、一同下るつもりだ。同人も大いに奮起し、御財用について随分協力的な様子だ」。この頃、長州周旋に従事した諸同志の名前と任務内容について覚書を認める。中岡慎太郎が五卿待遇問題で藩庁と談判のため赤間より博多入りするが、謹慎中で会えず。

一月二十六日、福岡入りした円太が忠告を無視して、福岡を去らぬため、江上栄之進・万代十兵衛らによって博多報光寺で斬殺される。後でこれを知り、江上らの行為を責める。

二月三日、中岡慎太郎より発信、「過日来、博多に長く滞留しているが、お会いできず遺憾の至り。防長は賊軍旗を捲き、長府大に奮起しており感心している。円太の死は自業自得だ、同志を責めるな。今夕出発、赤間へ帰り、上京する」

二月九日、博多豊後屋に滞在の水野正名より発信、「この度公卿方が転座される大宰府の現地見分を済ませ、赤間へ帰るところだ。御閑暇あらば面会したい」

一月十五日、五卿勢、黒崎着。

一月二十四日、征長軍総督徳川慶勝、京都へ帰還。

二月五日、江戸幕閣、筑前藩ほか四藩に対し五卿の江戸護送を命ず。

慶応元年（一八六五）

二月十一日、この日、家老に就任した加藤司書より、「御用」（藩用）あり、早々登庁せよと指示あり、藩庁復帰が実現する。

二月十八日、真木外記・藤岡彦二郎より「唯今、博多中嶋町甘木屋へ来ている。失敬ながら御透きの折、御来駕を願う」と来信。

二月十九日、筑紫と共に甘木屋で真木外記と談ず。西郷隆盛・渕上謙三・池田次郎兵衛らも同宿。

二月二十一日、山中成太郎の招きで博多掛町の織屋にて西郷・真木外記・渕上郁太郎と会飲。

二月二十二日か、渕上郁太郎より来信、「昨夜は失敬、薩藩池田次郎兵衛と共に大宰府行きのつもりだが、昨夜のお話からすると、貴所様（月形）より西郷へ談合の上、御差図あるまで見合わせるのが良いと思う。宜しく執り計らってくれ」

二月二十二日、長溥、用人郡左近へ「司書・河合茂山・月形・鷹取等はいずれ解任か処罰する。頼みとするのは家老では林丹後、用人では其方（郡）だけだ」と洩らす。この頃か、月形に関する探索書「五卿等に対する説得は差しはまり勤めたが、疳気強く、彼方の気分を害する類のことあり、また一己の功立を専らとして、出役の重役にも相談せず我意を押し立てるなど不都合あり、長州滞留中は公金を余分に費やすなどの所為あり、重々不勘弁不埒の至り」

二月二十三日、夕、西郷・山中を連れ、大宰府「松屋」に入る。三人一酌中、松尾富三郎へ塩漬け猪肉と鯉の恵投を願

二月十一日、在京の征長軍総督、改めて五卿の五藩分離を命ず。西郷、この日鹿児島より福岡入りか。

二月十三日、五卿勢、大宰府着。

う。届けられた鯉は五卿へ献納し、塩漬け猪肉を西郷らと賞味する。この頃か、西郷、月形に語って曰く、「薩摩人は筑前を人無しと評するのが常であったが、先年、筑前三士(円太ら)が歎願のため入薩したと聞き、筑前藩を無人と決して侮るなとたしなめたことがある」

二月二十四日、大宰府で五藩会議を開く(出席者、薩摩藩西郷・三原次郎左衛門・関山新兵衛、肥後藩和田権五郎・古閑富次、肥前藩張幸之允、久留米藩伴勝三郎・大塚処平、筑前藩月形・筑紫・三坂小兵衛・林左兵衛)、五卿を江戸へ護送せよとの幕閣命令に対抗するため、五藩使節を上京させ、朝廷と協議することを決議する。以上のことをただちに三条へ報告する。清岡公張より「西郷氏は今日博多へ行く由、その前に面会したい。もし参殿なく発途の場合はお知らせあれ」と来信。

二月二十五日、松尾富三郎へ発信、先日の塩漬け猪肉などの礼を述べ、「只今より帰福、四五日中にまた大宰府へ戻る予定」と知らせる。帰福、五藩使節上京に関する大宰府決議の藩庁承認を得る。西郷、月形を上京使節委員に推薦するが、長溥これを認めず。在長州の平田大江、「直ちにここを出帆、相島で御藩使者と同乗、壱岐へ渡る。芳兄(月形)の渡海は叶わないか。御威光で宗家(対馬藩)の内紛が治まるよう願っている。西郷へも書翰を送る」と発信。

二月二十六日、水野正名より「長府より柴山和兵衛(赤祢武人)・大庭伝七ら四名が来て、公卿方へ拝謁を願っている。五卿の方では問題ない。筑前藩でも支障なければ直ちに拝

二月二十六日、浦上数馬、家老辞任

謁させるので、可否を伺いたい」と来信。

二月二十七日、征長軍総督徳川慶勝が五卿の五藩分離を改めて命じたため、再び大宰府で五藩会議を開き、五藩使節上京の目的を、「朝廷との協議」から「総督に対し幕閣命令との齟齬を質す」ことに変更する。

三月五日、肥後藩和田権五郎より「今夕、大宰府大野屋へ各藩を招待することにしている。ご都合つけば、何卒ご出席よろしく」と案内あり。三条家臣森寺常徳より「四藩（薩・肥後・肥前・久留米）より出張の諸士、五卿へ拝謁の件、よろしく周旋を頼む」と依頼される。

三月八日、三条家臣三宅左近より「四藩諸士の五卿拝謁は今日ではないのか。諸士の名簿、お分かり次第提出されたし」と依頼。対馬藩士五十嵐昇作を旅宿へ招き、対馬藩内訌問題について懇談す。

三月九日、五十嵐・太田某・薩藩津留金次郎・西田弥四郎らと対馬藩内訌問題を協議、諸藩使節の対馬派遣を決議する。夜「五卿本陣」で五卿の近隣遊歩の件で、肥後藩和田権五郎らにさぐりを入れる。和田らは五卿を大宰府天満宮境内の外へ連れ出すことは総督の指示にふれるとして反対する。

三月十日、肥後藩・久留米藩の反対を無視して、五卿を天拝山・武蔵寺・湯町へ案内する。松尾富三郎（温泉奉行）を五卿へ紹介する。武蔵寺にて昼飯、暮前大宰府へ帰館。これに反発した肥後藩和田ら、月形へしばらくの間、五卿の遊歩等に係る守衛は断ると申し入れる。

三月十一日、藩命により福岡へ召還される。対馬藩大東萱之

三月四日、黒田播磨ら家老、長溥へ藩論確立を求める建白書。

三月五日、西郷、京へ向け福岡発。

三月六日、倉八権九郎一行、京へ向け福岡発。

三月八日、久野一角、納戸頭辞任。

三月十一日、西郷、着京。

助より「博多へ着いた。先般のお知らせ、かつ御礼を申し上げたい処、大宰府へお越しの由。用済み次第、御帰宅を乞う」と来信。

三月十二日、来博の多田荘蔵より来書、「彼是頼談したいので、御寸暇もあらば旅宿魚店海老屋までお越し頂きたい」

三月十四日、五十嵐昇作より発信、「此節は大いに御厄介となった。この上の御尽力を願う。しかし余り勢いに乗り、足をとられないよう祈っている。御含めの事々は帰着次第尽力したい。何卒御見捨てなきよう依頼する」

三月十九日、三条家臣より来信、「少々相談したいことあり、森寺常徳が参上すべき処、取込中のため我々が参上、昨日よりお待ちしている。差し支えなければ此方より参上したい。差し支えあれば、担当の役方へ行くので、名前を教えてくれ」

三月二十六日、役職を解任され、元の隠居身分となる。

三月二十七日、五十嵐より来信、「先頃は御不快、昨今は如何か。三条公・尊藩の使節・平田一行も博多出帆の由。風説では長州藩よりも多人数、対馬へ渡海の由。これについての御考えをお知らせ頂きたい。夷人が大坂湾へ乗り込み、かつ馬関に異船数艘来ている由、確かなこと御承知ならば教えてくれ。御様子を知らせてほしい」。滞坂中の渕上郁太郎・赤祢武人、大坂町奉行に捕縛され、月形・海津幸一の指示で上坂したと供述する。

三月二十九日、五十嵐へ返信、「夷人渡来の件は耳にしていない。去る二十六日、解任され、退隠の身分となった。今後

三月二十四日、倉八一行、着京。

三月二十七日、赤祢武人・渕上郁太郎、大坂町奉行に捕縛される。

は同志の内、森勤作・伊丹・今中らと連絡をとってくれ」。

この日か、対馬藩士松田孫兵衛より来信、「平田大江が今夕密々会いたがっている。支障なければ、早速按駄でお迎えしたい」。この頃、来福した長府藩士熊野九郎・林某より会見を要望され、同志を行かせると返答。

四月一日、月形の長州での「不心得一条」について取り調べが始まる。

四月三日、一橋慶喜の家臣川村正平、筑前藩京都聞役東郷吉作の依頼をうけて、大坂町奉行に対し、もし月形と海津が滞坂中ならば捕縛するよう指示する。

四月七日、薩藩黒田嘉右衛門（清綱）、小金丸兵次郎・伊丹真一郎へ「河村主鈴君の口振りでは、長溥は御不例中で近々拝謁は叶い難いので、今日大宰府へ帰る。拝謁可能となれば迅速駆け付けるので知らせてくれ。外に月形君救助の良策あれば、どんなことでも及ぶ限り尽力したい」と伝える。

この頃、三条実美が伊丹を通じて家老矢野へ送った要望書の写を入手する（〇国是確立・叡慮貫徹するよう五藩協力して周旋のこと、〇長溥の今後の見込みを承りたいこと、〇長州処分について周旋のこと）。

四月二十一日、在坂の山中成太郎より発信、「六日無事着坂。すでに倉八様はじめ御同志中は伝言もなく残らず退京されており、途方に暮れていた処、幕吏の追求を受けていると知り、所々潜伏、薩藩のおかげで助かった。大音兵部・東郷吉作が一橋・会津・北小路（二条家諸大夫）らに捕縛を依頼した由、言語道断だ。加藤司書を上京させ、京都筑前

四月一日、小川讃岐、家老辞任。

四月三日、倉八一行、大音兵部らの威嚇により離京。

四月十八日、倉八一行、京都より帰国。

四月十九日、江戸幕閣、長州再征・将軍進発を布告。小松帯刀、二条関白を訪れ、筑前藩が朝幕の嫌疑を受けていることは無いと、長溥へ書翰を送るよう働きかける。

四月二十日、二条関白、小松の要請に従い、長溥への書簡を託す。

藩邸の佐幕派を一掃してくれ」。この頃、徘徊・他人面会・文通の禁止、屹度慎みを命ぜられる。

四月二十五日、西郷、大坂より発信、「倉八君ら帰国となり残念。この度は大音ら京都筑前藩邸の奸吏一掃の機会と渇望していた処、意外な結果となった。これは筑薩一致を嫌う幕府の離間の策の結果で、薩藩を孤立させる策だ。幕府は再長征の腹だが、無論、薩藩は出兵を断然拒絶する。急ぎ帰国するので福岡へは立ち寄れない。代わりに行く藤井宮内とよく話し合ってくれ」

五月四日、在対馬の平田大江より発信、「三条公使者の対馬派遣に御苦労をかけ感謝する。おかげで勝井五八郎一派を打倒できた」

五月二十五日、伊丹真一郎、来福中の長府藩士時田少輔・熊野直介へ発信、「急用でお会いできそうにない。月形にも面会を希望されたい。これは僕等の内情からして都合が良いので、密かにお願いする。詳しくは森勤作・今中作兵衛両人より聞いてくれ」

閏五月三日、在京の同志平島茂七より発信、「最前は筑紫様・早川様より御懇命を得、餞別まで頂いた。宜しく伝えてくれ。今回は多分早川様は上京されるものと、馬場文英と待っていたが、入京ならず残念。尊師様（月形）やむを得ない事情で御引籠とのこと、御茶を進呈する。近々上京の先生方（吉田主馬ら）より御模様を承りたい」

六月十日、宗像郡の早川へ発信、「人事も憂うべきの至り。相州殿（矢野）、小金丸も引入している。三坂小兵衛は遠慮を

四月二十二日、西郷、離京、鹿児島へ向かう。藤井宮内を福岡へ派遣。

五月十六日、将軍家茂、江戸進発。

五月二十三日、坂本龍馬、大宰府着。

五月二十六日、西郷、福岡へ行く黒田清綱へ筑前藩有志支援を依頼。

五月二十九日、加藤司書、家老解任。

閏五月二十日、長州藩、対幕決死防戦を決議。

閏五月二十二日、将軍家茂、入京。

慶応元年（一八六五）　三十八

命ぜられ、有志は憤懣の由。長州滞留中の公金支出について明細を出すよう命ぜられ、三張仕立てにして提出した。貴兄の分は大凡の見込みで出している。何分筆紙の及ぶところではない。福岡まで来てほしい」

六月二十四日、一族預けとなる。自宅幽閉中、叔父長野誠へ西郷隆盛の人物を評して、「一見の間、未だ言語に接せざるも、早く已に非常の人たるを知り得ん」と語る。

七月下旬、石蔵卯平に在京の西郷宛て密書を託す（博多万行寺・石蔵卯平墓誌）

八月、藩庁への歎願書を草す。「五卿渡海は専ら西郷隆盛・吉井幸輔と相談して進めた。その結果、長溥の御不審を招いたのではと恐れ入っている。長州周旋に対する朝幕の嫌疑については弁解してほしい。それでも不都合とみなされるならば、その罪は私共（月形一党）にある。処分のうえ、藩内が鎮静化することを願っている。御不審は根元、私頑愚の生得が招いたものと重々恐れ入っている。この段御聴へ達せられたい」

九月二十九日、夜、居宅牢居のところ、召し捕られ、揚り屋入りとなる。自宅を去るに際し、母へ曰く「不肖、学足らず、終に君（長溥）を匡救する事能わずして茲に至れり。駒吉（恒）には何卒力学せしめ給わんことを託し奉るのみ」

十月初旬、桝木屋獄に新築された牢に移される。流罪を予想し、獄中の同志に草鞋を準備するよう指示する。

十月二十三日、夕食後、同志十三名と共に、斬首刑に処せられる。「奸曲の所行多く、不届き至極に候、之に依り死罪申

六月十六日、大音兵部、京都より帰国。

六月十八日、衣非茂記、黒田大和に佐幕派打倒の義挙を促す。

六月二十日、長溥、藩内有志に対する厳罰方針を表明。

六月二十四日、喜多岡勇平、伊丹真一郎・藤四郎らに暗殺される。

八月二十八日、在京の西郷、五卿擁護のため藩兵の太宰府増派を大久保へ要請。

九月六日、筑紫衛、自宅幽閉から脱出、那珂川を渡河中、水死。

九月二十一日、長州再征勅許。

十月五日、通商条約勅許。

	死去	し付け候事」、刑の宣告を受けるや、「吾等同志の如き正義を唱ふるものを誅するは其当を得ざるなり。斯る順逆を弁ぜざるの藩府は滅亡眼前にあり」と叫ぶ（林元武「幽閉備忘誌」）。あるいはまた「三年の内に筑前は黒土となるべし」と二度高唱したとも伝わる。城下材木町の少林寺に葬られる。享年三十八。	十一月一日、浦上、家老再任。
慶応二年（一八六六）		十一月四日、高杉晋作、木戸孝允へ宛て、「筑前は月形洗蔵その外二十余人切腹・討首之由に候、慨歎至極に御座候」と書き送る。 十一月十五日、在大坂の黒田清綱、在京の西郷隆盛へ、「月形洗蔵以下六十余人割腹斬首」「誠に慨嘆に堪えざる次第」と報せる。	六月七日、幕長開戦。 十二月二十五日、孝明天皇死去。
慶応三年（一八六七）			十月十四日、大政奉還。 十二月九日、王政復古、新政府樹立。
明治元年（一八六八）		六月二十六日、藩主より父深蔵と共に生前の罪を赦免か。	一月三日、鳥羽・伏見開戦。 四月八日、浦上・野村・久野、切腹。
明治二年（一八六九）		五月十三日、藩庁より月形家に祭資料銀二枚を賜い、千代松原の旌忠祠（福岡市「東公園」）に祭られる。	
明治三年（一八七〇）		六月十四日、藩庁より文書をもって遺児月形恒（駒吉、満十二歳）へ洗蔵の弔料として永世毎年銀二十枚宛下賜される	

	旨伝えられる。	
明治十年（一八七七）	十月十六日、妻繁没（四十六歳）	
明治十四年（一八八一）	六月、左大臣有栖川宮熾仁親王より、勤王の志を称され、弟・覚に「高風清節」の書が贈られる。	
明治十八年（一八八五）		十二月十三日、黒田一葦（播磨）病没（六十八歳）。
明治二十年（一八八七）		三月七日、黒田長溥病没（七十七歳）
明治二十四年（一八九一）	九月十七日、靖国神社に合祀される。	
明治二十九年（一八九六）		六月十五日、矢野幸賢（相模）病没（八十三歳）
明治三十一年（一八九八）	七月四日、宮内省より正四位を贈叙される。	
明治三十二年（一八九九）		二月十三日、早川勇、東京で病没（六十八歳）
明治三十九年（一九〇六）		五月十二日、西島種美（小金丸兵次郎）没。
明治四十三年（一九一〇）		七月二日、林元武、東京で病没（七十歳）
大正五年（一九一六）	初春、土方久元（八十四歳）、月形家へ「遺芳千秋」の書を贈る。	

参照主要史料文献

史　料

（1）井上　忠「月形洗蔵関係書翰（一）～（三）」（『福岡大学人文論叢』第四巻第一～三号、一九七二年）
※書翰の成立年や発信者などの推定を誤ったものが若干見られる。一例をあげれば、文久三年四月二十二日付、野村和作の筑紫衛あて書翰とされているものは、内容からみて明らかに、元治元年のものである。したがって文中の「戸原君」も戸原卯橘ではない。おそらく弟の戸原済甫であろう。また史料原物と照合した結果、誤読あるいは誤植、また脱落が散見された。なお、各号抜刷を合冊製本したものが、『月形洗蔵関係史料集』と題して福岡県立図書館、福岡市総合図書館で所蔵されている。

（2）井上　忠「中村円太『自笑録』の紹介」（『福岡大学人文論叢』第三巻第三号、一九七二年）

（3）「長野資料」福岡市総合図書館蔵。

（4）「早川資料」福岡市総合図書館蔵。

（5）「黒田（立花蔦野丹治）家文書」（黒田山城日記）、福岡県立図書館蔵。

（6）「森安平日記」（屏山文庫旧蔵資料）福岡市博物館蔵。

（7）福岡県立図書館蔵の黒田家文書
「幽閉備忘誌（写）林元武経歴」（四六三）、「慶賛公御滞京日記」（二四六）、「斉溥公御参府前録御用状共」（八三）、「斉溥公御参府御道中日記 御用状共」（二六〇）、「京大坂 御用状」（三五一）、「京大坂 御用帳 地」（三五三）など。

（8）筑紫女学園高等学校蔵の黒田家文書（福岡市総合図書館がマイクロフィルム化している）
「（仮）日記」（七二）、「京都表江急速被差越候節手控」（一〇一）、「（仮）書状 南部様へ遣わされる御書案、藩内世情について」（二五四）、「（仮）覚 万延元申年月形御直々申上げ候趣大意」（二五九）、「書翰　条公外廿一名」（二二〇）、「渕上郁太郎所持書翰（写）」（一三七）、「維新前後事蹟取調書 高原謙二郎履歴、月形洗蔵初十壱名ノ（謙二郎宛）書翰写、平野二郎　薩州ニ

建白追加写」（一三二―一）、「（仮）覚月形格、海津孝一他不穏申合を大目付へ報告のこと」（二五二）、「（仮）書状 山城へ出す草稿、周旋尽力のこと」（二三九）など。
(9) 三奈木黒田家文書三七三八、九州大学九州文化史研究所蔵。
(10) 伊藤権兵衛「五卿請取警衛出役日記」（太宰府市史編集委員会編『太宰府市史 近世資料編』太宰府市、一九九六年）
(11) 「大岡舎人覚書」福岡県立図書館蔵、太田資料一六五。
(12) 史談会編『史談会速記録』（合本一、二、三、五、八、二三、二六、三二、三四、三八）原書房、一九七一年～七五年。
早川勇・西島種美（小金丸兵次郎）・土方久元の実歴談、江島茂逸の談話が収録されている。
(13) 佐々木信綱編『野村望東尼全集』野村望東尼全集刊行会、一九五八年。
(14) 鹿児島県維新史料編さん所編『鹿児島県史料 忠義公史料』第一～四巻、鹿児島県、一九七四～七七年。
(15) 鹿児島県維新史料編さん所編・鹿児島県歴史資料センター黎明館編『鹿児島県史料 斉彬公史料』第一～四巻、鹿児島県、一九八一～八四年。
(16) 鹿児島県歴史資料センター黎明館編『鹿児島県史料 玉里島津家史料』第一～四巻、鹿児島県、一九九二～九五年。
(17) 日本史籍協会編『大久保利通日記』一、二、北泉社、一九九七年。
(18) 『大久保利通文書』第一巻、マツノ書店、二〇〇五年。
(19) 西郷隆盛全集編集委員会（代表者村野守治）編『西郷隆盛全集』第一～二巻、大和書房、一九九〇年。
(20) 日本史籍協会編『伊達宗城在京日記』東京大学出版会、一九七二年覆刻、一九一六年。
(21) 早川純三郎編『官武通紀』一、二、国書刊行会、一九一三年。
(22) 細川家編纂所編『改訂肥後藩国事史料巻五』国書刊行会、一九七三年復刻。
(23) 田中 彰監修、田村哲夫校訂『定本奇兵隊日記』上・中・下、マツノ書店、一九九八年。
(24) 山口県編『山口県史 史料編 幕末維新6』山口県、平成十三年。
(25) 日本史籍協会編『吉川経幹周旋記』一～三、東京大学出版会、一九八五年覆刻再刊。
(26) 霞会館華族資料調査委員会編『東久世通禧日記 上巻』霞会館、一九九二年。
(27) 福岡市史編集委員会編『新修福岡市史 資料編近現代1 維新見聞記』福岡市、二〇一二年。

(28)本多修理著・谷口初意校訂『越前藩幕末維新公用日記』福井県郷土誌懇談会、一九七四年。
(29)「長防機密書」(『松平文庫七九二』)福井県立図書館蔵。
(30)「奥村丹蔵文書」(『越前史料二二二』)福井県立図書館蔵。
(31)「長征副将奇簿」(『越前史料一六八』)福井県立図書館蔵。
(32)「長州征伐小倉陣中日記」(『松平文庫一〇〇二―一』)福井県立図書館蔵。
(33)『本多敬義日記』福井県立図書館(製作)、一九八四年、同館所蔵。
(34)日本史籍協会編『幕府征長記録』東京大学出版会、一九七三年覆刻。
(35)日本史籍協会編『楫取家文書』一〜二、東京大学出版会、一九七〇年覆刻。
(36)福岡地方史研究会古文書を読む会編『福岡藩無足組安見家三代記』海鳥社、二〇〇八年。
(37)高田茂廣校註『見聞略記 幕末筑前浦商人の記録』海鳥社、一九八九年。
(38)日本史籍協会編『昨夢紀事』二、東京大学出版会、一九八九年覆刻再版、一九三五年。
(39)日本史籍協会編『続再夢紀事』一〜四、東京大学出版会、一九八八年覆刻再刊、一九二一年。
(40)日本史籍協会編『鳥取池田家文書』四、東京大学出版会、一九六八年覆刻再刊、一九二七年。
(41)日本史籍協会編『回天実記』一〜二、東京大学出版会、一九七二年覆刻。
(42)日本史籍協会編『維新日乗纂輯』二、東京大学出版会、一九六九年覆刻、一九二五年。
(43)宮地佐一郎編『中岡慎太郎全集』勁草書房、一九九一年。
(44)大久保利謙校訂『昔夢会筆記』平凡社、一九六六年。
(45)一坂太郎編・田村哲夫校訂『高杉晋作史料』第一巻〜三巻、マツノ書店、二〇〇二年。
(46)下関市教育委員会編『白石家文書』国書刊行会、一九八一年。
(47)維新史料編纂事務局編『大日本維新史料稿本』東京大学史料編纂所所蔵。

著書・論文

（1）長野 暹『月形家一門』長野暹、一九三七年。
（2）長野 誠『筑前志士伝巻之二』複製本、福岡市総合図書館蔵。
（3）川添昭二・福岡古文書を読む会校訂『新訂黒田家譜第六巻』上・中・下、文献出版、一九八三年。
（4）長野 誠「送迎解釈紀事」（太宰府市史編集委員会編『太宰府市史 近世資料編』太宰府市、一九九六年）
（5）井上 忠「筑前藩の五卿周旋運動について」（『福岡大学人文論叢』第六巻第二・三号、一九七四年）
（6）井上 忠「月形家所蔵『勤王志士書翰』の紹介」（『西南論叢』第二号）
（7）檜垣元吉「福岡藩政史の研究―幕末の情勢―」（『史淵』六九輯、一九五六年）
（8）西尾陽太郎「黒田長溥と筑前勤王派」（『史淵』九八輯、一九六七年）
（9）西尾陽太郎「幕末筑前藩の動向」（『九州史学』四〇号、一九六七年）
（10）高山英朗「文政期福岡藩の政治動向と天保改革」（『七隈史学』第四号、二〇〇三年）
（11）柴多一雄「福岡藩の天保改革」（藤野保編『九州と藩政改革Ｉ』国書刊行会、一九八五年）
（12）筑後郷土史研究会編『渕上兄弟』筑後郷土史研究会、一九五五年。
（13）春山育次郎『平野國臣傳』平凡社、一九二九年。
（14）平野國臣顕彰会編『平野國臣伝記及遺稿』（復刻版）象山社、一九八〇年。
（15）江島茂逸『旧福岡藩喜多岡勇平遭難遺蹟完』江島茂逸、一九〇六年。
（16）江島茂逸『旧福岡藩大老黒田一葦老』江島茂逸、一九一一年。
（17）江島茂逸『筑藩元老従五位矢野梅庵翁来歴』草場艮三郎、一八九五年。
（18）江島茂逸『従四位早川春波翁来歴 完』江島茂逸、一九〇五年。
（19）森政太郎編『筑前名家人物志』文献出版、一九七九年復刻、一九〇七年。
（20）毛利敏彦『大久保利通』中央公論社、一九七九年。

（21）田中　彰『幕末の長州』中央公論社、一九九四年。
（22）末松謙澄『防長回天史』一～七（復刻）、マツノ書店、二〇〇九年。
（23）石井　孝『増訂明治維新の国際的環境』分冊一～三、吉川弘文館、一九七三年。
（24）アーネスト・サトウ『一外交官の見た明治維新』（上）（下）、岩波書店、一九六〇年。
（25）原口　清『幕末中央政局の動向』岩田書院、二〇〇七年。
（26）佐々木克『幕末政治と薩摩藩』吉川弘文館、二〇〇四年。
（27）青山忠正『明治維新と国家形成』吉川弘文館、二〇〇〇年。
（28）木戸公伝記編纂所編『松菊木戸公伝』上、マツノ書店、一九九六年復刻、一九二七年。
（29）渋沢栄一『徳川慶喜公伝』全四巻、平凡社、一九八九年。
（30）尾崎三良『尾崎三良自叙略伝』上巻、中央公論社、一九七六年。
（31）力武豊隆「月形洗蔵の五卿渡海延期要請の背景について」（『福岡地方史研究』第四三号、二〇〇五年）
（32）力武豊隆「西郷・高杉会見説の虚実」（『福岡地方史研究』第四七号、二〇〇九年）
（33）力武豊隆「幕末政治史の対立点と開鎖問題」（『福岡地方史研究』第五五号、二〇一七年）
（34）維新史料編纂会編修『維新史』全五巻、文部省、一九三九～一九四一年。

その他、本文中に記したもののほか、多数の文献等のお世話になったが、繁雑となるので省かせていただくとともに御教示に御礼を申し上げたい。

あとがき

月形洗蔵の名を初めて目にしたのは、もう三十年ほど前のことと記憶する。その後、福岡県立図書館の郷土資料室に配架されていた故井上忠氏の『月形洗蔵関係史料集』や長野暹『月形家一門』で、月形のことを調べ始めた。平成五年正月から『新訂黒田家譜第六巻』(「従二位黒田長溥公伝」)を読みはじめ、徐々に筑前藩幕末政治史への理解を深めていった。同時に日本史籍協会叢書をはじめ種々の幕末史料を読みつつ、重要と思う事項を年月日とともにデータベースに打ち込む作業を、来る日も来る日も続けた。

月形関係の史料を読み進めるうちに、月形に関する史料集をつくろうと思い立ち、史料ごとに解説を付す作業をはじめた。思えば、それが私自身の勉強にもなった。気づくといつの間にか三百ページを超えていた。しかし、その解説文も時間がたって読み返すたびに、誤りに気付いたり、何となく不適切な表現が気になり、たえず書き直さなくてはならなかった。また、それを完成させたところで、出版できるあてもなし、かりに出版できたとしても、史料に馴染みの薄い一般の読者から敬遠されるのは避けられない。そう思うと、ずるずる年月だけが過ぎていった。

平成十九年四月、アクロス福岡の文化講座で「加藤司書と長州征討問題」と題して講演をおこなった。その折、遠藤薫氏（「図書出版のぶ工房」編集長）から、月形洗蔵について何か書いてほしいと依頼をうけた。早速、小文「薩長連合の先駆者月形洗蔵」を書き上げ、九州文化図録撰書（七）『筑前維新の道』（平成二十一年刊）に収録していただいた。遠藤氏から、次は月形の伝記を書いてほしいと依頼されたのは、その直後であった。

ちょうど私も、史料集より伝記のほうが、月形のことを広く知ってもらうには適しているだろうと思い直していた頃だったので、快く引き受けた。月形は筑前藩幕末政治史のキーパーソンの一人であるばかりか、薩長連合の先唱者であり、その政治工作の先駆者でもある。にもかかわらず、月形の名と事績が埋もれているのは、そもそも伝記がないからであると思ったからである。

とはいえ、月形関係の史料は少ない。伝記を書くとなるとかなり困難をともなう。いっぽう、筑前藩幕末政治史を理解するために当たるべき史料は、黒田家文書をはじめとする藩内の史料、さらに関係する藩外のものも含めると、果てしなく広がってゆく。当たり前のことだが、私は自分が目を通した限りの史料をもとに本書を書いた。未解明の部分は多く、浅学・管見からくる誤りも避けられない。要するに本書の不備は免れない。しかし誰の手になろうと、完璧ということはない。読者のみなさんの忌憚のない御批判を仰ぎたい。

月形が非命に斃れたのは慶応元年（一八六五）十月である。この年は、尊攘派の良質部分が、攘夷の非を悟り、開国通商に目覚め、劇的な政治的成長を遂げた年である。もし月形が死を免れたなら、この転換期をどう生きただろうかと考えざるを得ない。月形は熱烈な尊攘論者であった。しかし、蘭学者を敵視せず、その話に謙虚に耳を傾けた事実からもわかるように、けっして偏狭な排外主義者ではなかった。冷静な頭脳をもち、将来をみすえ、全局を見る眼をもっていた。こう考えると、中岡慎太郎がそうであったように、おそらく月形もまた攘夷論から開国通商論への飛躍をなしとげたであろうと想像する。

坂本龍馬について一言しておきたい。坂本龍馬といえば薩長連合である。犬猿もただならぬ仲の薩長両藩を、一介の浪人が一瞬にして握手させたという話は痛快であるが、所詮、薩長関係の推移を無視した、誇張というより虚構である。坂本が薩長連合に尽力しなかったというのではない。青山忠正氏が明らかにした、慶応二年正月の西郷木戸会談での合意事項が倒幕軍事同盟ではなかったという事実が示しているように、倒幕に行きつく薩長連合は形成深化の過程をもっている。坂本が登場する以前に、薩長両藩は、すでに友好関係（「和熟」）にあると噂されていた事実（『吉川経幹周旋記三』）、西郷が下関での木戸との会見をすっぽかした時ですら、長州藩指導部の薩摩藩に対する信頼は揺らがなかった事実、これを指摘するだけで、坂本の「功績」を過大視することの誤りに気付かれるであろう。

これまでに多くの方々のお世話になった。月形の曾孫にあたられる月形昂氏ならびに夫人和子氏、および玄孫の月形宏氏には、旧蔵史料の利用に多大な便宜をはかっていただき、月形家に伝わる話なども承り、激励を賜った。拙著の完成を待ちわびておられた昂氏は、残念ながら平成二十三年三月、八十三歳をもって逝去された。拙著を謹んで御霊前に捧げたいと思う。

故井上忠氏には生前、月形関係史料について種々御教示をいただいた。長野誠の御子孫長野延子、早川勇の御子孫古川順子、松尾富三郎の御子孫松尾允之、月形洗蔵先生顕彰会会長の久芳康紀、栗原順平（松屋孫兵衛）の御子孫栗原孫一郎の諸氏には、それぞれ旧蔵史料の利用に格別の便宜をはかっていただいた。

文政期の月形質・深蔵、また「同気合体派」と月形家との関係などを考えるうえで、高山英朗氏の「文政期福岡藩の政治動向と天保改革」（『七隈史学第四号』収載）が大変参考となった。黒田山城日記の存在についてはノエル・ウィルソン（Noell Wilson）氏、「弾正縄」については中村順子氏、質および斎藤五六郎関係史料については横田武子氏のご教示をいただいた。一坂太郎氏には月形詩書の写真を恵贈していただいた。また谷川佳枝子氏には、近年発見された月形関係新史料の閲覧に御高配を賜った。

福岡市博物館、福岡県立図書館、福岡市総合図書館、九州大学九州文化史研究所、筑紫女学園高等学校、佐賀県立図書館、鹿児島県立図書館、福井県立図書館そのほか、お世話になったすべての方々に厚く御礼を申し上げたい。

二〇二〇年（令和二）四月

力武豊隆

月形洗藏——索引

◆あ　行

◆か　行

◆さ　行

◆た 行

◆な　行

◆は　行

◆ま　行

◆や　行

◆ら　行

◆わ　行

力《りき》武《たけ》豊《とよ》隆《たか》

一九五二年　佐賀県生まれ
一九七一年　佐賀県立佐賀西高等学校卒業
　　　　　　福岡市役所に勤務の傍ら、独学で幕末政治史を専攻
二〇一〇年　福岡市役所退職。以後、自宅において研究と著作に専念
　　　　　　明治維新史学会会員、福岡地方史研究会会員

（主要著作）
・「筑前藩国事周旋と黒田長溥」（『福岡市総合図書館研究紀要』創刊号、二号、二〇〇〇年、二〇〇一年）
・「高杉晋作―筑前亡命と佐賀藩への期待―」（『國学院法学』第三九巻第三号、二〇〇二年）
・「福岡藩・乙丑の獄」（『歴史読本』新人物往来社、二〇〇三年十一月号）
・「西郷・高杉会見説の虚実」（『福岡地方史研究』第四七号、二〇〇九年）
・「薩長連合の先駆者月形洗蔵」（『筑前維新の道』図書出版のぶ工房、二〇〇九年）
・「黒田長溥の『功罪』と明治維新」（『福岡地方史研究』第五一号、二〇一三年）
・「幕末政治史の対立点と開鎖問題」（『福岡地方史研究』第五五号、二〇一七年）

月形洗蔵
薩長連合その先駆者の生涯

二〇二一年（令和三）二月十一日　初版第一刷発行

著　者　力武豊隆
発行者　遠藤順子
発行所　図書出版のぶ工房
〒八一〇―〇〇三三
福岡市中央区小笹一丁目十五番十号三〇一
電　話（〇九二）五三一―六三五三
FAX（〇九二）五二四―一六六六
郵便振替　〇一七一〇―七―四三〇二八

造本設計　遠藤薫デザイン研究室
印刷製本　モリモト印刷株式会社

●［カラー写真と絵図と地図で歩く図録集］

九州文化図録撰書 7号

筑前維新の道

維新を繋いだ偉人達の足跡

先進的藩主黒田長溥、筑前勤王党による薩長同盟の周旋、西郷を関門渡海させ、五卿を太宰府に送るも、乙丑の獄で挫折。

福岡城、下の橋大手門と伝潮見櫓

長州藩は、文久政変［文久三年（一八六三）八月十八日］で追われた尊攘七卿とともに長州に引き上げ、翌年、禁門の変［元治元年（一八六四）七月十九日］で朝敵となり孤立を深めていた。その情勢の中、筑前福岡藩は「長州同気」と疑われながらも長州藩救済のため動いていた。その裏で、藩主黒田長溥出身の薩摩藩島津家と誼があり「薩筑一致」であった。薩長不仲の中、薩長の両藩に周旋できる立場にあった筑前福岡藩は「薩長同盟」に向けて加藤司書と月形洗蔵が薩長の間で活躍するが、乙丑の獄［慶応元年（一八六五）］で筑前勤王党は壊滅。

●A４判並製・一二八頁◎本体＠二四〇〇円＋税

ISBN●978-4-901346-07-8

「積年の謎」

私が小学生のころ、維新の英雄の映画と言えば大佛次郎の時代小説に出てくる「鞍馬天狗」であり、行友李風の戯曲に出てくる「月形半平太」だった。映画作品も前者は六〇本、後者は一六本あるが、昭和四十年を境に一本も作られなくなった。その理由は司馬遼太郎の時代小説『竜馬が行く』の主人公「坂本竜馬」の出現により役柄と行動が新旧入れ替わった所為と思われる。

その小説の中の坂本竜馬は脱藩して亡くなるまで正味五年の間、厳格な身分制度下にある武家社会において脱藩浪人でありながら幕末日本のあらゆる要人に会い、薩長同盟、大政奉還、海援隊、日本初の新婚旅行と盛りだくさんの功績で、司馬氏にして「フィクション」と言明しているので問題はないのであるが、史実部分のみならず創作部分も一般常識となっている傾向は否定できない。地域の観光資源とされていることでもあるので、そのこと自体をここで取り沙汰するつもりはないが、時代小説の「竜馬」と、史実の「龍馬」の間に埋もれてしまった事実については、いちど調べてみたいと思っていた。

今回は、幕末の筑前福岡藩をとりあげることになり、四人の識者の先生方に原稿をお願いした。そうすると、想像していた以上の原稿を賜った。筑前福岡藩の誇るべき事実と、歴史に埋もれるに到った事情が浮かび上がってきたのである。

七卿の動きや、黒田長溥の長州周旋の指示、月形洗蔵と西郷隆盛の関門海峡渡海、野村望東尼の晩年のことを追うにあたり、下関市の東行庵、長府の城下町、功山寺、長府博物館、そして防府市の招賢閣など、それぞれの縁の地を取材撮影して歩いた。その際、思いのほか長州山口県の人達が、当時の筑前の人々のことをよく御存じで「高杉さんを望東さんが匿ってくれたから功山寺で決起できた」と、また別の方からは「黒田の殿様や筑前の藩士（月形洗蔵、早川勇、筑紫衛ほか）が日本中どこも長州に手を差し向けてくれなかったときに一生懸命に助けてくれたから維新がなった」と言ってくれた。

私が中学校の社会科の授業で「明治維新は薩長土肥の活躍で成りました」と習ったときに「筑前」は幕末・明治のときに何もしなかったのだろうかと思った。この本をつくることで、そのとき以来の「積年の謎」が解けたような気分である。

遠藤　薫

「筑前維新の道」あとがきより

装幀と「月形洸蔵」の肖像作成●遠藤　薫